पुरातत्त्व का रोमांस

पुरातत्त्व का रोमांस

भगवतशरण उपाध्याय

वाणी प्रकाशन ग्रुप
भारतीय ज्ञानपीठ
वाणी प्रकाशन : भारतीय ज्ञानपीठ की पुस्तकों के एकमात्र प्रकाशक एवं वितरक

लोकोदय ग्रन्थमाला : ग्रन्थांक 240

पहला संस्करण : 1967
पुनर्नवा संस्करण : 2008
तीसरा संस्करण : 2010
चौथा संस्करण : 2025

वाणी प्रकाशन : भारतीय ज्ञानपीठ की पुस्तकों के एकमात्र प्रकाशक एवं वितरक

वाणी प्रकाशन

4695, 21-ए, दरियागंज, नयी दिल्ली-110 002
दूरभाष : 011-23273167, 23275710
ईमेल : sales@vaniprakashan.in
www.vaniprakashan.com

ISBN : 978-93-7112-423-2

मूल्य : ₹ 475

पुरातत्त्व का रोमांस
(रिपोर्टताज)
भगवतशरण उपाध्याय

PURATATTVA KA ROMANCE
(Reportage)
by Bhagwatsharan Upadhyaya

आवरण : सुशील कान्ति

मुद्रक : आर. टेक ऑफ़सेट प्रिंटर्स, दिल्ली-110 032

प्रिय

डॉ. राममनोहर लोहिया

को

'पुरातत्त्व का रोमांस' जैसा कोई प्रकाशन भारतीय भाषाओं में नहीं हुआ। हिन्दी के पाठकों के हाथ में इसे देते हुए सुख और गौरव का अनुभव कर रहा हूँ। इससे पाठकों का मनोरंजन होगा। मुझे पुरातत्त्व के इन स्थलों को निकट से देखने का सौभाग्य मिला। इनमें से कुछ की खुदाइयों में शामिल होने का भी। कुछ स्थलों पर तो मैं महीनों तम्बुओं में रुका रहा था। इसकी सामग्री, जहाँ अन्यत्र से उद्धृत हुई है, सीधे खनकों की डायरियों से भी ली गयी है। मुझे इस पुस्तक को लिखकर विशेष सन्तोष हुआ है। इसके अध्याय 'धर्मयुग' में धारावाहिक रूप से छपे थे।

—भगवतशरण उपाध्याय

महानगर,
लखनऊ
19 अप्रैल, 1967

इनका भी एक रोमांस है!

पुरातत्त्व का भी क्या कोई रोमांस हो सकता है? क्या पत्थर, मिट्टी और हड्डियों का भी रोमांस हुआ है? खंडित शिलाओं का, टूटे-बिखरे पत्थरों का, मिट्टी के फूटे ठीकरों का, हड्डी के टुकड़ों का, चिथड़ों का?

हाँ, इनका भी एक रोमांस है। ये उस पुराने अतीत की कहानी कहते हैं, उस दूर, सहस्राब्दियों दूर के अतीत की जिसका हमें कभी गुमान भी न था। शायद ऐसे ही दूसरे टुकड़े उस सुदूरतर अतीत की कहानी अपने नये मिलनेवाले पन्नों के माध्यम से कहते हैं, जो कभी खुले नहीं और जिनकी प्राचीन कहानी का हमें आज भी गुमान नहीं। ये टुकड़े हमारे उस जी चुके जीवन के संवाहक हैं जिसे हम फिर जीना चाहते हैं, जिसे हमारे पुरखे अपनी अपूर्व साधों के साथ विविध स्वर्गों की परिधि में जीना चाहते थे और जिन्होंने उन्हीं साधों को पूरा करने के लिए अनन्य रोमांचक मृत्यु के परवर्ती काम्य संसारों की रचना की। अतीत वर्तमान से जुड़ा हुआ है, वर्तमान में ही पल्लवित है, जैसे वर्तमान भविष्य के साथ जुड़ा हुआ है, भविष्य में ही पल्लवित होने वाला है, और इस प्रकार जब अतीत वर्तमान की राह भविष्य की मंज़िलें तय करता है तब लगता है जैसे भविष्य अतीत ही हो, अतीत ही फिर से जनम रहा हो, या कि भविष्य सुदूर अतीत में ही अजन्मा पड़ा रहा था जो ज़माने बाद फिर साँस लेने लगा हो। सो अतीत, वर्तमान और भविष्य काल की एक ही अविरल धारा है, अटूट अनन्त प्रवाह है। और जब हम अतीत के, अतीत के समानधर्मा मानव के कृत्यों को, पत्थरों, मिट्टी के ठीकरों और हड्डियों के ज़रिए ढूँढ़ने लगते हैं तब हमारा प्रयास मात्र अपने को देखना होता है, अपने समूचे मानवरूप को। और वह करिश्मा पुरातत्त्व का है जो फावड़ों की चोट से पृथ्वी की छाती फाड़ विज्ञान के चमत्कार से विगत को फिर से संजीवित कर देता है।

और फिर उस पुरातत्त्व के करिश्मों का, फावड़े के चमत्कारों का एक रोमांस

है, आकर्ण खिंचे नेत्रों से प्रजनित काव्य-रोमांस से कहीं मोहक, कहीं सुखद, कहीं स्थायी। कौन जानता था कि लरकाना ज़िले में कुषाण-स्तूप का आधार ढूँढ़ते राखालदास वन्द्योपाध्याय को पत्थर की वह छुरी मिल जाएगी जो स्तूप के आधारकालीन जगत से सहस्राब्दियों पूर्व की दुनिया खोद निकालेगी, कि ज़मीन की परतों के नीचे से एक सभ्यता की परतें खुलती जाएँगी और तब नगरों के भव्य भवन, उनकी समानान्तर सड़कें और उनके मौज मारते सरोवर सहसा तिलिस्माती जादू से हमारी आँखों में उठ जाएँगे और इतिहास के सबल पाये सिद्ध होंगे? श्लीमान ने लघु एशिया में केवल अन्ध कवि होमर के अमर काव्य 'ईलियद' का नगर त्रॉय खोजा था और जब उसने त्रॉय खोजा तब यूरोप के पंडित व्यंग्य से मुस्कुरा उठे थे—कहाँ होमर का वह कपोलकल्पित सपनों का देश, कहाँ उस जर्मन का वह स्थूल भौतिक पराक्रम? पर आज कोई उस पराक्रम के परिणाम पर आश्चर्य नहीं करता, कोई होमर के काव्य की सच्चाई पर, उसकी कपोलकल्पित काव्यधारा पर सन्देह नहीं करता; उलटे उसके त्रॉय, ऐतिहासिक त्रॉय नगर के नीचे एक पर एक बसी पाँच-पाँच त्रॉय नगरियों को देख अवाक् रह जाता है। किसने जाना कि श्लीमान का वह स्थूल पराक्रम जो केवल ग्रीकों का त्रॉय ढूँढ़ता था, मात्र वही जिसके लिए अलभ्य लाभ था, आकाश से चाँद तोड़ लाना था, वह त्रॉय की ज़मीन के नीचे प्रागैतिहासिक सभ्यता की, क्रीति-मिनोई सभ्यता की, पाँच-पाँच नींवें खोद निकालेगा? मिकीनी नगर की गहराइयाँ खोदते ग्रीकों के राजा और त्रॉय के प्रियम के पुत्र पेरिस के दुश्मन आगेमेमनन की क़ब्र ही तो श्लीमान ने खोजी थी, पर उसकी जगह मिल गया त्रॉय के प्रियम के ख़ज़ाने से कहीं समृद्ध, कहीं क़ीमती, मिकीनी का वह संसार, जो ईजियाई सभ्यता का संसार रहा था, आर्य दोरियाई ग्रीकों के ग्रीस में पहुँचने से बहुत पहले का संसार, क्रीत और मिनोस का संसार। श्लीमान को पता क्या था कि त्रॉय और मिकीनी खोदते उसके फावड़े का फल उस सभ्यता की दीवारों से जा टकराएगा जिन पर समुन्दर पार के टापू क्रीत के महलों की छत टिकी थी? उस राजा मिनोस के महलों की छत जो मात्र कल्पित-पुराण की कहानी बन गया था, उस कहानी का आधार जिसमें स्वर्ण का लालची राजा भोजन तक को स्पर्श मात्र से सोना बना देता था, भोजन से भी वंचित रह जाता था। उसी के नाम पर मिनोई सभ्यता का नाम पड़ा जिससे त्रॉय से भी प्राचीन प्रासाद पहले उसकी क्रीत की राजधानी क्नोसस में खड़े हुए, फ़ाइस्तस में। और जो महल क्नोसस के टीलों से प्रादुर्भूत हुए उनका गुमान स्वयं सर आर्थर ईवांस को न था। मेकेंज़ी को न था, जिन्होंने क्रीत के उस नगर को खोदकर उन महलों को साकार खड़ा किया था, जिन्होंने मिस्री पिरामिडों की दुनिया में भी ऐसे महल नहीं पाये थे जैसे क्नोसस के ये मिनोई महल हैं, जिनकी दीवारों पर लहराती

राग रेखाओं में अभिराम की कामिनियों की कमनीय आकृतियाँ अपने सौन्दर्य की सम्पदा में लिखी पड़ी हैं और जिनकी दीवारों के पीछे आज भी निशोथ के विलास की मौजों से उठते बीन के स्वर कानों में गूँज उठते हैं, जिनको प्रसिद्ध भूल-भुलैया में भागती प्रेयसियों और उन्हें खोजते प्रणयियों की पदचाप आज भी हमें सुन पड़ती हैं। सच, यह पुरातत्त्व का रोमांस है, उस जर्मन मोदी के लड़के द्वारा प्रस्तुत रोमांस जिसने दूर के अपने गाँवों में होमर की कहानियाँ पढ़ते समय विश्वास किया था कि उसके सपनों का देश सच है, कि व्यापार द्वारा धन कमा वह एक दिन अपना सपना सच करेगा। और वह समुन्दर पार चला गया था अमेरिका, जहाँ उसने मोदी की दुकान खोली और उसकी दुकान में धारासार धन बरसने लगा—करोड़ों डालर, जिनकी अनन्ता की निःसारता से उसे कोई स्नेह न था, वह तो उसे त्रॉय की खोज का साधन मात्र बनाना चाहता था। अपने करोड़ों डालर उसने लिये समुन्दर वापस लाँघा और यूरोप के पूर्व-दक्खिन वह तुर्की जा पहुँचा, सुल्तान से उसने लघु एशिया में तोरस पहाड़ों की छाया में थोड़ी भूमि ख़रीदी और उस पर फावड़ों की चोट करने लगा। फिर त्रॉय निकला और वह ग्रीस जा पहुँचा, यद्यपि क्रीत की ख़रीद वह न कर सका, तुर्कों ने उस 'कारूँ के ख़ज़ाने' के बदले कारूँ की ही दौलत माँगी और श्लीमान के बूते की बात वह न रही। ईवाँस के नसीब में चार चाँद लगने थे और उसने मिनोस के महलों को क्नोसस और क्रीत में खोजा, उस विज्ञान को शुद्ध वैज्ञानिक करते हुए जिसकी नींव श्लीमान ने डाली थी, जिसे पुरातत्त्व कहते हैं।

किसने सोचा था कि मिस्र पर नेपोलियन का हमला पुरातत्त्व का अचरज का रोमांस निकल आएगा? संसार के कूटनीतिज्ञ जानते थे कि नेपोलियन की आँख भारत पर लगी है, कि वह बड़ोदा के गायकवाड़ से खत किताबत कर रहा है, कि मिस्र जीतना उसका मात्र भारत की राह सुगम करना है। पर किसको गुमान था कि पिरामिडों और मन्दिरों की, गाज़ा, कारनाक, लुक्सर और मेम्फ़िस की लिखावट उसके आक्रमण के माध्यम से पढ़ी जानेवाली है; कि सहस्राब्दियों सोये, अबूझ पहेली बने, पिरामिडों का इतिहास सहसा खुल पड़ेगा; कि रोसेता शिलाखंड उस लिखावट की, उस फ़राऊनी मिस्री इतिहास की, उसके तिलिस्म की कुंजी बन जाएगा?

रोसेता शिलाखंड—नेपोलियन के इंजीनियर-अफ़सर ने नील नदी के समुद्री मुहाने पर उसे पाया। तीन लिपियों-ग्रीक, हिरेटिक (घसीट पुरोहिती) चित्रलिपि में—उस पर लेख खुदे थे, एक ही इबारत, एक ही अर्थ के लेख, तीन भाषाओं में, तीन लिखावटों में, जिनकी अन्तिम, काल की दृष्टि से निकटतम लिखावट ग्रीक में थी, जो पढ़ी जा सकती थी। शापोलियाँ ने उस लिखावट का राज़ खोला,

उस ग्रीक से भी पहले की लिखावटों का हिरेटिक और चित्रलिपि हिरोग्लिफ़िक का। मिस्र की प्रसिद्ध विलासिनी रानी क्लियोपात्रा का लेख था वह, और देखा गया कि रानी का नाम सर्वत्र कारतूसनुमा लकीरों से घेरकर लिखा गया है, वैसे ही कारतूसी घेरे बाक़ी दोनों लिपियों में भी लिखे थे। राज़ खुल गया, उसी नाम के आधार पर, क्योंकि नामों का सम्बन्ध उच्चारण और ध्वनि से होता है और सारी भाषाओं में एक-सा रहता है। बस उसी के ज़रिए ध्वनि और अक्षर पहले हिरेटिक में फिर हिरोग्लिफ़िक में खोज लिये गये। तिलिस्म मिट गया, पहेली बूझ ली गयी-फ़राऊनी मिस्र का समूचा जानदार अब तक अज्ञात इतिहास हमारी नज़रों में खुल पड़ा था, परियों की कमनीय कपोलकल्पित कहानियों से कहीं अधिक रोमांचक, पुरातत्त्व का अभिराम रोमांस। और इस रोमांस से भी कहीं अधिक रोमांचक लाभ तूतनख़ामन की वह क़ब्र थी जिसकी दीवारों के भीतर मानव जाति की अविश्वसनीय स्वर्ण सम्पदा प्रच्छन्न पड़ी थी, जिसे देखते ही उसे खोद निकालनेवाले दोनों पुराविद् जैसे पागल हो उठे थे, उन्हें काठ मार गया था, कि जब अगलेवालों ने पागलों की तरह सुराख़ से अँधेरे में आँखें फाड़-फाड़कर निर्वाक् हो देखना शुरू किया तो पीछेवाले ने उसके कन्धे के पीछे से उचककर कहा—"अरे, नेक हट जा, वरना कुतूहलवश मेरे प्राण निकल जाएँगे। मुझे भी देख लेने दे जो तू देखकर अवसन्न हो रहा है!" फिर जो उसने देखा वह आँखों के लिए अविश्वसनीय था, कल्पनातीत-सोने की दीवार और दीवार के पीछे ठोस सोने का मनों भारी तूतनख़ामन का ताबूत! पुरातत्त्व का रोमांस सचमुच कितना अविश्वसनीय है!

ईस्ट इंडिया कम्पनी का नौकर था वह कर्नल रॉलिन्सन जो 19वीं सदी के मध्य से पहले ही ईरान जा पहुँचा था, ईरान और कम्पनी की सरकार के बीच बातचीत के सिलसिले में। फ़ारसी का पंडित था वह और उसे बहिस्तून का वह शिलालेख मिल गया, दारा का वह सीधा खड़ा शिलालेख जिसमें उसकी प्रशस्ति उसके साम्राज्य की जातियों की बोलियों के अनुरूप ही तीन भाषाओं में खुदी थी—प्राचीन फ़ारसी में, शूषी में, बाबुली में। पहाड़ की उस खड़ी दीवार पर प्यारी जान को खतरे में डाल रॉलिन्सन ने उस समूची लिखावट की नक़ल तैयार कर ली और उसकी सहायता से हिंक्स और नोरिस ने दाहिने से बायें लिखी जानेवाली वह अरमई लिखावट पढ़ डाली-सिद्ध कर दिया कि तीनों तीन भाषाएँ हैं, तीन लिखावटें, कि तीनों में बाबुली प्राचीनतम है, कि तीनों प्राचीन असूरी और प्राचीन तर सुमेरी से निकली है, कि उनकी मूल लिखावट कीलनुमा है। और वह कीलनुमा लिपि पढ़ डाली गयी। फिर तो हज़ारों और लाखों ईंटों पर लिखा अनन्त साहित्य अपनी सम्पदा के साथ आवरण की अपनी गाँठें छोड़ सहसा खुल पड़ा—जलप्रलय को पहली बार साक्षर करनेवाला मानव का पहला काव्य गिलगमेश, मनु आदि

मनीषियों-द्वारा प्रस्तुत जीवन की योजनाओं का, संविधान और क़ानून का पहला विशाल ग्रन्थ राजा हम्बुराबी का 'कोड'। और अनन्त साहित्य, करुण और क्रूर, सहसा हमारे ज्ञान की परिधि में आ गया। बाइबिल की पुरानी पोथी के तबतक सर्वथा काल्पनिक समझे जानेवाले प्रकरण सच हो गये और बाबुल की क़ैद में यहूदी नबियों द्वारा प्रस्तुत होने वाले हज़रत मूसा के पाँचों इब्रानी खंड 'पेंतेतुख़' बाबुल के भग्नावशेषों के अमूल्य गौरव बने।

नबुख़दनेज़ार के नाती बेलशेज़ार की दावत के समय महल की दीवार पर 'मेने मेने तैकेल उफ़रासीन' लिखनेवाले हाथ की सच्ची लिखाई चाहे सर्वथा सर्वदा संदिग्ध हो, नबूख़दनेज़ार और बेलशेज़ार के इतिहास की सत्यता में अब किसी को सन्देह न रहा। रहता भी कैसे जब बोत्ता और लेयर्ड ने, टेलर और वूली ने असीरिया और बाबुल के प्राचीन नगरों के खँडहर उनके रेत-भरे टीले के भीतर से खोद निकाले? असुर, क़िला, निनवे अपने निमरूद और ख़ोर्साबाद की ज़मीन से, बाबुल, कीश, निप्पुर, सुरुप्पक, लारसाम, ऊर, और ऊरूक, दज़ला और फ़रात के द्वाब की दक्खिनी ईरान की ज़मीन से, और एलाम की ईरानी भूमि से जो दौलत निकली उसका गुमान भी किसे था? किसने सोचा था कि बाबुल के दक्खिन की नदियों के मुहानों के बीच की ज़मीन से सहसा एक नयी दुनिया फट पड़गी, ऐसी दुनिया जहाँ कभी हज़ारों साल पहले एक बाढ़ आयी थी जिसने सैकड़ों मील के गाँवों में प्रलय मचा दी और सारा चराचर पानी में डूब गया, कि जिस प्रलय से जीवों की रक्षा सुरुप्पक के वीर ज़िउ सुद्दू ने उनके जोड़े नाव पर बचाकर की, और जिसकी कहानी बाइबिल की पुरानी पोथी हज़रत नूह की जीवनी में, हमारे शतपथ ब्राह्मण के मनु की कथा में, और दूसरे साहित्यों की जलप्रलय की कहानियों में आज भी सुरक्षित है।

उन प्राचीन नगरों के नीचे आज भी सैकड़ों मील लम्बी-चौड़ी ज़मीन पर प्रायः छह फ़ुट गहराई के पानी के निशान पुराविदों ने खोद निकाले हैं, और खोद निकाली है उन्होंने ऊपर की वे क़ब्रें जिनके भीतर राजा और रानी के साथ उनके दास-दासियाँ, नौकर-बाँदियाँ, उनके रथों में जुतने वाले ख़च्चर ज़हर के प्याले पिलाकर दफ़ना दिये गये थे, जहाँ रानी शुबाद के सुनहरे ब्रूच और सेफ़्टीपिन उस प्राचीनतम काल को आज के जीवन में झलका देते हैं।

हम प्राचीन को वर्तमान के प्रतीकों-द्वारा पहचानते हैं, और वर्तमान के प्रतीक जब प्राचीन के जीवन में मिलने लगते हैं तब मानव के समसामयिक विस्तार के अतिरिक्त उसके कालान्तर की समष्टि भी प्रस्तुत हो जाती है और हम इसके एकस्थ रूप को दृष्टिगोचर कर लेते हैं। रानी शुबाद की उन ऊर की क़ब्रों से दो हज़ार साल बाद शायद जूदिया के धीमान् राजा सुलेमान का यश धरा पर फैला

जिसके गौरव से खिंचकर अरब की रानी शेबा जुरूसलम चली आयी थी। मोहनजोदड़ों की लिपि नि:सन्देह आज तक नहीं पढ़ी जा सकी, जैसे क्रीत की लिपि भी नहीं पढ़ी जा सकी, पर सर जेम्स प्रिंसेप द्वारा भारतीय ब्राह्मी लिपि का पढ़ लेना पुरातत्त्व के चमत्कार की एक घटना है। मोहनजोदड़ो के दिनों में ही उसका साँड चलता-चलता कला के अभिप्राय के माध्यम से मिस्र जा पहुँचा था, वहाँ आपिस् साँड के रूप में पूजा गया था, फिर असुरों की राजधानी कला में उसने मानव मस्तक और पंख धारण किये, फिर दाराओं के ईरान में, पर्सिपोलिस के महलों में, उनके स्तम्भों के शिखर पर चिकने मानव मस्तकधारी वे पुंगव बने, फिर शुद्ध प्रकृत पुंगव, और फिर वही लौटकर अपनी प्राचीन भूमि पर अशोकीय स्तम्भों के मस्तक बने, मौर्य कला के चमत्कार, हमारे अभिराम मूर्द्धन्य। और उनकी छाया में स्तम्भ की यष्टि पर अशोक के मानवीय मातृस्नेह से सिक्त सन्देश लिखे गये, उस ब्राह्मी लिपि में जिसका मोहनजोदड़ो की लिपि से कोई सम्बन्ध न था और जिसका भेद सर जेम्स प्रिन्सेप ने खोला, और भेद खोलकर अशोक और उसके लोकस्नेह को हमारे सामने मूर्तिमान कर दिया।

उस ब्राह्मी लिपि के पठन की कहानी वस्तुतः पुरातत्त्व का रोमांस है। प्रिन्सेप ने बारह-बारह वर्ष उसकी गाँठें खोलने के प्रयत्न किये पर वह निष्फल रहा। और एक रात जब वह सुबह के गहराते अँधेरे में ब्राह्मी अक्षरों को मन की आँखों से अपलक निहार रहा था, एकाएक उसे कुछ सूझा—ताम्रपत्रों में लिखावट का अन्त अधिकतर सदा एक ही प्रकार के अनुस्वारान्त दो अक्षरों से क्यों होता है, ताम्रपत्र वस्तुतः दानोल्लेख है, अधिकतर ब्राह्मणों को दिये दान की सनद है, कहीं अन्त के अनुस्वारान्त दोनों अक्षर संस्कृत के 'दान' शब्द को तो व्यक्त नहीं करते? और बिस्तर से कूदकर प्रिन्सेप अँधेरे में खड़ा हो गया। उसने चिराग़ जलाया और ज्ञान का चिराग़ उसी माध्यम से अचानक जल उठा—उसने ताम्रपत्रों और उनकी नक़लों पर नज़र डाली, शब्द दान ही था। दो अक्षर पढ़ लिए गये 'दा' और 'न' और जहाँ-जहाँ उनका संयोग हुआ वहाँ-वहाँ उनके ज्ञान का प्रकाश पड़ा और धीरे-धीरे एक के बाद एक ब्राह्मी लिपि के सारे अक्षर सार्थक हो उठे।

फ़िरोज़शाह तुग़लक के दरबार में तोपरा गाँव से आये अशोक के स्तम्भ के ऊपर खुदी ब्राह्मी की इबारत को कभी दरबार के पंडितों ने सुल्तान के इक़बाल को फ़रिश्तों-द्वारा लिखा बताया था, अब वह देश के गौरवशाली इतिहास की कुंजी बन गया और हमारी संस्कृति के वैभव ने नये डग भरे। हमने अशोक के अभिलेख से जाना कि भारतीय संस्कृति की बुलन्दी बदी का जवाब नेकी से देकर हासिल की गयी है, कि जिस सिकन्दर ने हमारे पंजाब में रक्त की होली खेली

थी उसी के साम्राज्य के पाँचों यूनानी खंडों में, यूनानी राजाओं के राज्यों में अशोक ने दो ही पीढ़ी बाद दवाएँ बँटवायीं।

यह भारत का बदला था। कबीर से दो हज़ार सालों पहले का, कबीर के ही सिद्धान्त के अनुरूप—"जो तोकों काँटा बुये ताहि बोइ तू फूल।" और यह कुल कहानी बस पुरातत्त्व के रोमांस की है।

अनुक्रम

छिपी हुई
सभ्यताओं की खोज के
इन विवरणों का एक-एक शब्द
कल्पना से कहीं अधिक
चमत्कारी सत्य है!

पुरातत्त्व का रोमांस

तूतनख़ामन का तिलिस्म

आज से कोई तीस-पैंतीस साल पहले यूरोप-अमेरिका के समाचारपत्र छापने लगे—'फ़राऊन, तूतनख़ामन के प्रेत का पहला ग्रास'...'दूसरा ग्रास'...'तीसरा ग्रास'...'चौथा...आठवाँ...अठारहवाँ'। प्रेत के उन्नीसवें ग्रास की ख़बर एक समाचारपत्र ने इस प्रकार छापी—"आज अठहत्तर साल के लॉर्ड वेस्टबरी लन्दन के अपने सातवीं मंज़िल के आवास की खिड़की से अनायास कूदकर मर गये। लॉर्ड वेस्टबरी के पुत्र, जो तूतनख़ामन को खोद निकालने वाले हॉवर्ड कार्टर के सेक्रेटरी रहे थे, नवम्बर की एक रात अच्छे-ख़ासे शयनागार में घुसे थे, सुबह मरे निकले!" तूतनख़ामन के वे बीसवें ग्रास थे। आर्चिबॉल्ड डग्लस रीड एक ममी का एक्स-रे करने जा रहे थे कि सहसा चल बसे, फ़राऊन के प्रेत के शिकार हो गये। पत्रकार ने लिखा—"इस मृत्यु से इंग्लैंड में डर की एक लहर बह गयी है!" मिस्री पुराविद आर्थर वाइगॉल फ़राऊनी प्रेत के इक्कीसवें ग्रास बने : मात्र साधारण ज्वर से अकाल-कवलित हो गये! अब बारी कार्टर के सहयोगी ए. सी. मेस की थी जिन्होंने प्रेत की क़ब्र में प्रवेश कर फ़राऊनी अभिशाप अपने सिर लिया था और अभी तूतनख़ामन का शव निरावृत्त भी नहीं हो पाया था कि मेस मौत के घाट जा लगे। तूतनख़ामन की क़ब्र खोदने के प्रधान नायक लॉर्ड कार्नार्वन और हॉवर्ड कार्टर रहे थे। लॉर्ड कार्नार्वन फ़राऊनी अभिशाप के पहले शिकार थे और अब उनके भाई ऑब्रे हर्बर्ट ने सहसा पागल होकर आत्महत्या कर ली। और लॉर्ड कार्नार्वन का तो कुनबा ही उस अभिशाप से मर मिटा जब उनकी पत्नी लेडी एलिज़ाबेथ कार्नार्वन क्षुद्र कीट के काटने से चल बसीं। शेष रह गये बस हॉवर्ड कार्टर—क़ब्र के प्रधान खनक—अपने समस्त सहकारियों के एक के बाद एक मौत के मुँह में टपकते जाते गहरे अवसाद को झेलने के लिए। अभिशाप ब्रह्मलेख-सा खुदा था—"जो फ़राऊनी की शान्ति भंग करेंगे, उसकी निद्रा तोड़ेंगे, मौत अकाल उन्हें निगल जाएगी!" और मौत सबको निगल गयी थी। प्रत्येक के मरने के वैज्ञानिक कारण बताये गये, अभिशाप क़ब्र के अभिलेखों के सन्दर्भ में निराधार

सिद्ध कर दिया गया, पर जनविश्वास बना रहा कि मौतें तूतनख़ामन का तिलिस्म तोड़ने से ही हुईं।

फ़राऊन तूतनख़ामन का तिलिस्म।

अलादीन के चिराग़ के जिन्न के करामात इतने अजूबे न थे, मिस्र का जादू इतना विस्मयकारक न था जितना रोमाँचक तूतनख़ामन की समाधि की खोज थी। इस तिलिस्म के टूटने का इन्तज़ार ज़माना कर रहा था, सारी दुनिया साँस रोके मिस्र की ओर एकटक देख रही थी, कि तिलिस्म टूटा और सोने की दीवारों, रत्नों की राशियों से उनकी आँखें चौंधिया गयीं।

कैसे?

मिस्री पुरातत्त्व का अमरीकी पंडित हॉवर्ड कार्टर पिरामिडों की खुदाइयों के बाद नील नदी के तीर लुकसर के प्राचीन मन्दिरों के खँडहरों में ज़रा दम ले रहा था। उसने इंग्लैंड के लॉर्ड कर्नार्वन के साथ तूतनख़ामन का शव, उसकी ऋद्ध समाधि, ढूँढ़ निकालने का साझा किया था।

दिन नम था, कुछ गीला। नदी की शीतल, जाड़ों की कुछ ठंडी बयार रेत को लाँघ जिस्म को लगती और कार्टर बियाबाँ में दूर वतन का माहौल पा रीझ उठता था। सपने सच करने के लिए नील की घाटी में जानलेवा रेत की दुनिया में पड़ा था, फ़लाहीनों के बीच, और पिरामिडों के प्रेतों के गहरे अँधेरे कमरे न्यूयॉर्क और शिकागो की गगनचुम्बी इमारतों को भुलाते चले जाते, गहराती रातों में मृतकों के साये स्मृति में सहसा गहरा उठते और कार्टर क़ब्रिस्तान में सोया-सा सहसा जग उठता। ऐसी ही रात के परे जब वह दिन जागा तब कार्टर भी जागा और पाया कि दिन नम था।

और तभी कुछ लोग भागे हुए आये, बताया कि अब्दुल रसूल के साहसी वंशजों ने फिर फ़राऊनी क़ब्रों पर डाका डाला है। लुक्सर और कारनाक के सामने नील नदी के पार, उसके पश्चिमी तट पर बीबान अलमुल्क के पास ही मिस्र के प्राचीन राजाओं के मक़बरे हैं जिनका नाम आज के पुराविदों ने 'राजाओं की घाटी' रख दिया है। घाटी जिस रेगिस्तान में अवस्थित है वहीं कभी थीबिज़ का नगर बसा था। उसी नगर के अभिजात श्रीमानों के शवों की रक्षा के लिए घाटी की पहाड़ी की दीवारों में गहरी गुफाएँ काट ली गयी थीं। और कालान्तर में देवता अमून के मन्दिरों की स्तम्भ रेखा उठती चली गयी थी।

कार्टर उठा, कब्रों की ओर चल पड़ा। उसके साथी मजूर उसकी रक्षा और हुक्म बजा लाने के लिए साथ चले। शाम हो चली थी। कुर्नो की पहाड़ियों पर अठारह सौ फ़ुट की ऊँची चढ़ाई सामने थी, चाँद निकलने ही वाला था। आधी रात हो चली जब कार्टर घटनास्थल पर पहुँचा। डाकुओं के एक दल को सोने

का सुराग़ मिला था, दूसरे दल को जो उसकी गन्ध मिली तो वह भी वहाँ जा पहुँचा और जमकर लड़ाई हुई। विजयी दल एक मोर्चा जीत दूसरे मोर्चे पर जूझ रहा था, जब कार्टर वहाँ पहुँचा।

गाइड ने अविलम्ब डोर के उस छोर की ओर इशारा किया जिसके दूसरे छोर से डाकू क़ब्र में उतर चुके थे। कार्टर ने झट डोर काट दी और भागने का मात्र साधन नष्ट कर दिया। स्वयं उसने कमर से मज़बूत डोर बाँधी। दूसरी ओर चमकती रात में वह चोटी से ग़ोर की ओर उतर चला। क़ब्र के डाकुओं से अक्सर कार्टर की मुठभेड़ हो जाया करती थी और उस रात की वह मुठभेड़ खतरे से ख़ाली न होकर भी कुछ कम दिलचस्प न थी। डाकू संख्या में आठ थे, काम में मशग़ूल। कार्टर पर नज़र पड़ते ही थमे।

"तुम्हारी डोर कट चुकी है, भागने की अकेली राह ख़त्म हो चुकी है", कार्टर बोला, "अगर जान बचानी हो तो मेरी डोर हाज़िर है, वरना ममियों के साथ यहीं ज़िन्दगी बिताने के लिए तैयार हो जाओ।"

डाकुओं को सद्बुद्धि आयी और वे चुपचाप रस्सी के सहारे ऊपर चढ़ गये। कार्टर ने वहीं रात बितायी।

क़ब्रें अनेक खुद चुकी थीं, घनी सुनहरी क़ब्रें, मिस्री सम्राटों-फ़राऊनों की क़ब्रें। थुथमिस, रामेसेज़, आमेनेम्हेत, सभी की मिल चुकी थीं, बस एक रह गयी थी—तूतनख़ामन की, जिसकी अहर्निश खोज थी। उसके नाम से अंकित अनेक चीज़ें मिल चुकी थीं—रत्नदीप, स्फटिक प्याले, स्वर्णपत्र। पर कहाँ थी उस तूतनख़ामन की समाधि जो अट्ठारह साल की उम्र में ही चल बसा था और जिसकी सोलह साल की हसीन रानी ने राजा के ताबूत पर फूलों का गजरा रख दिया था?

बेल्ज़ोनी, लेप्सियस, डेविस, प्रास्पेरो, सभी ने खोजा था, पर पाया कार्टर ने। लॉर्ड कार्नार्वन और कार्टर ने उसे खोजने का साझा किया था, खोजा भी साथ-साथ एक अरसे तक, पर असफल रहे थे, और कार्नार्वन दम लेने इंग्लैंड गया हुआ था। पर कार्टर डटा था, वैसे दम वह भी ले रहा था, पर दूर स्वदेश अमेरिका में नहीं, वहीं चिलचिलाती धूप की घाटी में, लुक्सर के पास, नील नदी के तीर।

प्रयास का आख़िरी साल था जब थके कार्टर ने विमन हो कुदाल हाथ में ली। जाड़ों के दिन थे—इतिहास की खुदाइयाँ जाड़ों में ही हुआ करती हैं—नवम्बर का महीना, महीने का तीसरा दिन, 1922 का साल। पर क़िस्मत ने इस बार साथ दिया और ज्यों ही कार्टर ने प्राचीन मजूरों की झोंपड़ियों का मलबा हटाया, चट्टान में नीचे की ओर कटी सीढ़ियाँ नज़र आयीं। कार्टन क़ब्र के सोपान मार्ग पर जा खड़ा हुआ।

पर पुराविदों के मन में हज़ार सन्देह उठा करते हैं। क्या ठीक, कार्टर ने

सोचा, अपूर्ण अधकटी गुफा भी तो हो सकती है? और अगर गुफा समूची कटी हुई भी तो क्या ठीक कि 'ममी' लुट न गयी हो, प्राचीन काल के डाकुओं ने ही उस पर हाथ साफ कर लिये हों? फिर ममी अगर बन्द भी रही हो तो तूतनख़ामन की ही हो, इसका ही क्या निश्चय? किसी श्रीमान अभिजात की भी तो हो सकती है, उच्चपदीय व्यक्ति की, असामान्य पुरोहित की?

कार्टर का मन अनेक दिशाओं में भरमा, पर कार्टर कुदाल चलाता रहा, उसके मजूर पत्थर पर जमी पत्थर-सी ही कड़ी रेत से जूझते रहे। तनिक भी विशेष आवाज़ उसे चौंका देती और उसकी आँखें मजूरों की गिरती-उठती कुदालों पर अनवरत पेंग मारती रहीं। आज तीसरा दिन था, पाँच नवम्बर। दिन चढ़ चला, दिन के साथ ही मन की लालसा भी बढ़ी। दिन उतरा पर लालसा चढ़ी रही। रात आयी, नवम्बर की रात, मिस्री रेगिस्तान की रेशमी रात, और कुदालें चलती रहीं।

सीढ़ी के नीचे सीढ़ी। एक के बाद एक, बारह सीढ़ियाँ—सोपान मार्ग। और बारहवीं सीढ़ी जब निकली तो सहसा द्वार का ऊपरी भाग दिख गया—बन्द, पलस्तरकिया, मुद्रांकित द्वार! मुद्रांकित द्वार क्या सच? कार्टर को विश्वास न हुआ। किसी खनक के लिए, कार्टर के लिए विशेष कुतूहल का समय था। धड़कते दिल से उसने मुहर की परीक्षा की। मुहर राजकीय थी। निश्चित ही भीतर राजकीय व्यक्ति का शव दफ़नाया हुआ था। ज़ाहिर, पर क्या शव का राजकीय होना काफ़ी होगा? और क्या भीतर सब कुछ कुशल था?

भीतर सम्भवतः कुशल था, क्योंकि उसका मुँह मजूरों के आवासों से ढका था। निस्सन्देह पिछली तीस सदियों से क़ब्र को किसी ने हाथ नहीं लगाया था। सन्देह और असाधारण उपलब्धि के दोले में कार्टर झूल रहा था। आवेगों से काँपते हुए उसने एक सुराख़ कर लिया, बस बिजली की टॉर्च के प्रवेश-भर के लिए। उसने देखा—दरवाज़े के पीछे का गलियारा ऊपर तक पत्थरों से भरा है। ज़ाहिर है कि क़ब्र को सुरक्षित रखने के लिए विशेष प्रयास हुआ है।

अगली सुबह, 6 नवम्बर को कार्टर ने साझीदार कार्नार्वन को तार दिया—"आख़िर घाटी में आश्चर्यजनक खोज कर ही डाली—शालीन क़ब्र, मुद्रांक यथावत्, फिर बन्द कर दिया, तुम्हारे आने तक, बधाई!" दो दिन बाद ही उत्तर मिला—"सम्भवतः शीघ्र ही आऊँ, 20 तक सिकन्दरिया पहुँचना चाहता हूँ।"

23 नवम्बर को लॉर्ड कार्नार्वन अपनी बेटी के साथ लुक्सर आ पहुँचे। कार्टर का बुरा हाल था। दो सप्ताह से ऊपर शंकाओं का शिकार, अधीरता का आहार बना वह मक़बरे के द्वार पर पड़ा रहा था। सीढ़ियों के प्रकाश में आने के दो ही दिन बाद से बधाइयों के तारों की बाढ़-सी आ गयी थी। पर कार्टर बेहाल था—बधाई अभी किसलिए? क़ब्र किसकी? क़ब्र में है क्या? काश कि कुछ ही इंच

और उसने खोद लिया होता! फिर तो उसे तड़पते हुए इक्कीस बेचैन रातें न गुज़ारनी पड़ी होतीं।

24 नवम्बर को मलबा हटाकर सीढ़ियाँ साफ़ कर दी गयीं। सोलहवीं सीढ़ी उतर कार्टर मुद्रांकित द्वार के सामने जा खड़ा हुआ। अब उसने साफ़ देखा, बल्लियों उछलते दिल पर हाथ रखे, मुहर तूतनख़ामन की थी। और तभी मिस्त्री खनकों का समान अनुभव, कष्टकर अनुभव कार्टर को हुआ—उससे पहले ज़िन्दा इनसान उसके भीतर डोल चुके थे—डाकू प्राचीन काल में ही उस पर डाका डाल चुके थे।

धीरे-धीरे एक बात और स्पष्ट हुई, कार्टर ने देखा—द्वार का ऊपरी भाग दो बार खोला और बन्द किया गया है और कि दोबारा बन्द किये भाग पर मुहर—शृगाल तथा नौ बन्दियों की—क़ब्रिस्तान की है, उधर नीचे, द्वार के अछूते भाग पर तूतनख़ामन की अपनी मुहर है। सो क़ब्र सर्वथा अछूती न रही थी। लुटेरों ने उसमें प्रवेश पा लिया था और एक नहीं दो-दो बार। पर क़ब्र के द्वार पर दो बार मुहर लगाने से यह भी ज़ाहिर था कि क़ब्र अभी समूची लुटी नहीं, कुछ बाक़ी है। क्या है बाक़ी?

अभी कार्टर की परीक्षा पूरी नहीं हुई थी, उसे शंका की दिशा में काफ़ी झेलना बाक़ी था। द्वार के मलबे में उसे भाँड़े के कुछ टुकड़े मिले जिन पर अनेक फ़राऊनों के नाम खुदे थे—इख़नातून, सकारिज़, थोथमिज़, आमनौफ़िस, तूतनख़ामन, सभी के। तब क्या अकेले तूतनख़ामन की समाधि वहाँ न थी, सबकी जुमला क़ब्रें थीं? फिर तो शायद सफलता आंशिक होकर रह जाए।

इसे जाँचने का उपाय बस एक था—अली बाबा के द्वार का खुल जाना। कार्टर ने उसे खोलने की तैयारी की। द्वार खुला। गलियारा मिला, बत्तीस फ़ुट का, फिर दूसरा द्वार। उस पर भी दोनों मुहरें—क़ब्रिस्तान की भी, तूतनख़ामन की निजी भी। पर साथ ही इसका सबूत भी मिल गया कि लुटेरे इस दूसरे द्वार को भी भेद भीतर चले गये थे। फिर इस जुमला मक़बरे में, जिसे डाकुओं ने खोल लिया था, बचा ही क्या रह सकता था? पर कार्टर को जाना तो आख़िरी दीवार तक था।

शंका बढ़ती जा रही थी, उत्कंठा ने भी पंख मारे और भावना ने उछाल भरनी शुरू कीं। कार्टर लिखता है—"निर्णायक क्षण उपस्थित था। ऊपर के बाँयें कोने में मैंने काँपते हाथों एक सुराख़ किया। मैंने लोहे की शहतीर सुराख़ से भीतर डाली, शहतीर कहीं टिकी नहीं—भीतर ख़ाली था। मैंने ज़हरीली गैस से बचाव के लिए मोमबत्तियाँ जला लीं। सुराख़ को ज़रा बड़ा किया।"

तूतनख़ामन का आकर्षण बड़ा था, क़ाहिरा, सिकन्दरिया का विद्वद्वर्ग, अभिजात वर्ग उस क़ब्र में सिमट आया था। अब भीड़ आगे बढ़ी, कार्टर-की पीठ पर लॉर्ड कार्नार्वन, उनकी बेटी, लेडी एवेलिन और मिस्त्री पुराविद कैलेंडर, जो क़ब्र मिलने

की ख़बर पाते ही मदद देने आ पहुँचा था। सभी दम साधे पंजों पर उचक रहे थे, अन्धकार में आँखें फाड़-फाड़ देख रहे थे। डरते हुए, कमज़ोर हाथों, नर्वस कार्टर ने दियासलाई की बत्ती जलायी, उसे मोमबत्ती की लौ पर रखा, और लौ को सुराख़ पर। उसका सिर सुराख पर झुका, तब वह आन्तरिक आवेगों से काँप रहा था, जैसे दूसरे भी उत्कंठा से विकल थे। हलके-हलके भीतर की गरम हवा जो बाहर निकली तो मोमबत्ती की लौ और दमक उठी। मोमबत्ती भीतर जल रही थी,कार्टर की आँखें सुराख़ पर टिकी थीं, पर भीतर का कुछ भी वह देख न सका। फिर धीरे-धीरे जब उसकी आँखें झिलमिलाती लौ के प्रकाश की अभ्यस्त हो गयीं, तब भीतर की आकृतियाँ उसे कुछ स्पष्ट होने लगीं—पहले आकृतियाँ, फिर उनकी छायाएँ, फिर उनके रंग। उसके मुँह से एक आवाज़ तक न निकली, जैसे वह सर्वथा गूँगा हो गया। सब दम साधे खड़े थे, उसी की तरह चुप, पर हिया को मसलते-से। जब कार्नार्वन से न रहा गया तब वह बोला—"पागल हो जाऊँगा कार्टर, वरना बोलो, क्या देख रहे हो, क्या सचमुच कुछ देख रहे हो?"

सिर फेरते हुए, धीरे-धीरे काँपती आवाज़ में कार्टर बोला—"हाँ, देख रहा हूँ—हैरतअंगेज़, अचरज-भरी चीज़ें।"

और जब द्वार खोला गया और बिजली की रोशनी उछल-उछल सर्वत्र पड़ने लगी तब जो देखा वह वर्णनातीत था, खनन के इतिहास में जो कभी नहीं देखा गया था—सुनहरे कोच, सुनहरा सिंहासन, बड़ी-बड़ी दो काली मूरतें, अलाबस्तर के भाँडे, असामान्य वेदिकाएँ। डरावने जानवरों के सिरों की डरावनी छायाएँ कम्पित प्रकाश में दीवारों पर डोलने लगीं। वेदियों में से एक के खुले द्वार से जब विकराल सर्प ने झाँका तब उचके पैर सहसा पीछे हटे। पर शीघ्र लोगों ने देखा, सर्प सोने का था, मिस्र का राजचिह्न। दो राजसी मूर्तियाँ आमने-सामने प्रहरियों की भाँति खड़ी थीं, सुनहरे लिबास से सँवरी, सुनहरे सन्दलों से विभूषित, गदा और दंड से संयुक्त, ललाटों पर संरक्षक पुनीत नाग से अलंकृत।

पर इस समूची सम्पदा की शालीनता को, जो अपने बहुविधिक विस्तार के कारण एक नज़र में देखी नहीं जा सकती थी, एक स्पष्ट चेतना ने दूषित कर दिया—पूर्वागन्तुकों की आगमन-चेतना ने। सभी ने देखा—द्वार के पास ही इस काल भी गारे से अधभरा पात्र, जलकर काला हो गया दीप, हाल की रँगी सतह पर उभरी उँगलियों की छाप, और नीचे देहली पर विदा होते समय डाला फूलों का गजरा।

और अभी अचरजों की परम्परा चुकी भी न थी कि कार्टर तथा कार्नार्वन दोनों को सहसा एक साथ ही ध्यान आया कि इस कोषराशि के बीच ताबूत अथवा ममी तो एक भी नहीं। तत्काल फिर शंका जगी—यह अकेला राजकीय मक़बरा है या सम्मिलित समाधियों का परिवार?

तभी दोनों प्रहरी मूर्तियों के बीच तीसरा द्वार दिखाई पड़ा। ''हाल ही देखी बहुमूल्य वस्तुओं से भरे कमरे के भीतर कमरे का स्वप्न।'' कार्टर लिखता है, ''सहसा हमारे मानस में जग डूबा और हमारी साँस धौंकनी-सी चलने लगी।'' चमकते बिजली के प्रकाश में उन्होंने सामने के मुद्रांकित द्वार की परीक्षा की। देखा, नीचे दरवाज़े में राह बनाकर फिर मुद्रित कर दी गयी है। प्रकट है कि डाकू बाहरी कक्ष को भेद भीतर पहुँच गये थे। पर प्रश्न तो यह है कि उन्होंने वहाँ कुछ छोड़ा भी है या नहीं? आगे के गलियारे या कमरे में क्या है? वह समूचा जनसंकुल एकान्त रहस्यमय हो उठा था। वह रहस्यमयता इस बात से और भी घनी हो उठी थी कि किस आकर्षण के लिए डाकू तीसरा द्वार लाँघकर भी बाहर की सारी स्वर्णराशि अछूती छोड़ गये थे? उस अनायास लब्ध स्वर्णराशि से क़ीमती आख़िर कौन-सी वस्तु थी?

असली सोने का बना तूतनख़ामन का चेहरा

इसी बीच एक और अचरज हुआ। तीनों कोचों के नीचे किसी की नज़र गयी। चमत्कृत हो उछलकर उसने बिजली का लैम्प घसीट लिया। लोग घुटनों के बल झुके। एक कोच के नीचे दीवार में बड़ा सुराख था, झाँका, वह एक छोटा कमरा निकला, बाहरवाले से छोटा, पर ऐसा जो बहुमूल्य पदार्थों से अटा पड़ा था। लगा, जैसे डाकुओं ने वहाँ तूफ़ान की तेज़ी से काम किया है। सारी चीज़ें तितर-बितर कर दी थीं। शायद कुछ उठायीं, बाहरवाले कमरे तक ले गये, पर बाहर न ले जा सके। क्यों? क्या पकड़ लिये गये?

पर सवाल डाकुओं से भी बढ़कर दूसरा था—तूतनख़ामन कहाँ था? और इसका जवाब अभी सम्भव न था, क्योंकि यद्यपि तिलिस्म टूट गया था, उसका एक भाग फिर भी अन्धकार में था। शायद तीसरे बन्द द्वार के पीछे। वहीं, शायद वहीं तूतनख़ामन पिछली तीस सदियों से सोया पड़ा था, अपने द्वार पर पड़ती कुदाल और हथौड़ों की चोटों से बेख़बर।

तूतनख़ामन का ताबूत

सामने दरवाज़ा था, पहरुओं के बीच, मुहरबन्द। कार्टर ने पिछले जाड़ों जहाँ काम छोड़ा था, काम वहीं ठमका हुआ था। कारण कि ऐसा नहीं कि पुरातत्त्व का काम एक दिन में समाप्त हो जाए। एक-एक चीज़, सहस्राब्दियों पुरानी होने से बड़ी सावधानी से सँभालनी होती है, वरना हाथ लगाते ही देखते-ही-देखते धूल का ढेर हो जाए।

सो सामने का दरवाज़ा खुलने के पहले तूतनख़ामन की क़ब्र पर महीनों काम चला। वैज्ञानिक प्रबन्ध के लिए लार्ड कार्नार्वन को इंग्लैंड भागना पड़ा था, कार्टर को क़ाहिरा। कार्टर ने कमरों को पहले-सा ही बन्द कर उनके सामने पत्थरों की दीवारें खड़ी कर दी थीं और बाहरी द्वार पर फ़ौलाद का दरवाज़ा जड़वा दिया था।

पश्चिमी संसार के सभी भागों से सभी प्रकार की सहायता आ रही थी। सभी प्रकार के वैज्ञानिकों ने राजाओं की घाटी में आकर डेरा डाल दिया था—पुराविद् चित्रलिपि के जानकार, रासायनिक, धातुविद्, फ़ोटोग्राफ़र, सभी। कब्र के द्वार पर ही रासायनिक-प्रयोगशाला स्थापित कर ली गयी थी और तब बाहरी कमरों की बहुमूल्य वस्तुओं को हटाने का काम शुरू हुआ। पुरातत्त्व की प्रत्येक वस्तु बहुमूल्य होती है, लकड़ी से सोने तक।

बाहरी कमरे में एक-से-एक बढ़कर चीज़ें थीं, कला और इतिहास की दृष्टि से असाधारण। लकड़ी की पेटी मिस्त्री कला की अनुपम निधि थी। उस पर पतला पेंट चढ़ा हुआ था और चारों ओर मनहर डिज़ाइनें लिखी थीं। चटख़ रंगों की शेख़ी जितनी दर्शनीय थी, कोमल लचीली रेखाओं का छन्दस् उतना ही स्तुत्य था। चितेरे ने आखेट और युद्ध के जो चित्र लिखे थे उनकी कारिता अनुपम थी, उन-सा कुछ भी मिस्त्री-कला में अब तक नहीं मिला था।

और पेटिका तो मात्र विधान थी, उसके भीतर की वस्तुएँ राजा-रानियों के भी कुतूहल का कारण बनतीं। तब की शरीरजन्य प्राय: सभी बारीक़ आवश्यकताओं

क़ी पूर्ति उसमें चुनी चीज़ों से हो सकती थी। तीन सप्ताह, तीन-तीन सप्ताह कार्टर ने उन चीज़ों को पेटिका से निकालने में लगाये। हर चीज़ ऐसी थी जिसका जादू अजाना था और बराबर डर लगा रहता कि हाथ लगाते ही चीज़ धूल का ढेर न हो जाए, स्पर्श-मात्र से टूट न जाए। सवा तीन हज़ार साल पुरानी चीज़ें, मुश्किल से, आँखों देखने का भार तो शायद सह सकती थीं, परस की परुषता नहीं। तीन सप्ताह उनके लिए कुछ भी न थे।

सामने उभरी पशु-आकृतियों से संयुक्त पार्श्ववाले तीन कोच थे, स्वर्ण पत्तरों से मँढ़े। स्वर्ण तो जैसे धूल था, सर्वत्र बिखेर दिया गया था। कोचों-की शक्लें मक़बरों के चित्रों में चित्रित होने से वैसे तो जानी-पहचानी थीं, पर वास्तविक प्राचीन मिस्री कोच पहली बार देखने-छूने को मिले। तीन हज़ार साल पहले के कलावन्तों ने इन्हें सिरजा था, तीन हज़ार साल बाद के पुराविद्-कलापारखी इन्हें देख-छू रहे थे, रोमांचित-कंटकित शरीरों की उँगलियों से।

फ़र्नीचर के नाजुक आदर्श थे वे कोच। प्रत्येक के नीचे पादपीठी थी। एक की बनावट दूसरे से भिन्न थी। एक सिंहशीर्ष था, दूसरा गोशीर्ष, तीसरा दो जलपशुओं-दरियाई घोड़े और मकर-का सम्मिलित मस्तक। उन कोचों के ऊपर और चहुँ ओर अनमोल चीज़ें अँटी थीं, कसकर बँधी, जैसे कभी खुलनेवाली ही न थीं। खुलनेवाली तो सचमुच न थीं, कम से कम रखी वे इसी विचार से गयी थीं कि उनका व्यवहार मात्र मृतक करेगा, पुराविदों का वह अजूबा परिवार नहीं जो सहस्राब्दियों बाद अपनी नयी नस्ल लिये मिस्र की धरा पर सहसा उतर आया!

सुनहरे रतन जड़े कोच उस काल को आवश्यक वस्तुओं से ढँके थे—ऐश्वर्यशाली राजसी सम्पदा से, रत्नजटित शस्त्रास्त्रों से, बहुमूल्य परिधानों से। एक के नीचे एक लकड़ी की पीठवाला सिंहासन रखा था। उसे देखते ही कार्टर चमक उठा, तत्काल उसने डायरी में लिखा—'बगैर झिझक के कह सकता हूँ—इतनी सुन्दर वस्तु मिस्र में अब तक कहीं नहीं मिली।'

तूतनख़ामन का सिंहासन, लकड़ी का बना, स्वर्णपत्तरों से ढँका, काँच, जवाहरात जड़ा। तूतनख़ामन और उसकी रानी आँखें सामन—तूतनखामन सिंहासन पर सरल बैठा, आँखेंसामन सामने खड़ी, दाहिने हाथ से राजा का बाँयाँ कन्धा प्यार से मृदु परसती। तूतनख़ामन मृत्यु के समय आयु के अठारहवें साल कुछ ऐसा ही लगता रहा होगा जैसी उसकी षोडशवर्षीया सुकुमार प्रिया आँखेंसामन भी।

उधर चार-चार चमकते रथ से, इतने बड़े कि पहली बार क़ब्र में लाये जाते समय उनकी धुरियों को आरी से दो टूक चीर लेना पड़ा था। रथों के टुकड़े प्राचीन डाकुओं ने चारों ओर फैला दिये थे, फिर भी रथों का रूप देखने लायक़ था। चारों रथ सर्वत्र से सोने से ढँके थे, उनका इंच-इंच उभरी डिज़ाइनों से ढँका था, दृश्य सोने में हथौड़े से जड़ दिये गये थे, रंगीन काँच के टुकड़ों और बहुमूल्य

पत्थरों से उनके बहिरंग मुखरित थे।

धीरे-धीरे महीनों के वैज्ञानिक परिश्रम से मक़बरे का बाहरी कमरा ख़ाली कर दिया गया। चौंतीस लम्बे-चौड़े बड़े-बड़े बक्से चौड़ी गाड़ियों पर बड़ी सावधानी से लादे गये, चालू रेल से साढ़े पाँच मील दूर नील नदी में खड़े स्टीम-बजरे पर पहुँचाये गये। फिर तूतनख़ामन की क़ब्र का वह अनमोल ख़ज़ाना उसी राह वापस चला जिस राह से सवा तीन हज़ार साल पहले पवित्र जुलूस के साथ आया था। सात दिनों बाद वह ख़ज़ाना क़ाहिरा जा पहुँचा।

अब पहरुओं के बीच-पीछे मुहरबन्द दरवाज़े की बारी आयी। समूचे संसार की आँखें उस पर लगी थीं, क़ब्र के बाहर भी, भीतर भी। अभी तक पता न था कि तूतनख़ामन की 'ममी' भीतर है या नहीं। 17 फ़रवरी को शुक्रवार था। कक्षाभ्यन्तर कक्ष का अन्तिम द्वार खुलना था। उसका रहस्य जानने के लिए स्वभावतः धीर, पर प्रसंगतः अधीर, बीसियों लब्धप्रतिष्ठ और विज्ञान के पंडित क़ब्र के उस बीच के कमरे में ठसे खड़े थे। उत्सुकता की बेकली बे-अन्दाज़ थी, फिर भी किसी को गुमान तक न था कि दो घंटे बाद किस अचरज पर निगाह टिकेगी। जो देखा था वह स्वयं अविश्वसनीय था, जो अभी देखना था—और असाधारण होने से तीसरे ताले में प्रच्छन्न था—वह कितना अलौकिक होगा! इसका बस अटकल लगाया जा सकता था।

वैज्ञानिक पुराविद् मिस्र तत्त्वविद्, मिस्री अफ़सर ठसी कुरसियों पर बैठे। इन्तज़ार बुरी बला होती है, फिर इस तरह का इन्तज़ार,जिसमें ज़िन्दगी मौत को नंगा कर रही हो, दम घोट देता है। इससे कुरसियाँ बाहर से मँगा ली गयी थीं जिससे लोग क्षणों की व्याप्ति सदियों में आराम से झेल लें। क़ब्र की ख़ामोशी अपने-आप घनी थी, मृत्यु की ख़ामोशी घनी होती ही है, पर ज़िन्दगी की ख़ामोशी, अस्वाभाविक होने से, और गहरी भयावह हो जाया करती है। और जब बन्द दरवाज़े की मुहर तोड़ने के लिये इसी काम के लिये नये बने चबूतरे पर कार्टर चढ़ा तब की ख़ामोशी कहने की बात नहीं, देखने की बात थी। लोग निस्पन्द निर्वात दीपशिखा से, वस्तुतः ग्यारहों प्राणों से सम्बलित जागरूक थे।

कार्टर चुपचाप धीरे-धीरे बड़ी सावधानी से दीवार के ढीले पत्थर हटाने लगा, बड़ी सावधानी से, क्योंकि डर था कि अगर वे भीतर गिरे तो कहीं किसी चीज़ को नुक़सान न पहुँचा दें। तिलिस्म की चीज़ें ऐसी कि जब वे उँगलियों की मृदु परस न सह सकें, तब पत्थर की चोट कैसे सह सकती थीं? फिर दरवाज़े की मुहर भी बचा रखनी थी, क्योंकि उसकी वैज्ञानिक बिसात बड़ी थी। फिर भी स्वयं कार्टर की चेष्टा उसकी सावधानी के बावजूद, अदम्य उत्सुक थी। लिखता है—'हर लम्हा

महत्त्व का था, हर क्षण जी चाहता कि हाथ रोक भीतर झाँक लें।'

कार्टर के सहकारी मेस और कैलेंडर उसकी मदद को बढ़े। दस मिनट पत्थर हटाने का काम कर चुकने पर कार्टर ने हाथ रोका, फ़्लैश लाइट उठाकर द्वार के सुराख़ पर रखा—दम साधे लोगों में हलकी फुसफुसाहट हुई, अनजाने, इतनी हलकी पर साथ ही जैसे इतने ज़ोर की कि मौत का वह कमरा ज़िन्दा आवाज़ से गूँज उठा।

कार्टर को कुछ दिखाई न पड़ा, बस एक चमकती दीवार दिखी। फ़्लैश लाइट का रुख़ इधर से उधर, उधर से इधर करके भी कार्टर उस दीवार के छोर न पा सका। ज़ाहिरा उस दीवार ने कमरे का दरवाज़ा भीतर से ढँक रखा था। और वह दीवार कैसी थी? ऐसी जैसी इनसान ने न पहले कभी देखी थी, न पीछे कभी देखेगा—ठोस सोने की दीवार!

अब जितना तेज़ कार्टर हटा सकता था उतना तेज़ वह सामने के पत्थर हटाने लगा। अब तो उसके पीछे खड़े-बैठे सभी सोने की दीवार देख सकते थे। उसकी चमक सभी की आँखों पर छा गयी थी। कार्टर लिखता है—'जैसे-जैसे एक के बाद एक पत्थर हटते गये, हमने मानो बिजली की लहर से वैसे-ही-वैसे जाना कि किस मात्रा में देखनेवालों के मानस आवेग से भर उठे हैं।' शीघ्र ही कार्टर, मेस, कैलेंडर ने एक-साथ जाना कि दीवार क्या है, कि वह समाधि की ही दीवार है, कि वे समाधि के ही सामने खड़े हैं समाधि प्रायः कमरे के बराबर ही है, उससे केवल पन्द्रह इंच चतुर्दिक् छोटी। समाधि सोने की बनी, इतिहास की सबसे क़ीमती समाधि, सोने से ढँकी, चमकती, रंगों से भरी बहुविध मृतकरक्षक प्रतीकों-से चित्रित, मूल्यवान् दीप्यमान पदार्थ से जड़ी, सत्रह फ़ुट लम्बी, ग्यारह फ़ुट चौड़ी, नौ फ़ुट ऊँची।

कार्टर के सामने कुछ देर हुई, लोगों के धीरज का बाँध टूट चला। देर इस कारण हुई कि कार्टर नीचे पड़े हुए मनके चुनने लगा था। मनके उस हार के थे जो भागने की हड़बड़ी में डाकुओं से टूट गया था। लोग उत्कंठा से बेहाल कुरसियों पर बेसब्र, चंचल हो रहे थे, पर पुराविदों की संयतधीरता से कार्टर बड़ी सावधानी से एक के बाद एक मनका उठाता जा रहा था, यद्यपि स्वयं उसकी व्यग्रता भी कुछ कम न थी क्योंकि वह जानता था कि शीघ्र ही वह उस पुरातात्त्विक रहस्य का उद्घाटन करनेवाला है, जिसकी कोई समता नहीं होगी।

अब सबके सामने एक ही प्रश्न अनेक प्रकार से उठ रहा था—क्या लुटेरों को समाधि में प्रवेश करने का समय मिला? क्यों उन्होंने उसमें प्रवेश कर ममी को नष्ट कर दिया है? कार्टर ने देखा, समाधि के पूर्वी छोर का द्वार बन्द तो है पर मुहर किया हुआ नहीं है। काँपते हाथों उसने अर्गला हटा दी, भीतर घुसा। भीतर एक द्वार और था, क़िवाड़ पहले-जैसे ही बन्द थे, साथ ही मुहर किये

हुए भी थे। तीनों पुराविदों ने शान्ति की साँस ली क्योंकि इन किवाड़ों के पीछे पहली समाधि के भीतर एक और समाधि दिखाई पड़ी, फिर एक और। उन्होंने जाना कि जहाँ अब तक लाँघे सारे द्वार उनसे पहले लाँघे जा चुके थे, यह एक द्वार अब ऐसा मिला जिसे किसी ने कभी लाँघा न था, जिसे लाँघनेवाले वे पहले थे। निःसन्देह, उन्होने जाना, ममी अछूती समूची मिलेगी, ठीक वैसे ही जैसे सवा तीन हज़ार साल पहले वह दफ़नायी गयी थी।

उन्होंने समाधि के किवाड़ भेड़ दिये, बड़ी सावधानी से, हलके। अब वे समाधि कक्ष में दूसरी ओर जा पहुँचे। वहाँ उन्हें एक नीचा दरवाज़ा मिला। उसमें प्रवेश करके एक छोटे कमरे में घुसे। कमरे के बीचो-बीच, दरवाज़े के ठीक सामने एक सोने का समाधिनुमा बड़ा सन्दूक़ रखा था। और उसके चतुर्दिक् उससे पृथक् चार देवियाँ मूर्त थीं। मूर्तियों में इतनी गरिमा, इतनी स्वाभाविकता थी, इतना अनुरोध, इतनी भावातुरता थी कि उन पर नज़र डालना अपावन लगता था। कार्टर कहता है, ''मुझे स्वीकार करते तनिक भी लाज नहीं लगती कि उन्हें देख मेरा मन मनभर से भारी हो आया।''

धीरे-धीरे कार्टर, कार्नार्विन और लूकस बाहरी कक्ष में लौट आये, जिससे उन्होंने जो देखा है वह दूसरे भी देख लें। बाहरी कक्ष से हमने समाधि-कक्ष से लौटते एक-एक का चेहरा देखा। हर चेहरे पर अचम्भे का भाव था, आँखों में अचरज भरा था। जब निकले तो लगा कि किसी में कूबत नहीं जो देखा है उसका बयान कर सके।

सन् 1926-27 के जाड़ों में, तूतनख़ामन की क़ब्र मिलने के पाँचवें वर्ष (बीच में हर जाड़े काम होता रहा था) इस खोज का सबसे महत्त्वपूर्ण कार्य का आरम्भ हुआ—सुनहरी समाधि और तूतनख़ामन का ताबूत खोलने, ममी को निरावृत्त करने को सारा संसार उत्सुक था कि तीन हज़ार साल पूर्व के मिस्री सम्राट के रूबरू खड़ा होकर उसके चेहरे पर एक नज़र डाल लें।

बाहरी कमरे और समाधि-कक्ष के बीच की ईंट की दीवार हटा दी गयी। पहली सुनहरी समाधि की चूलें अलग कर उसे उठा लिया गया। कार्टर का विश्वास था कि शव तीसरी समाधि के भीतर होगा। क्षण अत्यन्त भावोत्तेजक था। उत्तेजना को संयत कर उसने सावधानी से मुहर हटायी, अर्गला खींची, किवाड़ खोले। और तब एक चौड़ी समाधि दिखाई पड़ी, अत्यन्त चमकीले, ठीक पिछली की सी ही कारीगरी की। उत्तेजना अकथनीय थी—उस चौथी समाधि के पीछे क्या है? उसने काँपते हाथों उसकी अर्गला भी खोली, किवाड़ों की मुहर हटायी।

धीरे-धीरे किवाड़ खुल गये और तब जैसे समूची समाधि को घेरे पत्थर का भारी ताबूत दिखाई पड़ा, अछूता, समूचा, जैसा पुरोहितों के पवित्र हाथों ने तीन हज़ार वर्ष पूर्व उसे रख दिया था। क्या दृश्य था! चतुर्दिक् स्वर्ण दीवारों की आभा ताबूत पर बरस रही थी, ताबूत के निचले भाग पर उसकी अनधिकारी हाथों से रक्षा करती-सी भुजाएँ और पंख फैलाये देवी की आकृति खुदी थी। उस मूक-मुखर चेतावनी से आहत कार्टर भय से स्तब्ध रह गया।

ताबूत-कक्ष से समाधियों को निकालने में चौरासी दिन लगे। उनके विविध भागों की संख्या अस्सी से ऊपर थी और प्रत्येक भाग भारी और तनिक असावधानी से भी टूट जानेवाला था। समाधियों को देखने से स्पष्ट हो गया कि अन्तिम क्रियाएँ निष्पन्न करनेवाले जल्दी में थे जिससे उन्होंने चूलें उलटी मिला दी थीं और उन्हें परस्पर बिठा देने का काम हथौड़े के ज़ोर से किया था, जिससे पश्चिम के दरवाज़े पूरब को हो गये थे। और जाने की जल्दी में तब के कारीगर लकड़ी आदि के चूर भी वहीं छोड़ते गये।

सामने शववेदिका पड़ी थी, एक ही पीताभ पत्थर का बना ताबूत 8-8 फ़ुट लम्बा, 4-8 फ़ुट चौड़ा, 4-8 फ़ुट ऊँचा, ढक्कन उसका गुलाबी पत्थर का बना था। बड़ी कठिनाई से बारह हंड्रेड वेट का वह ढक्कन अपनी जगह से हिला। लोग भीतर झाँकने को झुके—कपड़े में लिपटा कुछ दिखाई पड़ा, भारी-भरकम। पर जब वह कपड़ा हटाया गया तब भीतर का ताबूत साफ़ निकल आया।

अभी शव अदृश्य था। मानवाकृतिक ताबूत पर किशोर सम्राट की सोने की आकृति उभरी थी। उसका स्वर्ण अमिताभ दमक रहा था। मस्तक और भुजाएँ

हाथों में राजदंड थामे तूतनख़ामन की मृत्युंजय देह

साँचे में ढालकर बनी थीं, शेष समूचा शरीर उत्खचित था। सीने पर कसे हाथों में राजदंड था। नीले पत्थर जड़ा। चेहरा सच्चे सोने का था, नेत्र और भँवें विविध रत्नों से बनी थीं। चेहरा, अपनी धात्त्विक कठोरता के बावजूद, सजीव लगता था।

और तभी लोगों ने कुछ और देखा, ऐश्वर्य और राजसी वैभव से भरे स्वर्ण को राशि से दमकते उस कक्ष को सहज मानवीयता से मुखर करता एक अत्यन्त मर्महर दृश्य—विदा के अन्तिम क्षणों में प्रिय के सवर्णभाल पर प्रिया द्वारा छोड़ा फूलों का हार।

फूल कुम्हलाकर सूख गये थे, पर रंग उनके अब भी पहचाने जा सकते थे। सवा तीन हज़ार साल जैसे अपनी काल-परिधि को लाँघ पास आ गये। अतीत चाहे जितनी भी दूर का हो,वर्तमान से कितना निकट है! कारण कि दोनों एक ही काल-प्रसार के छोर हैं, कारण कि अजस्र बहती मानवीयता दोनों को अपने स्नायुओं से जोड़े हुए है। अपने अट्ठारह वर्षीय प्रिय तूतनख़ामन को उसकी प्रिया ने किस साध से प्यार किया था, किस करुण कठोरता से वह उससे अन्तकाल में विलग हुई थी, यह इन सहस्राब्दियों पार के रंगों को, रस की वर्णिम दीप्ति को, आज भी जीवित रखनेवाली मालिका के फूलों से प्रकट है।

ताबूत के भीतर ताबूत—एक के भीतर एक—तीन-तीन। अन्तिम ठोस सोने का छह फ़ुट से अधिक लम्बा। सोने का ढक्कन उठा लिया गया। उसमें तूतनख़ामन का सवा तीन हज़ार साल का मृत्युंजय शरीर पड़ा था। उत्तेजित चेहरे झुके—शव अभी चीवर में लिपटा था, मृत्युंजय होकर भी शरीर शव था, प्रेत-चीवर में लिपटा। लोग प्रतापी फ़राऊन के रूबरू खड़े थे, भावनाएँ आकाश चूम चलीं।

तूतनख़ामन मिस्री सम्राट था, इतना प्रतापी निःसन्देह नहीं जितना उसकी समाधि का ऐश्वर्य सूचित करता है। सूर्य का अद्वैत एकाधिराज पन्द्रह वर्ष की आयु में मिस्र में स्थापित करनेवाले प्रतिभाशाली विलक्षण फ़राऊन इख़नातून का वह दामाद था, सम्भवतः सौतेला भाई भी। 1350 ई. पू. के लगभग आज से कोई तैंतीस सदियों पहले तूतनख़ामन मिस्र पर राज करता था।

शरीर वैज्ञानिक डॉ. डैरी ने ममी के चीवर के बन्ध काट दिये और स्वर्ण के चेहरे से ढँका तूतनख़ामन का मुखमंडल निकल आया। वह शिष्ट सुसंस्कृत मानव का मस्तक था, क्रोधादि से अविकृत। शेष शरीर रासायनिक विलेपन के आधिक्य से विकृत हो गया था। इतना असहाय शरीर फिर भी स्वर्णाभूषणों से भरा था। रत्नों से ढका। समूचे रत्नों और आभूषणों की संख्या 143 थी। रानी के गजरे की गणना इन रत्नाभूषणों में न हुई।

नगर जिन पर अंगार बरसे

सत्रह सौ अड़सठ का साल था। इटली के त्रियस्त नगर में होटल के एक कमरे में पुरातत्त्व का पंडित बैठा था—ऊँचा जिस्म, कुछ भारी-भरकम, बड़ी-बड़ी काली गहरी आँखें, ऊँची नाक, ठुड्डी और मुँह गोल नरम। हाल की खुदाइयों से निकली वस्तुओं का ब्योरा लिख चुका था और अब अपने प्रकाशक को हिदायत का ख़त लिख रहा था। पर जैसे ही उसने पत्र पर दो शब्द लिखे—'ऐसा चाहिए...' वैसे हो गले में फन्दा गिरा और पलक मारते दम घुट चला। अभी वस्तुस्थिति उसने समझी भी न थी कि छुरे की चोटें पड़ीं और हत्यारा मारियाथेरेसा के सोने के सिक्के मेज़ की दराज़ से निकालकर चलता बना। अतिकाय पंडित जैसे-तैसे अपने बेबस शरीर को घसीटता ज़ीने से लुढ़कता नीचे पहुँचा पर वेटरों और मेडों ने जो खून से लथपथ उसके कपड़े देखे तो सहमकर रह गये, घबराहट में उसे अस्पताल भी न भेज सके और पुरातत्त्व का पहला पंडित विंकेलमान संसार से चल बसा।

जे. जे. विंकेलमान प्रशा के श्टेंडम नगर का रहने वाला था, 1717 में जन्मा, जो इसलिए इटली भाग आया था कि तब के फ्रेडरिक महान के प्रशा में नागरिक स्वतन्त्रता नगण्य थी। और ज़माना आया जब विंकेलमान ने हरकुलेनियम और पॉम्पेई के शालीन खँडहरों की कहानी पहली बार कही। कहानी वह विध्वंस की थी, दो नगरों के विध्वंस की, इटली के प्राचीन नगरों, हरकुलेनियम और पॉम्पेई की, जो कभी पास-ही-पास ग्यारह मील के रक़बे के भीतर बसे थे और एक साथ 79 ईस्वी में जलकर ख़ाक हो गये थे।

समुन्दर के किनारे जहाँ आज नेपुल्स का विशाल नगर है उससे थोड़ी ही दूर पर विसूवियस का ज्वालामुखी है,जो जब-तब तपता है और फूट पड़ता है। उस प्राचीन काल ईस्वी सन् की पहली सदी में भी वह एक बार फूट पड़ा था और तब जिस प्रलय का उसने सृजन किया उसी में हरकुलेनियम और पॉम्पेई

के नगर नष्ट हो गये थे, जलती राख में दरग़ोर! आज भी दूर के राही, राह टेढ़ी होने पर भी, उस बियाबाँ की ओर मचल पड़ते हैं और सभ्यता के, समृद्धि और शालीनता के, खड़े भग्न स्तूप देख आहें भरते निश्चित दिशाओं की ओर लौट जाते हैं, जहाँ वे उन नगरों के विध्वंस की सुनी कहानी दोहराते हैं।

साहित्य और इतिहास ने उनके विध्वंस की कहानी लिख छोड़ी है, प्राचीन इतिहासकार हर विद्यार्थी वह कहानी जानता है। कितने विख्यात, कितने ऋद्ध वे नगर थे, इसका अन्दाज़ वहाँ की टूटी संगमरमर की लाटों से, भवनों के खंडित गुम्बजों से लगाया जा सकता है। कहते हैं कि सम्राट ओगुस्तस ने रोम की नगरी को मिट्टी की ईंटों से बना पाया पर छोड़ा उसने उसे संगमरमर का बनाकर, पॉम्पेई को मिट्टी की ईंटों के दिन कभी देखने नहीं पड़े थे। उसकी घटिया इमारतें भी कम से कम अलाबस्तर की बनी थीं और ऐतिहासिक इमारतों का तो कहना ही क्या—कुलीन संगमरमर की पट्टिकाओं में जैसे नीली रग़ें दौड़ गयी हों। ऐसा होता भी क्यों न जब पॉम्पेई का निर्माता प्रसिद्ध जनरल वह पॉम्पे था जिसकी पीठ यूरोप ने कभी न देखी, जब एशिया ने देखी भी तब पॉम्पे अपनी क़ब्र की ओर डग भर चला था। थेसाली की चट्टानी धरा पर फ़ारसेलस के मैदान में जानलेवा जंग छिड़ी जब जूलियस सीज़र ने रुबिकन पार कर रोमन सिनेट की शक्ति को चुनौती दी और जिसकी रक्षा का भार वीरकर्मा पॉम्पे ने अपने ऊपर लिया। फ़ारसेलस का मोरचा उस युद्ध-परम्परा का अन्तिम था। जूलियस ने रुबिकन पार करते ही अपना प्रसिद्ध वाक्य कहा था—"पाँसा फेका जा चुका है!" फिर वह बिना जनरल की, पॉम्पे की सेनाओं को स्पेन में हराकर अब बिना सेनाओं के, जनरल पॉम्पे को हराने फ़ारसेलस पहुँचा था। अपने टूटे मोरचे-से अकेली जान लेकर पॉम्पे बिथुनिया-फ़िलिस्तीन की राह मिस्र भागा था और सीज़र का सामना करने के लिए सेना तैयार कर रहा था कि सीज़र वहाँ पहुँचा और उसकी आवभगत में, अजेय रोमन सरदार को, नज़र में, मिस्र के राजा तोलेमी ने उसके शत्रु पॉम्पे का सिर काटकर पेश कर दिया था। यह अशुभ निर्माता के प्रारब्ध से उसके निर्मित नगर पॉम्पेई के भाग्य पर भी जा मँडराया और अपने सृजन की पीढ़ी बीतते-न-बीतते उसके नगर को लील गया। सत्रह सौ साल गुज़र गये तब ज़िन्दा इनसान ने मुरदा इनसान की क़ब्र खोद डाली, यद्यपि वह क़ब्र वस्तुत: मुरदों की न थी, ज़िन्दों की थी जो एकाएक अंगारों के तूफ़ान से दफ़ना दिये गये थे।

1738 के साल सेक्सनी के एलेक्टर आगस्टस तृतीय की बेटी मेरिया अमेलिया क्रिस्टिना, दोनों सिसिलियों के राजा चार्ल्स बूर्बो से ब्याह कर नेपल्स पधारी। तरुणी रानी के मन में प्राचीनता के प्रति उल्लास जगा। इटली की भूमि

बरबस नवागन्तुकों के मानस में वह उल्लास आये-दिन जना करती है—और उसने अपने महल के फैले बगीचों की सीमाएँ नाप डालीं। मूर्तियों के अम्बार जहाँ-तहाँ पेड़ों में दबे पड़े थे जिन्हें जब उसने निकालकर देखा तब उनमें प्राचीन रोमन नागरिक तोगा पहने दिखे और एक जगह रानी ने कुदाल लगवा दी। रानी का स्वप्न फला और अभी दिन की रोशनी ख़त्म भी न हुई थी कि साँझ को अनवरत पड़ती कुदालों ने मिट्टी हटाकर घुड़सवारों की धातु की बनी मूर्तियाँ निकालकर रख दीं। मूर्तियाँ ठीक तभी की बनी थीं जब रोमन लीजियनों के रिसाले मिस्र गॉल और इंग्लैंड तक पार्थिया-ईरान से स्पेन तक धावे करते थे।

पहले विध्वस्त नगरों की ज़मीन को देल्बफ़ ने खोदा फिर काबेलियरे आल्कुबियरे ने,और कुछ ही काल बाद विंकेलमान ने अपनी जादू की क़लम से उनके ब्योरे लिखे और तबका सभ्य संसार साहित्य और इतिहास में वर्णित विस्मृत हरकुलेनियम और पॉम्पेई की कहानी की सच्चाई से चौंक उठा। प्राचीनता के ज्ञान के गर्भ में पुरातत्त्व का बीज पड़ा।

पहले हरकुलेनियम खुदा, फिर पॉम्पेई। वस्तुत: दोनों साथ-ही-साथ खुदे, क्योंकि पुरातत्त्व का ज्ञान अभीष्ट न था, विज्ञान का प्रयोग अभीष्ट न था, लोगों पर सोने का लोभ हावी था और जहाँ-जहाँ उसकी उपलब्धि की सम्भावना हुई वहीं-वहीं कुदाल की चोट पड़ी। इससे कभी हरकुलेनियम का क्षेत्र कभी पॉम्पेई का, अपनी सदियों की धरोहर खोदने वालों को लौटा देता। उस खुदाई की कहानी जितनी ही दिलचस्प है उतनी ही मार्मिक,उतनी ही करुण भी। अकाल में एक इनसान का मर जाना कहानी बन जाया करता है फिर जहाँ हज़ारों-हज़ारों इनसानों और अपनी समूची समृद्धि के साथ दो-दो नगर ज़मीन में सहसा समा गये हों, उनकी कहानी स्वाभाविक ही कितनी भयानक होगी, कहना न होगा। पर उनके विध्वंस की कहानी तो कहानी ही होगी, जो इस प्रकार है।

79 का साल था, पहली सदी ईस्वी का, अगस्त का महीना। पड़ोस के ज्वालामुखी विसूवियस में कुछ हड़कम्प हुआ, हलकी-सी हलचल, धुएँ के कुछ बादल आसमान पर घिरे और मँडराये, पर किसी ने उन पर ध्यान न दिया। ध्यान कोई दे भी कैसे जब विसूवियस पर आये-दिन धुएँ के बादल मँडराया करते थे, जैसे वे आज भी मँडराया करते हैं। पर जैसे ही चौबीस अगस्त का दिन निकला, विसूवियस की अन्दर की आवाज़ें कुछ मुखर हुईं और जैसे-जैसे दिन चढ़ा वैसे-ही-वैसे अघट घटनाएँ घट चलीं।

ऐश्वर्य से मढ़े नगर हरकुलेनियम और पॉम्पेई अभी सोकर जगे ही थे। ऐसे नगरों की, जहाँ वैभव बरसता रहता है, स्वर्णराशि दिन-दिन ऊँची होती रहती है, विलास की अखंड धारा बहती रहती है, नींद जल्दी उचटती भी नहीं, क्योंकि

वह लगती भी ज़रा देर से है। रात की रौनक़ रात को मिनटों में निगल जाती है और उनींदी आँखों की अलसायी-भरी झपकी पलकें सुबह को जल्दी उठतीं नहीं। सो नगरों के श्रीमान अभी बिस्तरों की कमनीय कायाओं में उलझे पड़े थे कि अचानक तूफ़ान आया और जैसे बाइबिल की पुरानी पोथी के यहूदियों के भगवान् जेहोवा ने चिल्लाकर कहा हो—'सावधान हो जाओ, पाप के पंख से सने दोनों सोदोम और गोमोरा के नगरों! मैं तुम्हें नष्ट कर दूँगा, तुम्हारे ऊपर अंगार और राख बरसाकर तुम्हें जला डालूँगा, तुम्हारे मैदान जल उठेंगे, नागरिक जल उठेंगे, जानदार हर चीज़ नष्ट हो जाएगी।' और सोदोम और गोमोरा के नगरों पर अंगार और राख बरस पड़ी थी, उनके मैदान जल उठे थे, नागरिक जल उठे थे, जानदार हर चीज़ जल उठी थी और नगर बरबाद हो गये थे।

हरकुलेनियम और पॉम्पेई के नगर अपने-आपके कारण उलट गये या विसूवियस की लपटों से जलकर राख हो गये, इसका निर्णय न कर सकने पर भी इस सन्दर्भ में सोदोम और गोमोरा की याद स्वाभाविक है। यह याद इन रोमन नगरों के विध्वंस पर प्राचीनों को भी आयी थी और उनका कहना था कि प्रान्तों की लूटी, पराजित जातियों से छीनी धनराशि हरकुलेनियम और पॉम्पेई के संगमरमरी प्रासादों में अँटी पड़ी थी, जहाँ की रातें दिन के उजाले को चौंधिया देती थीं और जहाँ नंगी, तरुण रूपराशियाँ ऋद्ध यशस्वी रोमन तरुण छैलों के मधु-पात्र, कामदग्ध आपानकों में सालों सँजोयी सुवासित मद्य से भरा करतीं और प्राची गगन से मिटती उषा की आख़िरी ललाई तक ये कामशिथिल नग्न तरुण औंधे पड़े रहते। फिर तो वासना उन नगरों में इतनी बढ़ी कि लगा, जैसे नगर बेलशेज़्ज़ार का बाबुल हो जिसके पाप से झल्लाकर जेहोवा का रहस्यमय हाथ दीवार से निकलकर उसके ऊपर लिख चला था—'मेने मेने तेकेल उफ़ार्सीन'—तुम्हें तराज़ू पर तौला गया है और तुम अपूर्ण प्रमाणित हुए हो, तुम्हारा अन्त निकट है।

24 अगस्त के पूर्वान्ह में विसूवियस की कुछ गड़गड़ाहट बाबुल के उसी भित्तिलेख की तरह सावधान करने वाली आवाज़ थी, लेकिन वह तब सुन पड़ी जब हरकुलेनियम और पॉम्पेई के पाप का घड़ा भर चुका था। और अगर लोग उस आवाज़ को सुन-समझ अपने आप से सहम रक्षा के उपाय सोचते भी तो क्या कर सकते थे जब प्रलय का तूफ़ान सिर पर बरस पड़ा था। अब तो भागने से भी रक्षा सम्भव न थी।

नगरों में चहल-पहल कब की शुरू हो गयी थी। दूध की मंडियों में दूध बह चला था, आसव की मंडियों में आसव। बाज़ारों में अन्न और माँस, मछलियाँ और विविध खाद्य, सागर और सब्ज़ियाँ जिस तेज़ी के साथ बेचनेवालों के द्वारा लायी जातीं ख़रीदारों के द्वारा उसी प्रकार ख़रीदकर चुका दी जातीं। अरब के इत्र

और सुवासित द्रव्य, भारत के मोती, गरम मसाले और मलमल, मिस्र की स्वर्णराशि और गाल के सुखस्पर्श चर्म, चीन के दुकूल अनन्त राशि में बाजारों में बेचे-ख़रीदे जा रहे थे कि एकाएक धुएँ के बादल आसमान पर घिर आये, घिरते चले गये। हज़ारों तोपों के दग़ने की आवाज़ें एक साथ दिशाओं में गूँज उठीं और लोगों के कानों के परदे फट चले, दिल दहल उठे। लोगों ने एक-दूसरे की ओर विस्मय से देखा, किसी के पास उन बिन-पूछे सवालों का उत्तर न था। लोगों ने पृथ्वी की ओर देखा फिर आसमान की ओर, पृथ्वी थर-थर काँप रही थी, भीतर-ही-भीतर घुमड़ती, आसमान आग की लपटें बिखेर रहा था, धुएँ के काले मेघों में बिजलियाँ कौंध रही थी।

लोग अनायास भागे। बाहर के लोग घरों में भीतर, घरों के लोग मैदानों में बाहर। मैदानों में आग बरस रही थी, घरों में गन्धक की तेज़ गन्ध कोनों-कतरों तक को भरे जा रही थी। दोनों नगरों का तज़रबा अपना-अपना था, दोरुखा, एक-दूसरे से भिन्न। हरकुलेनियम को ज़मीन ने गलाया, पॉम्पेई को आसमान ने। हरकुलेनियम लावा का शिकार हुआ, पॉम्पेई लापिल्ली का। लावा विविध खनिजों से बनी पिघली चट्टानों की धारा होती है जो ठंडी होते ही चिकनी शिला बन जाती है, लापिल्ली अंगार के साथ, राख के साथ पृथ्वी की फटी छाती से फेंकी जाकर टूटी नन्हीं चट्टानों के साथ बरसने वाली आग होती है जो नगरों को ज़िन्दा दरग़ोर कर देने की ताक़त रखती है। हरकुलेनियम, जैसा लिखा जा चुका है, लावा से जला, पॉम्पेई बरसते अंगारों से।

खनिजों और चट्टानों की पिघली हुई अजस्र धारा हरकुलेनियम के राजमार्गों, उसकी गलियों से होती घरों के भीतर बह चली थी और घर-बाहर सर्वत्र के प्राणी जलकर राख हो गये थे। सड़कों और गलियों की सतहें पिघली चट्टानों के जलते हुए मलबे से ऊँची होने लगीं और धीरे-धीरे घरों की छतों की ऊँचाई तक जा पहुँचीं। लोग बाज़ारों से घरों में भागे, घरों से मैदानों में, पर त्राण कहीं न मिला, लौटकर अपने घरों में ही वे दफ़न हुए। छतों से नीचे फिर ऊपर, फिर प्रच्छन्न कमरों में, अटारियों में, सोपान-मार्गों के नीचे जा छिपे। पर प्रकृति की उस अमानुषी ज्वाला ने उन्हें कहीं न छोड़ा, दोज़ख की वह आग सर्वत्र जलती चली गयी और सर्वत्र उसने उन्हें जा पकड़ा। नगरों का एक आदमी भागकर ऐसा न बचा जो अपने पर बीती कहानी कहीं दूसरे से कह पाता। जिन लोगों ने मीलों दूर समुन्दर की सतह पर बँधे डोलते जहाज़ों से नगरों का इस प्रकार नष्ट होना देखा बस वही कहानी कहने को ज़िन्दा रह गये और उनमें-से भी वस्तुतः सभी नहीं, बहुत थोड़े, जो दूर की लहरों पर क्षितिजावलम्बी हो लपटों का यह मारक व्यापार देखते रहे थे, वरना तीर का समुन्दर मीलों दूर तक जैसे बड़वानल से

खौल उठा था और उसके जन्तु जल-जलकर निर्जीव हो उछलती लहरों में बहते जा रहे थे। रोम का प्रसिद्ध इतिहासकार प्लिनी स्वयं उस आग में जलकर इतिहास की घटना बन गया।

पॉम्पेई लावा का नहीं,'लापिल्लो' का शिकार हुआ। लोग पार्कों में पड़े थे, गरम घरों की गरमी से निकल मैदानों में रम रहे थे, बाज़ारों में बेच-ख़रीद रहे थे कि सहसा कर्णभेदी विस्फोट सुनाई पड़ा और धुएँ के बादलों में लिपटी आग की लाल लपटें नागों के उठे फैले फनों की भाँति आसमान चाटने लगीं। धुँए के बादल ऊँचे चढ़ चले, इतने ऊँचे कि दूर सीरिया के लोगों ने, मिस्र अफ्रीका के लोगों ने, भूमध्यसागर पार से उन्हें आसमान में फैलते, उसे काल-करते देखा था, जैसा उस काल के वहाँ-वहाँ के अगणित उल्लेखों से प्रमाणित है।

पॉम्पेई के लोगों को पहले तो लगा कि जैसे पाउडर-सी कोई हलकी राख हलके ही बरस रही है। उन्होंने अपने कन्धों से, हाथों से, तोगों से उस राख को हलके-हलके पोंछ दिया पर शीघ्र ही वह राख भारी हो चली—कुछ गरम,फिर ज़्यादा गरम और फिर आसमान से पत्थरों के अंगार बरसने लगे।

लोग भागे। कहाँ? किसी को पता न था। पर भागे सब, जहाँ जिसको राह मिली वहीं वह भागा-भीतर से बाहर, बाहर से भीतर। बाहर अंगार और पत्थर बरस रहे थे, भीतर गन्धक का धुआँ सर्वत्र भरा जा रहा था। कुछ काल कपड़ों में साँस की राहों को ढँक-ढँककर प्राणों की रक्षा की पर इससे रक्षा कहाँ तक सम्भव थी? दम घुट गये। कोई किसी को न बचा सका, न पति पत्नी को, न माता बच्चे को, न मालिक गुलामों, पालतू पशुओं को।

अभी बरसती राख जलते अंगार भी न बनी थी कि आसमान के झुलसे हुए पक्षी नीचे गिरने लगे थे, पशु अनागत भय से माँदों की ओर भाग चले थे, मनुष्य शंकित कुछ सोच न पाया था कि अगला क़दम किधर को उठाये, और अब अपने ही घरों में उसे एकाएक भस्मीभूत होकर दम घुटकर सदा के लिए समाधिस्थ हो जाना पड़ा। सत्रह सदियों बाद ज्यों-का-त्यों पुराविदों ने हरकुलेनियम और पॉम्पेई के भग्न स्तूपों को जब खोद निकाला तब लोगों ने देखा कि वहाँ के निवासियों का जीवन-धागा एकाएक टूट गया था, जो जैसा रहा था वैसा ही रह गया था, वैसा ही वह खोदकर निकाला भी गया।

एक कमरे में कुत्ता ज़ंजीर से बँधा था। नीचे का धरातल जब लावा से उठने लगा तब वह उठता हुआ ज़ंजीर के साथ ही छत तक जा पहुँचा और वहीं झुलसा हुआ मरा पड़ा मिला था। हरकुलीज़ के द्वार के पास एक अस्थिपंजर पड़ा था जिसके हाथों के आस-पास सोने-चाँदी के सिक्के बिखरे पड़े थे जिन्हें समेटने का, लगता था, वह मरकर भी हड्डी के हाथों समेटने का लोभ संवरण नहीं

कर पा रहा था। शूकरी अधलेटी अपने बच्चों को दूध पिला रही थी, तभी ज्वाल-धारा आ धमकी और स्तनों पर झुके बच्चे और अधलेटी माँ सब झुलसकर मर गये। माता-पिता और बच्चे, परिवार के परिवार, घर में जो कुछ मिला, अनुपाततः क़ीमती, उसे उठाकर बाहर भागे और सहसा मर गये थे, चीज़ें बिखर गयी थीं। कितनी ही माताएँ अपने बच्चों को लिये कपड़ो की तहों से अपनी और बच्चे की आख़िरी दम तक गन्धक के धुएँ से रक्षा करती मर मिटी थीं और उसी स्थिति में राख से दबकर सत्रह सदियों के बाद खुदकर मिली थीं। माता-पिता और चौदह वर्ष का कुटुम्ब भागा था। पिता-माता दोनों ने पहले बच्चे की रक्षा का प्रयत्न किया था पर उसका दम घुट जाने पर पति ने पत्नी को बचाना चाहा, पर कोई किसी को नहीं बचा पाया, आदमी स्वयं को भी नहीं और पॉम्पेई नगर का वह विशाल रोमन नागरिक अपने फैले अस्थिपंजर के रूप में पड़ा था जब प्लास्टर ऑव पेरिस की सहायता से खनकों ने उसे जैसा का तैसा उठा लिया था। दो युवतियाँ खासा सामान लेकर, सोने-चाँदी-भरी पिटारियाँ लेकर, भागी थीं पर नगर के द्वार तक पहुँचते-पहुँचते सिक्कों के साथ ही पिघल गयी थीं।

हरकुलिज़ के द्वार का दृश्य अत्यन्त वीभत्स था। लाशें एक पर एक गिरी पड़ी थीं। लगता है, जैसे मृत्यु नगरद्वार का प्रहरी बन खड़ी हो गयी थी और जैसे-जैसे लोग आते गये अपने झोले में वह उन्हें डालती गयी। ज़ाहिर है कि द्वार से निकलने की तेज़ी में किसी को राह न मिली। द्वार या तो झुलसकर उन पर गिर पड़ा या बन्द होने से उन्हें राह न मिली और पीछे के धक्के ने लाश पर लाश गिरा दी।

एक कमरें में स्वामिनी और कुत्ता दोनों बन्द हो गये थे। अपने प्रिय श्वान को लिये स्वामिनी सम्भवतः घर से बाहर भागी थी परन्तु जब बाहर की गन्ध से दम घुटने लगा तब वह कुत्ते को लिये कमरे के भीतर घुसी और कमरे का दरवाज़ा भीतर से बन्द कर लिया। कमरे के भीतर ही उसका दम घुट गया। अभी कुत्ता मरा नहीं था। स्वामिभक्त कुत्ते ने स्वामिनी का अंग चिचोड़ लिया, स्वामिनी की हड्डियाँ बिखरी पड़ी मिलीं और कुत्ते का अघाया तन अनन्त निद्रा में सोया मिला। सात बच्चे एक ही कमरे में खेल रहे थे। खेलते-ही-खेलते सातों एक साथ दम घुटने से मर गये और सत्रह सौ साल बाद उनके अस्थिपंजर एक साथ मिले। एक बड़े हॉल में चौंतीस जनों ने एक साथ भागकर पनाह ली थी और जब उन्हें अन्यत्र कहीं शरण न मिली तब मनुष्य की सहचरी बकरी उन्हीं के साथ उसी हाल में आ मरी थी।

यह मृत्यु का तांडव, उसका मारणकार्य इतने वेग से हुआ था कि चूल्हे पर पकती रोटियाँ पकती ही रह गयी थीं, मेज़ों पर रखी मोम की मुहरें रखी

ही रह गयी थीं, ग्रन्थागारों में पेपीरस काग़ज के ग्रन्थ पढ़े जाते खुले ही रह गये थे, स्नानागारों की सफ़ाई करते हाथ ब्रशों पर अटके ही रह गये थे, कारखानों में मजूरों के हाथ औज़ारों पर साबुत पड़े थे। एकाएक मृत्यु का यह हमला हुआ था।

सरायों में मेज़ों पर शराबें चुनी थीं, खाने चुने थे, लोग खाकर जो पैसे गिनकर मालिक को उसके बिलों का भुगतान कर चले गये थे सो पैसे काउंटर पर पड़े थे, सराय-मालिक के गिरे अस्थिपंजर के पास ही, जो वस्तुतः अपने हाल के स्वामी बिलों का भुगतान करनेवाले भगेड़ों के द्वार पर पड़े अस्थि पंजरों को निहार रहे थे। सराय की दीवार, प्रेमियों, कामियों की कविताओं से अब भी भरी थी, खोदकर निकाले जाकर सत्रह सदियों बाद भी।

और देखते-देखते
विनाश सबको लील गया
ज्यों का त्यों और जहाँ का तहाँ

और उस प्रसंग की मार्मिक करुणा का उल्लेख कैसे करते बने जिसमें मृत्यु के प्रकरण का ही उल्लेख हो? एक मरे व्यक्ति के ताबूत को दफ़नाने के लिए उसके परिवार के लोग और मित्र-समुदाय क़ब्रिस्तान में उपस्थित थे। अन्त्येष्टि क्रियाएँ सम्पन्न हो रही थीं कि पॉम्पेई नगर के विनाश का प्रकरण शुरू हुआ और मरे को दफ़नाने वाले स्वयं जिन्दा दफ़्न हो गये। सत्रह सौ साल बाद जब वह जगह खोदी गयी तब नये-पुराने मरे हुओं की अस्थियाँ एक साथ मिलीं।

हरकुलेनियम और पॉम्पेई के मृतकों का पुनर्जागरण इतिहास की अविस्मरणीय घटना थी। संगमरमर के प्रासादों की क़तार की क़तार, स्तम्भों की परम्परा, नाट्यगृहों और खेल के अखाड़ों के मंचों को घेरने वाली मूर्तियों की अनन्त सम्पदा साठ-साठ फ़ुट लावा की ठोस चट्टानी भूमि से खोदकर निकाल ली गयी है। लावा की चोट से मूर्तियाँ टूटतीं एक के ऊपर एक गिरती चली गयी थीं। पॉम्पेई को

खोदना उतना कठिन न था क्योंकि वहाँ लावा न था, बरसी हुई राख थी और जब वह हटायी गयी तब कला की अनन्त राशियाँ प्राप्त हुईं। उन्हीं में भारत की हाथी दाँत की बनी कुषाणकालीन खड़ी नारी की नग्नमूर्ति भी थी। भारत के कलावन्त ने देश की सीमाओं के पार पॉम्पेई की कलाराशि में यह पैना तीर मारा था। एक-से-एक रोमन कला के नमूने—वस्तुतः वे नमूने रोमन कला के न थे, रोमन कला ग्रीक प्रतीकों की मात्र प्रतिकृतियाँ बनाया करती थी—ग्रीक कला के रोमन रूप मिले। मीरन, फ़ीदियस, प्राक्सितिलीज़ की अमर कलाकृतियों की प्रतिकृतियाँ मिलीं। वे भित्तिचित्र मिले जो ग्रीक-काल की प्रतिकृतियों के रूप में लिखे गये थे जिनमें विजेता सिकन्दर के इतिहास प्रसिद्ध चित्रकार आपिलोज़ की अमर कृतियों की अनुकृतियाँ थीं। ईरानी सम्राट दारा की सेना पर गौगामेला और अरबेला के मैदानों में आक्रमण करते हुए सिकन्दर का एकमात्र चित्र पॉम्पेई के ही एक प्रासाद की दीवार पर अंकित था जो आज भी सुरक्षित है।

हरकुलेनियम के नगर-द्वार के पास ही वह प्रासाद मिला था जिसमें कला की वस्तुएँ अँटी पड़ी थीं, जिसकी दीवारें अमर चित्रों से भरी पड़ी थीं, और जो कालान्तर में दार्शनिक 'सिसेरो का प्रासाद' कहलाया। पर इससे कहीं क़ीमती दार्शनिक फ़िलोदेयस का वह ग्रन्थागार था जो पॉम्पेई में मिला था और जिसका पेपीरस काग़ज का भंडार एक अंश में बड़ी कठिनाई से रक्षित हुआ। जब विंकेलमान को विध्वस्त नगरों के खनने की सुविधा तो दूर रही, रोम की सरकार से उपलब्ध मूर्तियों का परीक्षण करने की भी इजाज़त न मिली तब वह पादरी पियाग्गी के मठ के कमरे में पेपीरस के रोलों को उसका सँभालना चुपचाप निहारा करता। जिस विधि से तबके बाल बेचने वाले कारीगर लच्छेदार बालों को बड़ी सँभाल के साथ कंघीदार यन्त्र से खींचा करते उसी यन्त्र से फ़ादर पियाग्गी पेपीरस ग्रन्थों के पत्रों को बड़ी बारीकी से सुलझाया करता। विंकेलमान उनको फिर सँभालता, पढ़ता और दफ़नाये नगरों के मृतकों की जैसे सुधि करता। जैसा लोगों में दुर्विश्वास है, मृत्यु का सम्पर्क मृत्यु ही उत्पन्न करता है, विंकेलमान भी मृत्यु का चिन्तन करता, अकाल मृत्यु का शिकार बना और प्रायः उसी अकाल क्षणिक मरण-वृत्ति से, जिससे मृत्यु ने हरकुलेनियम और पॉम्पेई को जा दबोचा था।

हेलेन का अभिसार त्रॉय का विध्वंस

नारी के लिए संसार में युद्ध अनेक हुए हैं और एकाध ने तो सभ्यता का रुख़ ही बदल दिया है। सीता के लिए राम-रावण युद्ध, द्रौपदी के लिए महाभारत का युद्ध और हेलेन के लिए ग्रीकों और त्रोजनों का युद्ध संसार की ख्यातों में अमर घटनाएँ हैं।

युरोप और एशिया के बीच अनेक बार ऐसी घटनाएँ घटीं जिनका सम्बन्ध नारी के हरण से था। ग्रीक पौराणिक कथाओं में इस प्रकार की एक़ ऐसी घटना का उल्लेख हुआ है जिसमें देवराज ज़ीयूस वृषभ का रूप धारण कर लघु एशिया से राजकुमारी यूरोपा को हर ले गया था। इस प्रकार की घटनाओं में अन्तिम अन्धकवि होमर के काव्य-प्रबन्ध 'इलियद' में मुखरित हुई है। वह स्पार्ता की रानी हेलेन के लघु एशिया के त्राय के राजकुमार पोरिस-द्वारा हरण और परिणामतः ग्रीकों-द्वारा त्राय के विध्वंस की कहानी है, जो इस प्रकार है—

ईजियन सागर के पार लघु एशिया के सागर तट पर अत्यन्त प्राचीन काल में एक नगर था—त्रॉय, जहाँ प्रियम राज करता था। प्रियम के वीर पुत्रों में सबसे वीरवर हेक्तर था और सबसे रोमैंटिक पेरिस। पेरिस एक बार घूमता हुआ ग्रीस देश के पश्चिमी भाग के स्पार्ता नगर में जा पहुँचा जहाँ मेनेलाउस राज करता था। मेनेलाउस की रानी हेलेन अपने रूप के जादू के लिए तब के संसार में अनुपम विख्यात थी। पेरिस स्पार्ता के राजा-रानी का अतिथि हुआ। नारी का रूप और पुरुष का पौरुष पास होने पर दोनों एक-दूसरे की ओर स्वाभाविक ही आकृष्ट होते हैं, सो जैसे पेरिस भुवन मोहिनी हेलेन पर रीझा, हेलेन भी उसे देख सुध-बुध खो बैठी। दोनों का प्रेम पहले अनजाने फिर लोगों की आँख बचाकर चला और जब दूरी का अन्तर बरदाश्त के बाहर हो गया तब एक दिन अभिन्न होने के लिए दोनों स्पार्ता से भाग निकले। समुन्दर पार पेरिस के पिता प्रियम के नगर त्रॉय में हेलेन और पेरिस ने शरण ली।

ग्रीकों के राजपरिवार, उनके अनगिन क़बीले, हेलेन के इस अपहरण से क्षुब्ध हो उठे। उन्हें लगा–जैसे ग्रीक रनिवास की लाज लुट गयी और सारे ग्रीक रजवाड़े, सारे क़बीले, हेलेन के पति मेनलाउस के भाई और आर्गोस के राजा आगामेमनन के नेतृत्व में त्राय के विध्वंस के लिये चल पड़े। मेनेलाउस और आगामेमनन आख़िलिज़, पेत्रोक्लस, उलिसीज़ और ईनियस ग्रीक ख्यातों के सारे प्रसिद्ध वीर आगामेमनन के झंडे के नीचे जा खड़े हुए। हज़ारों पालों वाले हज़ार जहाज़ त्रॉय की ओर चल पड़े।

त्रॉय भी तैयार बैठा था। वह जानता था कि ग्रीकों का दुर्दम्य पौरुष पेरिस से छल का प्रतिकार करेगा और हेलेन के अपहरण का मूल्य उसे रक्त से चुकाना पड़ेगा। प्रियम और उसके बेटे त्रॉय नगरी के परकोटों की रक्षा करने लगे और प्रियम की बेटी कसेन्द्रा की त्रॉय–विध्वंस–सम्बधी भविष्यवाणी के बावजूद, विजय के सपने दहशत के साथ देखने लगे। ग्रीकों के जहाज त्रॉय के सामने के समुद्र की लहरों पर अपने श्वेत पालों के साथ जब लहराने लगे तब त्रॉय के प्रहरियों ने नगर के द्वार बन्द कर लिये। ग्रीकों को जब पैठ न मिली तब उन्होंने नगर के चारों ओर के जनपद उजाड़ डाले, नागरिक की अस्मत लूटी, उन्हें अपने शिविरों में उठा ले गये। उनमें–से एक ने आगामेमनन और आख़िलीज़ दोनों को आकृष्ट किया, पर सेना का अधिपति होने के कारण आगामेमनन के ही हिस्से वह पड़ी और निराश ईर्ष्या से जला आख़िलीज़ युद्ध से विरत हो अपने शिविर में जा बैठा। ग्रीक वीरों ने बार–बार उसकी मिन्नतें कीं पर आख़िलीज़ अपने शिविर से न निकला, युद्ध में वह शामिल न हुआ।

तब उसका मित्र पेत्रोक्लस उससे उसका कवच और रथ माँग युद्धभूमि की ओर चला। आख़िलीज़ का कवच पहने उसी के रथ पर आरूढ़ पेत्रोक्लस उसी के रूप में समरभूमि की ओर जब बढ़ा तब उसे आख़िलीज़ समझ त्रॉय के वीरों ने राह छोड़ दी। पर प्रियम का वीरपुत्र हैक्तर यह अपमान न सह सका, आगे आया और घमासान युद्ध के बाद उसने पेत्रोक्लस का वध कर दिया। जब मित्र के वध का हाल आखिलीज़ ने सुना तब दुःख और क्रोध से विक्षिप्त वह रथारूढ़ युद्धस्थल पर जा चढ़ा। त्रॉय की सेना काई की तरह फटती चली गयी और लगा कि जैसे त्रॉय का विनाश आखिलीज़ के रूप में सदेह चला आ रहा है। हेक्तर फिर सामने आया पर यमराज–सरीखे आख़िलीज ने उसे कुचल डाला। तीन बार त्रॉय नगर के चारों ओर दौड़ते हुए उनका परस्पर युद्ध हुआ, और अन्त में विक्रान्त आखिलीज़ ने हेक्तर को अपने रथ से बाँधकर बड़ी बर्बरता से नगर के परकोटे के कई चक्कर किये और उसकी लाश को अपने शिविर में उठा ले गया। राजा प्रियम ने जब अपने बुढ़ापे की ओर इशारा कर आखिलीज़ को उसके बूढ़े बाप की याद दिला उसके सामने घुटने टेक दिये तब आखिलीज़ ने उसके बेटे हेक्तर

की लाश उसे सौंपी।

इलियद के काव्य-प्रबन्ध की कथा यहीं समाप्त हो जाती है। त्रॉय की लड़ाई दस साल तक होती रही थी और इलियद में केवल दसवें साल की लड़ाई का ओजस्वी वर्णन हुआ है। आगे की कथा, जो बहुत थोड़ी रह गयी थी, होमर के दूसरे काव्यप्रबन्ध 'ओदिसी' में कही गयी है। उसके नायक उलिसीज़ ने लकड़ी का एक ऐसा कपटअश्व तैयार किया जिसके खोखले उदर में ग्रीक सिपाही छिपकर बैठे। अश्व जब नगर के भीतर पहुँचा तब ग्रीक सैनिकों ने उसके उदर से निकलकर सिंहद्वार खोल दिया और ग्रीकवाहिनी नगर में पिल पड़ी। राजपरिवार नष्ट हो गया, राजा प्रियम का विख्यात 'ख़ज़ाना' फिर भी ग्रीकों के हाथ न लगा, अपहृत हेलेन के साथ त्रॉय की राजकन्या कसेन्द्रा भी आगामेमनन को मिली। हेलेन पति के साथ सालों बाद स्पार्ता पहुँची, त्रॉय का प्रसिद्ध नगर विध्वस्त हो गया, उसकी दानवनिर्मित चट्टानों की दीवारें ज़मीन से मिला दी गयीं।

त्रॉय के विध्वंस की यह कहानी एक सभ्यता के विध्वंस की है। ग्रीस के दक्षिण में क्रीत नाम का लम्बा-चौड़ा द्वीप है। उसकी राजधानी कभी क्नोसस थी जिसके भग्नावशेष कुछ दिन हुए खोद निकाले गये हैं। जब मोहेनजोदेड़ो और हड़प्पा, मिस्र और बाबुल की सभ्यताएँ प्रौढ़ हो चुकी थीं तभी क्रीत की सभ्यता का उदय हुआ था। उस द्वीप ने अपना सांस्कृतिक और राजनीतिक अधिकार समूचे ग्रीस और लघु एशिया पर स्थापित किया था। उस पर ग्रीक पुराणों में वर्णित मिनोस नाम के राजा राज करते थे जिनके नाम पर वह सभ्यता 'मिनोई' कहलायी। उसके दूसरे नाम द्वीप और समीप के सागर के नाम पर क्रमशः क्रीती' और 'ईजियाई' पड़े, फिर ग्रीक नगर मिकीनी के नाम पर 'मिकीनी' भी। क्रीत के राजाओं का प्रताप तब इतना प्रखर तपता था कि ग्रीस के रजवाड़े उसे कर दिया करते थे और यह कर भी कुछ साधारण न था। ग्रीक पुराणों में लिखा है कि मिनोस के साँड के लिए ग्रीस सात सुन्दर तरुण और सात सुन्दर तरुणियाँ हर नवें साल भेजा करता था। इस अपमान का बदला ग्रीक वीर थीसियस ने मिनोस के साँड का वध कर के लिया।

वस्तुतः यह दो विरोधी सभ्यताओं का संघर्ष था। प्राचीन क्रीती सभ्यता और नयी बर्बर ग्रीक सभ्यता का। जब ईस्वी पूर्व तेरहवीं-चौदहवीं सदी में आर्य ग्रीकों के एशियाई क़बीलों ने ग्रीस पर आक्रमण किया तब क्रीती सभ्यता के दो प्रमुख सन्तरी उत्तर में शक्तिमान थे—स्पार्ता के पास मिकीनी और दर्रादानियाल के पास लघु एशिया में सागर तट पर त्रॉय। एशियाई ग्रीकों ने मिकीनी और क्रीत पर आते ही क़ब्ज़ा कर उस प्राचीन सभ्यता को नष्ट कर दिया जिसका अन्तिम केन्द्र त्रॉय था। उसे प्रायः दो सौ साल बाद बारहवीं सदी ईसवी पूर्व के लगभग उन्हीं

ग्रीकों ने धूल में मिला दिया। इसी नाश की पद्यबद्ध कहानी अन्धकवि होमर नवीं सदी ईस्वी पूर्व में गाँव-गाँव, नगर-नगर तन्त्रीनाद के सहारे गाता फिरा करता था।

त्रॉय का वह नगर अपनी सभ्यता के सन्ध्याकाल में जो सोया तो सदियों, प्राय: तीन हज़ार साल सोता रहा, जब एक दिन एक भावुक जर्मन ने उसकी कुम्भकर्णी नींद तोड़ दी और उसे खोद निकाला। त्रॉय की खोज की वह कहानी परी-जगत की है जिसके सम्पर्क से पुरातत्त्व के विज्ञान का जन्म हुआ। त्रॉय को खोज के नायक श्लीमान की कहानी स्वयं हैरतअंगेज़ है, ग़ज़ब की दिलचस्प!

रूपरानी हेलेन के आभूषण

1829 का ज़िक्र है, उत्तरी जर्मन देश में मैकलेन्बर्ग गाँव में सात बरस का एक बालक गाँव के पादरी अपने पिता से कहानी सुन रहा था। कहानी वही त्रॉय के विध्वंस की थी। इलियद की वह कहानी बालक श्लीमान अनेक बार सुन चुका था पर बार-बार सुनकर भी वह उससे अघा न पाता था। पिता जब कहानी कहने लगता तब बालक की चेष्टाएँ देखने ही लायक़ होतीं। उसके नथुने फैल जाते, विस्मय से आँखें फैल जातीं, होठ फड़फड़ा उठते, और जब-जब कहानी ख़त्म होती वह पूछता, पिता क्या यह सच है? पिता कहता, नहीं बेटे, मात्र कवि-कल्पना है—कहाँ आख़िलीज़, कहाँ हेक्तर, कहाँ हेलेन, कहाँ पेरिस, कहाँ त्रॉय? और बालक बड़ी गम्भीरता, बड़ी दृढ़ता से धीरे-धीरे कहता—ना पिता, कहानी वह सच है, और एक दिन त्रॉय को मैं खोद निकालूँगा।

और श्लीमान ने बड़े होकर त्रॉय को ही नहीं, होमर के महाकाव्य इलियद के समरकेन्द्र को ही नहीं, क्रीती सभ्यता को खोद निकाला। पर वह खुदाई श्लीमान के जीवन की कहानी का उपसंहार है। निर्धन परिवार के उस बालक श्लीमान ने अपनी प्रतिज्ञा पूरी करने की योजना बनायी। उसने तय किया कि वह धन कमाएगा, इतना धन कि लघु एशिया के उस मैदान को ख़रीदकर खोद ले जिसके तले त्रॉय का वह इतिहास प्रसिद्ध नगर दबा पड़ा था। उसने मोदी की दुकान में नौकरी कर ली जहाँ सुबह के पाँच बजे से गयी रात तक वह काम करता और

हेलेन-पेरिस के प्यार से कहीं अधिक आकर्षक त्रॉय को खोद निकालने के सपने देखता और पेट काटकर एक-एक पैसा जोड़ता जाता। एक रात उसने सोचा— पैसा-पैसा जोड़ते तो सात जनम चुक जाएँगे और त्रॉय न खुद सकेगा, उसके लिये अमित धन की आवश्यकता है और वह धन मोदी की दुकान न दे सकेगी।

जर्मनी के गाँव-नगर से श्लीमान भागा। उत्तर की ओर नार्थ सी में! वेनेज़ुएला की ओर जाने वाले जहाज़ के कप्तान से मिला, केबिन ब्वॉय की नौकरी उससे माँगकर कर ली! पर जहाज़ पर जो कम्बख़्ती का सामना पड़ा तो वह नार्थ सी की लहरों में ग़र्क हो गया। किशोर श्लीमान समुन्दर तैरकर उस द्वीप के किनारे पहुँचा जो हालैंड के अधिकार में था। ऐम्स्टर्डम की एक फ़र्म में उसने नौकरी कर ली। अब उसकी योजना आकाश चूम चली, पर उसने उसे कल्पना के पंख काटकर पृथ्वी पर उतारा और प्रायोगिक विधि से उसे साधना शुरू कर दिया। अँगरेज़ी, डच, स्पेनी ईतालवी, फ्रेंच, ग्रीक आदि छह-छह भाषाएँ दो साल भीतर उसने सीख डालीं। डच फ़र्म में वह एकाउंटेंट था और उसे रूस की राजधानी सन्त पीतर्सबर्ग के व्यापारियों से खत-किताबत करनी पड़ती थी। उसने अपने आप कठिन भाषा रूसी सीखनी शुरू की पर जब उसे कोई बोलनेवाला न मिला तब वह ज़ोर-ज़ोर से रूसी भाषा में लिखी तोलिमेकस की कहानी दोहराने लगा। पड़ोसी नींद में खलल पड़ने से बुरा मान श्लीमान को रोज़ सुबह धिक्कारते और श्लीमान रोज़ सुबह उनसे माफ़ी माँगता। जब उसे रूसी बोलनेवाला न मिला तब उसने किराये पर एक आदमी रखा इसलिए कि वह उसके अज्ञात भाषा में लिखे काव्य के पारायण को सुनने से ऊबे नहीं। कुछ ही दिन बाद नगर के बन्दरगाह में आये रूसी जहाज़ के व्यापारियों से वह धाराप्रवाह रूसी में बात करने लगा।

अपनी डच फ़र्म की ओर से श्लीमान कुछ व्यापार संबंधी बातें तय करने सेंट पीतर्सबर्ग पहुँचा जहाँ स्वयं उसने अपना विदेशों से आयात-निर्यात का व्यवसाय शुरू किया। धन उसकी तिजोरियों में जैसे बरस पड़ा। साल चुक जाते पर निरन्तर बरसते धन की राशि न चुकती। श्लीमान अमेरिका जा पहुँचा, वहाँ भी उसने दुकानों की एक शृंखला क़ायम की और अछोर धन पैदा किया। अमेरिका का राष्ट्रपति उसके उत्साह से चकित रह गया। फिर तो श्लीमान ने उस त्याग का परिचय दिया जिसका उदाहरण मानव जाति के इतिहास में नहीं। उसने अपना सारा व्यवसाय एक दिन सहसा समाप्त कर दिया और अर्जित धनराशि लेकर वह तुर्की की ओर चल पड़ा। संसार के किसी व्यापारी के पास सफल व्यापार की दुकानों की वह शृंखला होती तो वह स्वर्ग-अपवर्ग के सुख छोड़ उसकी साधना करता और अनन्त धन, केवल धन के स्वामित्व के लिये, अर्जित कर चलता। पर श्लीमान को वह अभीष्ट न था। उसको अभीष्ट तो त्रॉय को खोद निकालना था जो उसके

जीवन के बालपन की प्रतिज्ञा थी, धन मात्र उसे पूरा करने का ज़रिया था।

हाइनरिख़ श्लीमान दर्रादानियाल के पास तुर्की सुलतानों की हुकूमत में बसनेवाले लघु एशिया के मैदान हिसार्लिक जा पहुँचा। राह में ही उसे शुभ शकुन हुआ। इथाका के पहले ग्रीक ग्रामीण परिवार से ही जब वह मिला, गृहस्थ ने अपनी पत्नी का नाम उसे पेनिलोपी और पुत्रों के नाम तेलिमैकस और उलीसीज़ बताकर उनसे उसका परिचय कराया। तीनों नाम होमर के काव्यों में उसके जाने थे और उसने अपनी भावी सफलता को करतलगत जाना।

महीनों श्लीमान त्रॉय के चतुर्दिक गाँव-गाँव की ख़ाक छानता रहा और एक दिन उसने समुन्दर से थोड़ी ही दूर पर खड़े एक टीले पर कुदाल चला ही दी। अब तक उसने, उस बयालीस साल के श्लीमान ने, हेलेन की सी ही सुन्दर उन्नीस साल की ग्रीक तरुणी सोफ़िया से विवाह कर लिया था और दोनों त्रॉय के पुनरुद्धार के लिये कमर कस टीले पर नित्य चढ़ जाते। सौ मजूर नित्य टीले को गोड़ते, नित्य साँझ श्लीमान खुदाई में मिली वस्तुओं का ब्यौरा बनाता, देर साँझ इलियद का काव्य ज़ोर-ज़ोर से गाकर ग्रामीणों को सुनाता, देर रात गये पत्नी को प्यार करता और जब कभी सोता भी तब राजा प्रियम के ख़जाने के सपने देखता, त्रॉय के दानवों-द्वारा निर्मित विशाल चट्टानों के परकोटों के सपने देखता।

और एक दिन उसका वह शैशव और कैशोर का, तरुणाई और प्रौढ़ आयु का सपना सच हो गया जब श्लीमान ने प्रियम का ख़ज़ाना, दानवों-द्वारा चट्टानों से निर्मित त्रॉय का परकोटा खोद निकाला। परकोटा, जिसे होमर ने 'साइक्लोपो' के द्वारा बनाया लिखा है। दिन चढ़ चला था, श्लीमान बीवी सोफ़िया के साथ टीले की गहराई में पुरानी खड़ी बीते जगत की दीवारों की नींव पर पड़ती कुदालों को देख रहा था कि सहसा बिजली छू जाने की-सी उसमें हलचल हुई। उसने बीवी से कहा—'सोफ़िया, चिल्लाकर मजूरों का काम रोक दे, कह दे कि सहसा याद आयी कि आज मेरे जन्म का दिन है। कह दे, उसकी ख़ुशी में इन्हें मजूरी समूचे दिन की मिलेगी।'

सोफ़िया का हुक्म सुन मजूर ख़ुश-ख़ुश काम से अपने घरों को वापस चले गये और तब श्लीमान खुदाई की गहराइयों में जा पहुँचा। कुदालें हटा छुरी से काम लेना शुरू किया। ख़तरे में, यह जानते हुए भी कि दानवों की बनायी त्रॉय के महलों की, उसके परकोटों की चट्टानी दीवार अगर गिरी तो उसकी हड्डी-पसली का भी कहीं पता न चलेगा। पर वह निरन्तर घंटों छुरी चलाता रहा। प्रियम का सोना दोनों हाथों निकालता गया और जब सोने के कर्णफूलों का जोड़ मिला तब उसने सोफ़िया के कानों पर उन्हें धर उसे पुकारा—'प्यारी हेलेन!'

श्लीमान ने जो खोदा था, प्रियम का ख़जाना उसमें नितान्त गौण था और

8700 स्वर्णालंकरण कुछ कम न थे। यद्यपि ठोस सोने के छह हार, दो सुराहियाँ, दो कड़े, दो ताज, साठ कर्णफूल, जो उसने अपने समकालीन सन्दिग्ध संसार को भेंट किया वह न केवल जाने त्रॉय का नगर था बल्कि उससे भी सहस्राब्दियों पुरानी अनजानी मिनोई सभ्यता के उत्तुंग शिखर थे, जिसका मूलकेन्द्र क्रीत का टापू रहा था। त्रॉय तो खुदाई की निचली तीसरी ही मंज़िल पर मिल गया, पर साथ ही उसके नीचे एक के ऊपर एक बसी छह-छह नगरियाँ निकल आयीं, कुल नौ।

संसार के पुराविद् विद्वान जो युरोप में उसकी मूर्खता पर हँस रहे थे—जो होमर के काव्य-प्रबन्ध को कपोलकल्पना मानते थे—सहसा सन्नाटे में आ गये। श्लीमान की झोपड़ी सोने और प्राचीन वस्तुओं से भरी थी। उसे लेकर निकल भागना आसान न था। पर जिसने सहस्राब्दियों से खोयी सभ्यता के दर्शन आसान कर दिये उसके लिए तुर्की के पहरे से निकल भागना क्या असम्भव था? धीरे-धीरे उसने छिपे तौर से सोफ़िया के सम्बन्धियों-द्वारा ग्रीस को सरबस भेज दिया, फिर एक दिन बीवी को लिये वह स्वयं ग्रीस जा पहुँचा। प्रायः उसी भाँति जिस भाँति देवराज ज़ीयूस कभी एशिया से यूरोप को ले भागा था, जैसे त्रॉय के प्रियम का बेटा पेरिस स्पार्ता से मेनेलाउस की रानी हेलेन को ले भागा था।

होमर के वीरों का ख़ज़ाना

1776 ई. के अन्त में त्रॉय के उद्धारकर्ता हाइनरिख़ श्लीमान ने ग्रीस के राजा को मिकीनी के भग्नावशेषों से तार दिया—"तत्रभवान्, मैंने आगामेमनन, कसान्द्रा और उनके साथियों की क़ब्रें खोद ली हैं।" श्लीमान होमर के काव्य को इतिहास मानकर चला था और उसी के बताये मार्ग का अनुसरण कर रहा था। 1767 में त्रॉय को खोद निकालने के बाद अब 1773 में होमर की बतायी सोने की मिकीनी नगरी के प्राचीन मैदानों में उसने डेरा डाला था और प्राचीन युग के नंगे खँडहरों पर कुदाल चलानी शुरू की थी।

आगामेमनन और उसके साथी ग्रीक वीरों की ऐतिहासिकता में त्रॉय की खुदाइयों के बाद विद्वानों को कोई सन्देह न रहा था। वह ग्रीक वीर परिवार हमारे महाभारत के वीरों से कुछ ही पहले हुआ था। महाभारत युद्ध से कुछ ही पहले त्रॉय का महासमर लड़ा गया था, सम्भवतः दो ही सदी पहले। स्वाभाविक ही था कि उस सोने के नगर में राज करनेवाले प्रतापी नरेश आगामेमनन की कथा सदियों के प्रसार में फैली साहित्य-लता पर फूल की भाँति यत्र-तत्र-सर्वत्र खिल उठे। उस कहानी को ई. पू. पाँचवीं सदी में इस्कीलस ने अपनी नाट्यकृति 'आगामेमनन' में, सोफ़ोक्लीज़ ने अपनी 'एलेक्त्रा' में और यूरीपीदीज़ ने 'ओरीस्तीज़' में बार-बार दोहराया और उस प्रसंग की कारुणिकता सदियों बाद के साहित्यकारों को भी मथती रही जिससे विचलित हो आज के फ्रेंच नाटककार ज़्याँ-पॉल सार्त्र और अमरीकी साहित्यकार यूज़ीन और नील ने अपनी 'ओरीस्तीज़' में उसका मार्मिक बयान किया।

कहानी सच ही बड़ी दर्दनाक थी, कृतघ्नता और वंचकता की कहानी। वस्तुतः राजा आत्रियस के दोनों बेटे—मेनेलाउस और आगामेमनन—अपनी पत्नियों के सम्बन्ध में अतिथियों-द्वारा छले गये थे। जैसे दोनों राजा भाई-भाई थे वैसे ही दोनों की पत्नी-रानियाँ आपस में बहनें थीं और दोनों ने घर में ज़ार बिठाकर

अपने पतियों को छला। हेलेन की प्रणय-छलना ने जैसे त्रॉय का विध्वंस किया वैसे ही उसकी बहन आगामेमनन की रानी क्लेतेम्नेस्त्रा की वंचकता ने पेलोपौनेसस और अर्गास के धनी शक्तिमान स्वामी आगामेमनन को मौत के घाट उतार दिया था। मेनेलाउस से भागी हुई पत्नी हेलेन तो लौटकर पति को मिली पर आगामेमनन को तो समूचे साथियों के साथ अपने ही घर में अपनी ही पत्नी और उसके जार की दुरभिसन्धि का शिकार होना पड़ा था। और वह कथा इतनी मर्मभेदी थी कि सहस्राब्दियों बाद प्राचीन और अर्वाचीन सभी काल के नाट्यकार उसे अपनी कृतियों का कथानक बनाते चले गये।

वह कथानक इस प्रकार घटा। त्रॉय के राजकुमार पेरिस के हेलेन को भगा ले जाने के बाद सारे ग्रीक रजवाड़े, क़बीलों के ख्यातिप्राप्त वीर आगामेमनन के नेतृत्व में त्रॉय जा पहुँचे और दस साल तक उस पर घेरा डालने के बाद उसे नष्ट कर डाला। दस बरस का अरसा ख़ासा था जिस बीच आरक्षित स्वदेश में कोई भी दुरभिसन्धि फल-फूल सकती थी। मिकीनी के राजपरिवार में वह सच ही फली-फूली। क्लेतेम्नेस्त्रा ने अपने प्रणयी ईगीस्थस को वस्तुतः अपना स्वामी बना लिया और प्रकट रूप से उसके साथ सहवास करने लगी। पाप की एक कमज़ोरी यह हुआ करती है कि वह स्वयं बीज बन जाता है और अनन्त वृक्षों-बीजों की परम्परा सिरजता चला जाता है, साथ ही वह अपने को प्रकृत और स्थायी समझने लगता है, विवेक को तिलांजलि दे देता है, व्यवस्था—जिसको उसने तोड़ा है—वह लौटने नहीं देता। क्लेतेम्नेस्त्रा और उसके ज़ार ईगीस्थस को अपनी स्वच्छन्द प्रणयलीला का मोह इतना घना हो गया कि उसके स्थायित्व के लिये उन्होंने कृतघ्नता और प्रवंचना का सहारा लिया। दुर्ग और पास के पर्वत पर उन्होंने रातो-रात आग जलवा रखी जिससे त्रॉय से लौटते आगामेमनन के आगमन की सूचना अनायास मिल जाए। सूचना मिल गयी और प्रणयियों ने कर्तव्य निश्चित कर लिया। लौटे हुए पति आगामेमनन को क्लेतेम्नेस्त्रा ने प्यार से भेंटा और ईगीस्थस ने उसका अनोखा स्वागत किया। साँझ के गहराते अँधियारे में उसने राजा को भोज दिया और उसके सारे साथियों-सहित उसे ऐसी निर्ममता से मार डाला जैसी स्वाभाविक निर्ममता से तब बलि का बैल मारा जाता था, और उनकी लाशों को खोहों में डाल दिया। अपनी माता और उसके जार की इस वंचक क्रूरता को देख, पिता की हत्या के बाद, ओरीस्तीज़ और एलेक्त्रा-भाई-बहन—ने राजप्रासाद से भाग अन्यत्र शरण ली, फिर बहन की सहायता से भाई ने माता क्लेतेम्नेस्त्रा और उसके ज़ार ईगीस्थस का, दंडस्वरूप, वध किया।

त्रॉय के विध्वंस की ऐतिहासिकता प्रमाणित हो जाने के बाद स्वाभाविक था कि श्लीमान उस महायुद्ध के उपसंहार की भूमि भी खोजता। तीन वर्ष बाद

उसने मिकीनी की समाधियों का कुदालों-द्वारा निरावरण आरम्भ किया। मिकीनी के खँडहर त्रॉय की भाँति ज़मीन के नीचे गड़े न थे, ऊपर दूर से ही दिखाई पड़ते थे। अर्गास के हदे प्रान्तर के एकान्त में मिकीनी दुर्ग के खँडहर यात्री सदियों से देखते आये थे, अपने यात्रा-विवरणों में उन्होंने उनके बयान किये थे। होमर ने लिखा था कि त्रॉय ऋद्ध है पर मिकीनी ऋद्धतर है, सोने की बनी, जहाँ पेलोपनीसस के राजाओं ने अपने सोने के खज़ाने गाड़ रखे हैं। होमर को कल्पना के ऊपर सत्य का स्रष्टा माननेवाला श्लीमान भला उसके बयान की प्रामाणिकता सिद्ध करने में कैसे चूक सकता था? उसने मिकीनी की भूमि उलट दी और वहाँ के राजाओं का सोने का ख़ज़ाना ढूँढ़ लिया।

सोने का मुखौटा स्वर्णनगरी मिकीनी पर से मलबा हटाने पर देखने में आये होमर के वीरों के अघट ख़ज़ाने का एक उदाहरण

दिसम्बर का महीना था, सर्द, जब मिकीनी के मैदानों में जब-तब बर्फ़ बरस जाती थी,और हवा तो तीर-सी छेदती जिस्म के पार चली जाती। श्लीमान के साठ मजूर दिनों-दिन कुदाल बरसाते रहते, और एक श्लीमान अपनी पत्नी सोफ़िया के साथ मिकीनी राजप्रासाद में दाख़िल हो गया जिसकी ऊँचाई प्रायः पचास फ़ुट थी और छत गुम्बजनुमा थी, जिसमें पत्थरों के ढोंके एक-दूसरे से बग़ैर गारे के निरवलम्ब सटे थे। पास ही के कमरों में प्राचीन राजाओं की समाधियाँ थीं जिन्हें सदियों विद्वानों ने मिकीनी नगर के परकोटे के बाहर माना था। पर जिनका भीतर होना श्लीमान ने अपने अध्यवसाय से सिद्ध कर दिया। इनके सामने बाहर मिकीनी राजाओं का सिंहद्वार, सिंहाकृतियों से संयुक्त खड़ा था।

श्लीमान के विज्ञान से कहीं अधिक उसके प्रारब्ध ने उसका साथ दिया था और जैसे सौभाग्य प्रेरित उसकी राह में पृथ्वी की गहराइयों से त्रॉय उछल पड़ा था, मिकीनी का राजप्रासाद भी सहसा उसके सदियों का मलबा हटाते ही सामने नंगा उठ खड़ा हुआ। अनेकानेक कलाकृतियों भाँड़े और पात्र, अपनी ज्योमिति के डिज़ाइनें अंग पर धारे, देवी हीरा की मूर्तियाँ, उत्खचित प्रासाद, शिलाखंड अनन्त मात्रा में मिकीनी की खुदाई में निकल पड़े। प्राचीन वस्तुओं के संग्रहालय मिकीनी की इस उपलब्धि के बाद अत्यन्त तुच्छ लगने लगे। श्लीमान ने लिखा—जिसे तत्कालीन विद्वानों ने पहले अनिच्छा से फिर विश्वास के साथ स्वीकार किया—कि अद्यावधि उपलब्ध प्राचीन कलानिधियों में कोई भी स्थल इतना ऋद्ध प्रमाणित

न हुआ जितना मिकीनी का यह स्थल।

समाधियों का निरावरण धीरे-धीरे आरम्भ हुआ। मजूरों को अलग कर श्लीमान अपनी निरन्तर सहायक सोफ़िया के साथ उस कठिन और धैर्य की परीक्षा करनेवाले कार्य में लग गया। सोफ़िया ने पचीस दिन तक लगातार छुरी से धीरे-धीरे बड़ी धीरता से समाधियों को तराशा और तब जो मिला वह सचमुच पुराने राजाओं का खज़ाना ही था, जिसकी चर्चा प्राचीन साहित्यों में बार-बार हुई थी पर जिसे किसी ने देखा न था और जो केवल कहानी बनकर अतीत के अन्तराल में धरा के गह्वर में समा गया था।

समाधियाँ पाँच थीं, अस्थिपंजर उनमें कुल पन्द्रह थे,राजाओं-रानियों दोनों के। और प्रत्येक अस्थिपंजर सोने से अँटा था। निस्सन्देह इतना सोना 1922 में मिस्र में तूतनख़ामन की क़ब्र को छोड़, अन्यत्र की खुदाइयों में कहीं कभी पहले न मिला था, न कभी पीछे मिला। श्लीमन ने सत्य ही, स्वाभाविक ही, कहा था कि जितना प्राचीनकालीन स्वर्ण मिकीनी की समाधियों में मिला है उतने का पंचांश भी संसार के समग्र संग्रहालयों की संयुक्त राशि में उपलब्ध न था।

पहली ही कब्र में तीन अस्थिपंजर निकले, प्रत्येक पंजर पर पाँच-पाँच सोने के ताज रखे थे, स्वर्ण के बने लारेल-पत्र थे, सोने के क्रॉस थे। एक दूसरी क़ब्र में तीन नारी अस्थिपंजर थे, जिनपर सात सौ एक मोटी पत्तियाँ स्वर्ण की बनी हुईं मिलीं। उसी क़ब्र में सोने के ही बने अनेक अलंकरण जानवरों, फलों, तितलियों, मछलियों की आकृतियों में मिले। सोने-चाँदी के खिलौने, सोने के ही सिंह और विविध पशुओं के कलासम्मत रूप वहाँ उपलब्ध हुए। एक अस्थिपंजर की खोपड़ी पर एक ताज था जिसे छूते ही खोपड़ी तो धूल हो गयी पर ताज साफ़ निकल आया। उसके पट्टबन्ध पर छत्तीस मोटे सोने की पत्तियाँ बनी थीं। एक अन्य क़ब्र में तीन और जो कंकाल मिले उनके सिर पर भी ताज थे, एक कंकाल तो उठाते ही धूल हो गया दूसरे के कपाल से दूसरा ताज चिपका हुआ मिला।

आख़िरी समाधि अचरज-भरी थी। अस्थिपंजरों के मस्तक सोने के चेहरों से ढँके थे और छातियाँ सोने के कवचों से। प्राचीन साहित्य से प्रकट था कि इस प्रकार के रक्षा-उपकरण मात्र राजाओं के शरीराच्छादन में प्रयुक्त होते थे जिससे, तब के विश्वास के अनुसार, उनकी प्रेतावस्था में राजाओं का कोई अपकार-अपमान न कर सके। चेहरों पर जो आकृतियाँ बनी थीं, एक-दूसरे से भिन्न थीं और श्लीमान ने सहज ही माना कि जिन-जिन राजाओं के वे अस्थिपंजर थे उन्हीं के वास्तविक चेहरे पर उन सोने के मुखौटों में उभारे हुए थे। स्वाभाविक विश्वास से उसने संसार को, ग्रीस के राज-परिवार को, विशेषज्ञ विद्वानों को सूचित किया कि उसने

आगामेमनन की समाधि खोदकर उसका ख़ज़ाना, मय उसके शरीर, कवच और मुखौटे के पा लिया है। स्वाभाविक ही उसने अपनी पुस्तक के एक अध्याय का शीर्षक लिखा—'आगामेमनन का मुखौटा'।

पर निस्सन्देह वह आगामेमनन का मुखौटा न था, उसका कवच न था, समाधियाँ आगामेमनन और उसके साथियों की न थीं, न अस्थिपंजर ही उनके थे। किंतु यहाँ भी श्लीमान ने अपनी भूल से जो खोजा उससे कहीं क़ीमती, अपनी कल्पना से भी अधिक महत्त्वपूर्ण, वस्तु पायीं। ये समाधियाँ और इनकी स्वर्णराशि ग्रीक राजाओं की न थीं, पर थीं वे राजाओं की ही, उनसे सदियों पहले के राजाओं की, क़रीब चार सौ साल पहले की, उस मिकीनी की जो त्रॉय और क्रीत टापू का पश्चिमी ग्रीस में प्रधान केन्द्र रहा था। श्लीमान ने सोने की रक्षा के लिए समाधियों के चारों ओर आग जलवायी ठोस उसी तरह जैसे 2344 साल पहले ईगीस्थस ने आगामेमनन के आगमन की सूचना के लिये जलवायी थी।

श्लीमान का सौभाग्य उसके पीछे था। त्रॉय और मिकीनी के बाद, होमर के बयान के ही अनुसरण में तीरीन में उसने कुदाल लगायी, और क्रीती सभ्यता का वह अद्‌भुत राजप्रासाद साफ़ निकल आया जिसके दानव निर्माण की बात होमर ने कही थी। तीरीनी राजाओं का राजप्रासाद सामने खड़ा था। प्रासाद क्या था अभेद्य दुर्ग था। ऐसा दुर्ग, जिसकी काया चट्टानों से गढ़ी थी, दो-दो तीन-तीन गज़ लम्बी, गज़-गज़-भर चौड़ी, गज़-गज़-भर ऊँची पत्थर की शिलाओं से। होमर ने सच ही लिखा-भला इनको मनुष्य कैसे वहन कर दीवारों के रूप में खड़ा कर सकता था? इनके लिए तो दैत्यों की आवश्यकता थी और निश्चय इन्हें दैत्यों-साइक्लोपों-ने ही बनाया था। दीवारें सात-सात, आठ-आठ गज़ चौड़ी थीं और जहाँ राजा स्वयं रहता था वहाँ के कमरों की दीवारें तो चालीस-चालीस फुट तक चौड़ी थीं।

कला की जो अनेक वस्तुएँ मिलीं उनसे तत्कालीन सभ्यता का एक विशिष्ट रूप दिखाई पड़ा। वह सभ्यता मिस्र-बाबुल आदि की सभ्यताओं की संयुक्त देन थी। भांडों के ऊपर जो ज्यामितिक आकृतियाँ बनी थीं वे प्रायः उसी प्रकार की थीं जिस प्रकार की उन भांडों पर खिंची थीं जो ई. पू. सोलहवीं सदी में होनेवाले मिस्री सम्राट थोतमोस के शासनकाल में मिस्र में पश्चिमी एशिया से लाकर प्रचलित किये गये थे। कुछ आश्चर्य नहीं जो उनकी बनावट में भारत की सैन्धव-सभ्यता का भी कुछ हाथ रहा हो। संस्कृतियों का अन्तरावलम्बन इतना महान सत्य है कि उनके अध्ययन के क्रम में उनका विघटन अपने पोर पर पोर खोलता, शृंखला की कड़ी से कड़ी होता, दूर के आरम्भ तक चला जाता है।

पुरातत्त्व के विज्ञान का आरम्भ करनेवाले हाइनरिख़ श्लीमान का अन्त चिन्त्य

हुआ। सभ्यताओं की कोर नंगी कर लेने के बाद जब वह 1890 में 68 साल की उम्र में क्रिसमस मनाने घर जाने की तैयारी में था तभी इटली में उसका निधन हो गया। नेपुल्स के जनसंकुल वातावरण में वह घूम रहा था कि एकाएक वह पृथ्वी पर गिर पड़ा और उसकी ज़बान बन्द हो गयी, यद्यपि वह सचेत था और सचेत वह मरने तक बना रहा। उसके कान में एकाध दिन पहले दर्द हुआ था और उसने स्थानीय डॉक्टर से दवा ले ली थी। उससे कुछ लाभ न हुआ था और कान का दर्द बना हुआ था कि एकाएक यह घटना घटी। लोग उसे टाँगकर अस्पताल ले गये परन्तु अस्पताल में उसे जगह न मिली, उसे लौटा दिया गया। लोगों ने उसे यतीम समझ थाने में पहुँचा दिया। पुलिस ने उसकी जेब देखी और उसकी डायरी से उस डॉक्टर का पता हासिल किया जिसने उसके कान की दवा की थी। डॉक्टर आया पर कुछ कर न सका। श्लीमान की ज़बान बन्द थी पर होश बना था। वह थाने के आँगन-में भूमि पर मृतक-सा पड़ा हुआ था। लोगों ने पूछा, इस यतीम के दफ़नाने का खर्च कौन देगा? और डॉक्टर ने चमककर कहा, यतीम कैसा, यह तो करोड़पति है। जब श्लीमान की और जेबें भी देखीं गयीं तब एक में-से सोने के सिक्कों-भरा तोड़ा निकला। श्लीमान अपने होटल में पहुँचा दिया गया जहाँ वह अगली रात मर गया।

श्लीमान का शव एथेंस में पड़ा था, राजपरिवार के सामने। ग्रीस का राजा उसका युवराज, प्रधानमन्त्री, विविध देशों के राजदूत सब चारों ओर खड़े थे और वहीं खड़ी थी उसकी सोफ़िया-हेलेन, और उसके बच्चे आन्द्रोमाखी और आगामेमनन जिनका नामकरण उस होमर के काव्य-प्रबन्धों-द्वारा प्रेरित हुआ था, जिसका प्राचीन बस्ट अपनी ऊँचाई से नेत्रों-द्वारा नीचे श्लीमान के ताबूत पर अजस्त्र स्नेह बरसा रहा था।

क्नोसस की भूलभुलैया

लखनऊ मेडिकल कॉलेज के पास अवध के नवाबों के इमामबाड़े की भूलभुलैया में चक्कर खानेवालों को शायद गुमान भी न होगा कि उसके पीछे हज़ारों साल का इतिहास है और उसका मूल हज़ारों मील दूर ग्रीस के दक्खिन क्रीत के टापू में है। भूलभुलैया का चक्कर आज मनोरंजन का साधन है, पर एक ज़माना था जब वह ख़तरे का ज़रिया था और अनेक बार उसका उपयोग ख़तरनाक दुश्मनों की क़ैद के लिये हुआ करता था। लखनऊ के इमामबाड़े की भूलभुलैया की भी कितनी ही रोमांचक कहानियाँ कही जाती हैं। पर क्रीत की भूलभुलैया तो स्थापत्य के क्षेत्र में जितनी शालीन है पौराणिक वृत्तों की दिशा में उतनी ही वह रक्तरंजित भी थी।

ग्रीक ख्यातों से प्रकट है कि क्रीत की प्राचीन राजधानी क्नोसस में वहाँ के राजा मिनोस ने संसार की सबसे चक्करदार, सबसे ख़तरनाक भूलभुलैया का निर्माण अपने महलों में कराया। वह निर्माण, जो आज क्नोसस की खुदाइयों का जौहर बन गया है, मूलत: मिनोस के प्रतिशोध का प्रतीक था। कहते हैं कि मिनोस की रानी को एक बार किसी दिव्य वृषभ (साँड़) के प्रति कामना जगी। वृषभ के प्रति नारी की कामलिप्सा—बात विस्मय की है, पर सही है—का अलौकिक कथानक अनेक प्राचीन सभ्यताओं के पौराणिक आख्यानों का विषय रहा है। स्वयं ऋग्वेद का कामी देवराज इन्द्र वृषभ कहलाता है और उसके जिस बन्दर-मित्र के प्रति इन्द्राणी आकृष्ट होती है, जो इन्द्राणी से दबे-दबे, इन्द्र की अनुपस्थिति में, कामचर्चा करता है, और जिसके सामीप्य से देवराज की वह पत्नी भयातुर हो उठती है, उसका नाम भी उस प्राचीन धर्मपुस्तक ऋग्वेद में 'वृषाकपि' दिया हुआ है। ग्रीकों की पौराणिक ख्यातों में देवराज ज़ो उस यूरोपा के रूप पर रीझकर जब उसे हरने के उपक्रम करता है तब सहसा वह वृषभ बन जाता है और उस सुन्दरी को अपनी पीठ पर बिठा कामार्त हो क्रीत के द्वीप को ले भागता है। कुछ अजब नहीं जो वृषभ पुंगव के रूप में नरत्व और पौरुष का प्रतीक होने के कारण

संस्कृति से वियुक्त नारी का आकर्षण रहा हो। वैसे मिस्र, बाबुल, असुर ईरान, मोहनजोदड़ो—सर्वत्र प्राचीन काल में उसकी पूजा हुई है, इसमें सन्देह नहीं। सो क्या आश्चर्य जो मिनोस की रानी की अतृप्त तृष्णा भी एक दिन किसी अलौकिक वृषभ के अदम्य नरत्व को माँग बैठी हो।

रानी की इस अमनुज पिपासा को मिनोस ने इतना कौतुक से नहीं जितना क्षोभ से देखा और, अपने बच्चों की जननी होने के बावजूद, उसे उसने प्रायः तज दिया। यद्यपि उसकी यह प्रतिक्रिया शायद ऐसी न होनी चाहिए थी, क्योंकि वह स्वयं, पुराणों के अनुसार, वृषभ रूप धर जीउस का ही बेटा था। मिनोस ने रानी की उस अपार्थिव कामना के लिये उसकी बड़ी भर्त्सना की और उसे प्रायः अकेला कर दिया। अकेला अनन्त कल्पना का साधक हुआ करता है और यदि वह साधना असामाजिक हुई तो उसकी प्रवृद्धि में सहायता भी कुछ विशेष मिला करती है। रानी को असाधारण शिल्पी दिदेलस की सहायता मिली जिसने दैवी वृषभ के प्रति रानी का अभिसार सम्भव कर दिया। इस असम्भव प्रयास से जो पुत्र रानी ने जना वह आधा मनुष्य आधा वृषभ् था, नाम जिसका मिनोतौर अर्थात् 'मिनोस का वृषभ' पड़ा। मिनोस ने दिदेलस की सहायता से एक ऐसे भवन का निर्माण किया जिसमें मिनोतौर क़ैद कर दिया गया और जिसके यकसाँ हॉलों, कमरों और गलियारों के चक्करदार प्रसार से मिनोतौर किसी प्रकार बाहर नहीं निकल सकता था। इस भवन का नाम ही इस कारण 'लेबिरिन्थ'—(भूलभुलैया) पड़ गया और इसी नाम से क्रीत के बाहर भी होमर आदि की ग्रीक ख्यातों में उसका उल्लेख होता रहा।

दिदेलस के प्रति मिनोस का आक्रोश स्वाभाविक था और वह दोनों के लिए मारक सिद्ध हुआ। दिदेलस ग्रीस का रहने वाला था, वहाँ का प्रसिद्ध शिल्पी और संगीतज्ञ था, पर जब उसका भतीजा तालोन उसकी कला में उससे भी बढ़ गया तब दिदेलस ने धोखे से एक दिन उसे मरवा डाला और दंड के भय से स्वयं भागकर क्रीत पहुँचा। जब तक वह वहाँ राजा मिनोस के महलों का निर्माण करता रहा तब तक उसका मित्र बना रहा और तब तक मिनोस की कृपा उस पर बनी रही, पर जब मिनोस की रानी का राजा के विपरीत इष्ट साधने में वह सहायक हुआ तब उसे उसके क्रोध से रक्षा के लिए क्रीत छोड़ भागना भी पड़ा। ग्रीक-पुराणों की कथा है कि दिदेलस ने अपने और अपने बेटे इकेरस के लिये दो-दो पंख तैयार किये और दोनों उन्हें अपने कन्धों से चिपकाकर समुन्दर पार ग्रीस की ओर उड़ चले। पिता ने पुत्र को भरपूर समझा दिया था कि उड़ता हुआ वह कहीं सूरज के पास न चला जाए वरना मृत्यु निश्चय होगी। पर जवान बेटे ने बूढ़े बाप की बात न मानी और पंखों के सहारे दूर ऊपर चढ़-चला। सूरज की

धूप से वह मोम, जिससे पंख कन्धों से चिपके हुए थे, पिघल गयी, पंख जलकर गिर गये और इकेरस समुद्र में गिरकर डूब गया। उधर दिदेलस पंखों के सहारे हवा के बहाव के साथ इटली के दक्खिन सिसिली के द्वीप में जा पहुँचा। मिनोस दिदेलस का पीछा करता सिसिली पहुँचा जहाँ दिदेलस ने पहले तो उसकी आवभगत की, पीछे उसे नहाते हुए हम्माम के धुएँ से दम घोंटकर मार डाला।

पर कहानी तो मिनोतौर की थी, मिनोस के साँड़ की। राजा के जीवन-काल में एथेन्स में खेल हुआ करते थे, जैसे बहुत पीछे तक होते रहे थे। मिनोस का बेटा आन्द्रोजियस भी हर साल खेल में शामिल होने क्रीत से एथेन्स जाया करता। वह तरुण इतना यशस्वी सिद्ध हुआ कि एथेन्स के खेलों का कोई पुरस्कार उससे नहीं छूटा और उसकी ख्याति इतनी बढ़ी कि एथेन्स के राजा ईजियस ने उसकी हत्या कर दी। मिनोस ने अपने बेटे की हत्या का बदला लेने के लिए एथेन्स पर हमला किया और सालों उस पर घेरा डालने के बाद उसे जीत लिया। उस विजय के परिणाम में जो सन्धि हुई उसके फलस्वरूप हर नवें साल ग्रीस से सात सुन्दर तरुण और सात सुन्दर तरुणियाँ क्रीत भेजी जाने लगीं। वहाँ वे मिनोतौर की बलि होते। क्रीत की भूलभुलैया में वे डाल दिये जाते जहाँ वे दिनो-रात चक्कर काटते रहते और निकल न पाते। मिनोतौर उनकी मुक्ति की शंका से आश्वस्त चुपचाप उनका पीछा करता, एक-एक को पहले अपने काम का साधन बनाता, फिर खा जाता। जब इस कर की तीसरी बारी आयी तब ईजियस के बेटे थीसियस ने सात तरुणों में अपने को भी शामिल कर लिया और मिनोतौर के वध के लिये क्रीत की ओर चल पड़ा। तरुण-तरुणियों को लेकर जहाज़ काले पाल फहराये क्रीत की ओर चला। यह निश्चय हुआ था कि थीसियस अगर मिनोतौर का वध कर लौटेगा तो जहाज़ के पाल श्वेत कर लिये जाएँगे अथवा काले पालों के साथ ही जहाज़ एथेन्स लौटेगा। जब जहाज़ क्नोसस पहुँचा और मिनोस की रूपवती कन्या आरियाद्नी ने थीसियस को देखा तब वह उसके रूप पर रीझ गयी। मिनोस को मारने के लिए उसने उसे एक जादू की तलवार दी और भूलभुलैया के चक्कर से बचकर निकल आने के लिए ऊन का एक गोला दिया जिसका एक छोर आरियाद्नी ने अपनी बाँह में बाँध लिया। थीसियस क्नोसस की उस भयानक भूलभुलैया में घुसा जिसके कमरों के भीतर कमरों से होता हुआ वह मिनोतौर तक पहुँचा और द्वन्द्वयुद्ध में उसने उसे मार डाला। ऊन के सहारे वह चक्कर से बाहर निकल आरियाद्नी से मिला। फिर उसे भी अपने तरुण-तरुणियों के साथ ग्रीस की ओर ले भागा, भगदड़ की हड़बड़ी में जहाज़ के काले पालों की जगह सफ़ेद पाल उड़ाना वह भूल गया और उसके पिता ईजियस ने निश्चित संकेत के विपरीत काले पालोंवाले जहाज़ को देख बेटे को मरा जान समुद्र

में कूदकर जान दे दी।

क्रीती भूलभुलैया की यह कहानी अभी हाल तक मात्र पौराणिक आख्यान समझी जाती रही थी, पर जैसे श्लीमान ने त्रॉय की होमरी कथा-को इतिहास कर दिया, सोने की मिकीनी को खोद निकाला, तीरीन के दानवनिर्मित राजप्रासाद को ज़मीन से निकाल बाहर खड़ा कर दिया, वैसे ही प्राचीन ग्रीकों का यह क्रीत-सम्बन्धी पुराण भी पुरातत्त्व ने इतिहास कर दिया। वह चमत्कार भी वस्तुतः श्लीमान

महल का उत्तरी प्रवेश द्वार

का ही था, उसी ने क्नोसस के प्राचीन टीलों को पहले-पहल पहचाना था पर कारणवश उसे उसकी खुदाई से विरत हो जाना पड़ा था और क्नोसस की खोज का सेहरा आर्थर ईवान्स के सिर बँधा। ईवान्स ने मिनोस को ऐतिहासिक राजाओं की शृंखला में बिठा दिया और क्नोसस के महलों को खोद पुराणों की भूलभुलैया आँखों से देख सकना सम्भव कर दिया। क्नोसस की वह भूलभुलैया, जो असुर बाबुल की राह, अरब-ईरान की राह लखनऊ पहुँची थी, अपने सैकड़ों चक्करदार कमरों, गलियारों, सीढ़ियों के साथ इतिहास और धरा के गर्भ से निकल, द्विजन्मा हो, सदेह खड़ी हो गयी।

आर्थर ईवान्स श्लीमान से सर्वथा विपरीत था। श्लीमान की मेधा अयाचित अनायास जिज्ञासु की थी, ईवान्स की ज्ञान-द्वारा विनीत संस्कारों की। श्लीमान ने अपनी प्रतिभा खुली प्रकृति से पायी थी और ईवान्स ने हैरो के स्कूल और कैम्ब्रिज के विश्वविद्यालय से। विश्वविद्यालय के सारे पुरस्कारों को जीत वह मिस्री चित्रलिपि की पहेली सुलझा रहा था जब उसे क्रीत जाना पड़ा। राह में एथेन्स का नगर पड़ा जहाँ दूध बेचनेवाली अनेक ग्रीक नारियों को उसने मिट्टी की बनी छोटी-छोटी अजीब ताबीज़ें पहने देखा, उन पर मिस्री चित्रों से मिलती-जुलती

आकृतियाँ उभरी देखीं। पूछकर उसने जाना कि वे ताबीज़ें क्रीत के टापू से आयी हैं। ईवान्स क्रीत के टापू की ओर चला। वहाँ उसे उस प्रकार की हज़ारों चित्राकृतिक मिट्टी की मुहरें मिलीं पर उनका राज़, अपने अथक प्रयत्नों के बावजूद, वह न खोल सका। आज तक कोई पुराविद् उनका राज़ न खोल सका जो आज भी मुहरबन्द पड़ा है।

ईवान्स क्रीत गया तो था कुछ महीनों के लिये ही, और उसने लिखा भी कि कुछ महीनों में वह वहाँ का काम खत्म कर इंग्लैंड लौट जाएगा, पर ऐसा हुआ नहीं। ईवान्स ने जो श्लीमान के टीलों का मलबा हटाया तो ज़मीन के नीचे एक ऐसी दुनिया मिली जिसमें एक समूचा तिलिस्म दबा पड़ा था और जिसकी गहराइयों में मिनोस के महल सोये पड़े थे और चाहे मिनोतौर वहाँ न रहा हो, उसकी जानलेवा चक्करदार भूलभुलैया अब भी वहाँ खड़ी थी। ईवान्स ने 1900 के साल क्नोसस की खुदाई शुरू की, हफ़्ते महीनों में बदलते गये, महीने सालों में, और जहाँ ईवान्स ने मात्र महीनों ठहरने की कल्पना की थी वहाँ वह चौथाई सदी तक ठहरा, अनवरत कुदाल चलाता, दूर की विगत सभ्यता की मंज़िलें, उनकी तहों पर तहें, उघाड़ता चला गया।

सभ्यता बीते युगों की थी, सहस्राब्दियों पुरानी, प्रायः 3000 ई. पू. से 1200 ई. पू. तक के काल-प्रसार पर फैली-क्रीत की सभ्यता-जिसकी शाखाएँ ग्रीस और लघु एशिया में तिरीन, मिकीनी और त्रॉय तक फैली थी, वे शक्तिमान नगर जिसके ऐश्वर्य के प्रतापी प्रहरी थे। क्रीत के वे पहरुए दीर्घकाल तक जागते रहे थे पर जिन एकियाई आक्रामकों ने क्रीत का विध्वंस किया उन्होंने ही उन पहरुओं को भी रसातल पहुँचा दिया। थीसियस की क्रीत पर विजय की कहानी ईजियाई सभ्यता पर एकियाई और दोरियाई आर्य ग्रीकों की विजय की है, पुरातत्त्वसिद्ध, इतिहास सिद्ध। ईवान्स ने उस सभ्यता की तहें अपनी कुदाल के माध्यम से खोलीं। उसकी तीन प्रधान मंज़िलें थीं—प्राचीन मिनोई, मध्य मिनोई और उत्तरकालीन मिनोई, और इनमें-से प्रत्येक के अपने-अपने प्राचीन, मध्य और उत्तरकालीन स्तर थे—ई. पू. 3000 से 2000 तक, 2000 से 1600 तक, 1600 से 1200 ई. पू. तक। बीच का काल मिनोई अथवा क्रीती सभ्यता का स्वर्णयुग था जब मिनोस ने राज किया, जिसके सन्दर्भ में उस स्वर्णयुग को सच करनेवाली वह पुरानी कहानी बनी जिसमें राजा मिनोस चाहे जो भी छू देता, मिट्टी और भोजन तक, वह सोना हो जाया करता था। उस सभ्यता की उपलब्धियाँ महती हैं।

जितनी सभ्यताएँ अब तक खोदी जा चुकी हैं उनसे क्रीत की यह सभ्यता सर्वथा भिन्न, बोध में विपरीत थी। सारी दूसरी सभ्यताएँ—भारत, चीन, बाबुल, मिस्र, पिछले काल के ग्रीस, रोम आदि की—महाद्वीपों के फैले प्रसार पर, नदियों

के काँठे में, जन्मीं और फैलीं, पर क्रीत की सभ्यता द्वीप की थी जहाँ से वह ग्रीस आदि के महादेशों में फैली। लंका, जावा, सुमात्रा, सिसिली आदि द्वीपों ने महाद्वीपों से लिया था पर क्रीत ने द्वीप होकर भी यूरोप और लघु एशिया के महाद्वीपों को अपने प्रकाश से प्रकाशित किया था। दूर अतीत से पाया उसने भी, मिस्र और फ़िनीशिया से, पर उसने जो कुछ पाया उसे आहारवत पचा अपना शरीरांग बनाकर उस अपनी निजी धरोहर से ग्रीस को सनाथ किया। एकियाई ग्रीकों ने उसकी राजनीतिक शक्ति नष्ट कर डाली, पर उसका सांस्कृतिक जादू, उसके नाश के बावजूद, उनके सिर चढ़कर बोला।

सबसे बड़ी विशेषता उसकी यह थी कि वह सभ्यता आधुनिक थी, नागरिक सभ्यता, जिसमें आधुनिकता के अनेक मूलरूप सांस्कृतिक सन्दर्भ में विद्यमान थे। अगर विद्यमान न था तो वह आज के आक्रमण का उपकरण। क्रीत की सभ्यता में सुरक्षा के नाम पर कोई विशेष सेना न थी, हाँ, दूर की शाखाओं पर शासन और पास के समुद्र पर व्यापार के लिये नौसेना अवश्य थी। संसार के इतिहास में क्रीत की नौ सेना निस्सन्देह पहला जहाज़ों का जंगी बेड़ा था। मिनोस की नौ सेना ग्रीक ख्यातों में प्रसिद्ध हो गयी है। पर यह कुछ कम विस्मय की बात नहीं कि क्नोसस में कोई गढ़ नहीं, कोई शहर या नगर का परकोटा नहीं। उसके राजप्रासाद सागर की लहरों में झिलमिलाते पर्वतों के प्रसार पर नंगे खड़े थे, जैसे वे आज भी खड़े हैं, द्वीप-के अर्धचक्राधार पर, और उन राजाप्रसादों के धवल खम्भों की क़तारें, धूप में वैसे ही चमचमाती थीं जैसे उसकी दीवारों के चित्रों के रंग दूर से ही दीपते थे। क्रीत का टापू सभ्य संसार के मध्य में बसा था—ग्रीस और मिस्र, इटली और एशिया की फ़िनीशिया के बीच, और इस प्रकार अफ्रीका, एशिया और युरोप के प्राचीनतम ऋद्ध देश उसके निकटतम पड़ोसी थे। संसार की सभी सभ्यताओं का-सा ही क्रीती सभ्यता का भी आचरण रहा था। सभ्यताएँ श्रम तथा संयम की पृष्ठभूमि से जनमती हैं, विलास और असंयम में विलीन हो मर जाती हैं। क्रीत की सभ्यता की भी वही गति हुई। वह 'स्तोइक' उत्पन्न हुई, 'एपिक्यूरियन' मरी।

जिनको आज की सभ्यता के थियेटरों तथा अन्य सार्वजनिक प्रदर्शनों में विलास को साधनेवाले नर-नारियों के खिलखिलाते उल्लास को देखने का अभ्यास है वे क्रीत की सभ्यता के जीवन को सहज समझ लेंगे। नारी क्लासिकल ग्रीस की गृहिणी से अपने अधिकारों में सर्वथा भिन्न थी। ग्रीस की विवाहिताओं का द्वार के बाहर झाँकना पाप था, क्रीत की नारियाँ सम्भवत: मध्यरात्रि में ही गृह की दीवारों के भीतर प्रवेश करतीं। उनका जीवन समाज-प्रण था। घर से बाहर, उनके मित्र-नरों के सामीप्य में जीया जाता था, आनन्द और अट्टहास के हिलोरों

के साथ। बाहर वे तरुणों के साथ कमल के फूल लोढ़तीं, लिली और केसर, नरगिस की कोंपलें निहारतीं, फैले मैदानों में रसिया छैलों के साथ रमतीं, गयी रात तक तन्त्री-नाद से तरंगित नर्तकों-नर्तकियों के नाच देखतीं, दिन में साँड़ों से खेलते कलाबाज़ों को निहारतीं, अखाड़ों में ख़रीदे नर-नारियों के भूखे सिंहों के साथ हताहत खेल देखतीं। तरुण-तरुणियों के साथ साँड़ों से उलझते, कौशल से उन्हें जीत लेते, उनके सींगों और पीठों से उछल, कुलाँच भर, कलाबाज़ी खा, कमसिन कमनीय छरहरी तरुणियों के भुजपाश में जा गिरते। पुरुष शायद कुछ बेचारे थे, मतलब कि स्त्रियों के मुक़ाबले बेचारे, क्योंकि वे मात्र कटि पर घुटनों तक के हलके वस्त्र धारण करते थे, जहाँ स्त्रियाँ सिर पर तिकोनी हैट पहनतीं, अपने कुंचित कुन्तल विविध प्रसाधनों-द्वारा कन्धों पर लटकातीं, उरोजों को निरावृत्त छोड़ उनको घेरती चोलियाँ धारण करतीं और नीचे अनेक तहों में बहुरंगी अधोधः गिरते जाते पैरों तक घाघरे पहनतीं। और जब सभ्यता के नाश का समय आया, ज़ब ऐश्वर्य के साये में विलास पलकर पक गया, धन ने अवकाश सम्भव किया, तब कठिन कुचों को कठिनतर दर्शाने वाले कंचुक उन्हें उपलब्ध हुए, पीवर जंघाओं और भारी नितम्बों को पीवरतर और शिथिलतर प्रकट करने वाले झीने चीवर प्रस्तुत हो गये। सभ्यता निस्सन्देह अपनी परिणति के बाद जरा पाकर मृत्यु की ओर डग भर चली थी।

घरों के अन्तरंग अपनी दीवारों पर जीवन के अद्भुत चित्र लिये हुए थे। उस सभ्यता ने जीवन को ही साधा था—इसीसे उसमें दार्शनिक भी न थे, पुरोहितों की मारक क़तारें भी न थीं, जीवन ही अपनी अजस्र धाराओं से उस पर बरस रहा था। शयनागार, स्नानागार, क्रीड़ागार गृहों में सभी थे, पत्थर अथवा पकायी ईंट के उन घरों में—संगमरमर वहाँ उपलब्ध न था। वहाँ के एक मंज़िलें से पाँच मंज़िले तक ऊँचे खड़े मकानों में हम्माम गरम होते, उनका जल फूलों से बासा जाता, तब नागरिक उनमें नहाते। नलों में शुद्ध साफ़ जल की धारा दौड़ती जो स्नानान्तर नालियों से होती नगर से बाहर निकल जाती। उस सभ्यता को खोदने वाले पुराविदों ने 4000 साल बाद जब उस धाराधाविनी जलव्यवस्था को फिर से संचालित किया तब, इतने दिनों रसातल में रहने के बावजूद, वे चालू सिद्ध हुईं।

क्रीत टापू के अनेक स्थल पुराविदों ने अपनी कुदालों से खोद डाले। सर्वत्र कला के अचरज के नमूने उपलब्ध हुए। चित्रों की आकृतियों में उल्लास से भी बढ़कर उनका आभिजात्य था। तनी हुई छाती, समुन्नत मस्तक, पतले छरहरे बदन पर खूब ही फबते थे। ऐसी आकृतियाँ सेवकों तक की थीं, जो कानों में कुंडल, भुजाओं में भुजदंड, हाथों में कंगन धारण करते थे। सुरावाही युवा का एक ऐसा

चित्र देख लगता है जैसे वह राजसेवक हो और अपनी स्थिति की विशिष्टता से दर्पिल हो उठा हो। पश्चात्कालीन ग्रीस की मधुर गायिका सैफ़ो का अभिजात भाई मिस्त्र में सुरावाहक ही था। प्रकट है कि वह सेवाकार्य आभिजात्यों को ही मिला करता था। क्रीत के चषकवाहक भी सम्भवतः अभिजात तरुण ही हुआ करते थे।

सभ्यता क्रीत की कैसे नष्ट हुई, प्रकृति की शत्रुता से अथवा मानव की शत्रुता से, कह सकना आज कठिन है। इसमें सन्देह नहीं कि क्रीत में आज भी जलजले आते हैं,जैसे प्राचीनकाल में भी अक्सर आया करते थे। ईवान्स के खनन काल में भी एक ऐसा भूकम्प आया था जिससे क्रीत के गाँव के गाँव, नगर के नगर नष्ट हो गये थे, केवल मिनोस के महल, और भूलभुलैया नवनिर्माण के साधनों से जीर्णोद्धृत होने के कारण बच रहे थे। कुछ अजब नहीं जो भूकम्प ने क्रीत की सभ्यता का नाश कर दिया हो। परत-परत में अग्निसात् भवन भी मिले हैं, कार्यरत लोगों के जैसे के तैसे अस्थिपंजर भी, जिससे ज़ाहिर है कि उस सभ्यता के लोगों का अन्त एकाएक हुआ था। पर यह सम्भावना बाहरी आक्रमणों के परिणाम में भी घटित हो सकती है और अधिकतर विद्वानों की राय भी यही है कि जिन एकियाई ग्रीकों ने त्रॉय, मिकीनी आदि क्रीती सभ्यता के सन्तरियों का नाश किया, उन्होंने ही क्रीत की द्वीपी सभ्यता का भी नाश किया। फिर उनसे जो कुछ बचा-खुचा उसे दोरियाई ग्रीकों ने ज़मीन में मिला दिया।

पर मरी सभ्यताएँ भी भरसक मरतीं नहीं,और आज भी पुराविदों के विज्ञान की मदद से क्रीत की सभ्यता जैसे करवट बदलकर सोते से जग उठी है और अपने अवशेषों के माध्यम से फिर एक बार आकाश को देख रही है, अपने उन मधुर तत्त्वों के साथ भी, चित्र आदि कलाएँ जिनकी मनहर विधाएँ हैं, उन क्रूर तत्त्वों के साथ भी, भूलभुलैया के चक्कर जिनके प्रतीक हैं।

जलप्रलय

सारी प्राचीन जातियों के साहित्य में जल-प्रलय की कथा कही गयी है। सुमेरी, बाबुली, असूरी, खत्ती, ग्रीक, लातीनी, भारतीय, चीनी और उन सारी सभ्यताओं में, जिनका साहित्य सुमेरी-बाबुली लिपि और साहित्य-से प्रभावित है, जल-प्रलय की कहानी दोहरायी गयी है। 'दोहरायी गयी' कहने का मतलब है कि मूल कहानी उन विविध-साहित्यों की अपनी नहीं है, अन्यत्र से ली गयी है। और वह 'अन्यत्र' दज़ला-फ़रात नदियों के फ़ारसी खाड़ी से लगे मुहाने पर बसे सुमेर के नगरों के आदिम इतिहास से सम्बद्ध है। जल-प्रलय की वह सर्वनाशी घटना उसी सुमेर में, जिसकी पृष्ठभूमि से बाबुल और असुर, निमरूद और निनेवे उठे, घटी थी। उसी मूल से भारतीय आदि साहित्यों की जल-प्रलय की कहानी ली गयी।

भारतीय पुराणों में बार-बार होने वाली सृष्टि का उल्लेख हुआ है (सर्गश्च प्रतिसर्गश्च), जिसमें-से एक मछली की भी कहानी है जो ऋषि के सम्पर्क में आकर बढ़ती चली गयी थी और जब घड़े से गड्ढे में, गड्ढे से तलैया में, तलैया से अपने बढ़ते हुए आकार के कारण, समुद्र में डाल दी गयी तब, कहते हैं, जल-प्रलय के संकट में मनु की नौका को वही सूखे थल की ओर ले गयी। पर भारतीय साहित्य में इसका सबसे प्राचीन उल्लेख 'शतपथ ब्राह्मण' में हुआ है, जिस ग्रन्थ का निर्माण-काल भारतीय और युरोपीय वैज्ञानिक विद्वान ईसा से प्रायः आठ सौ साल पहले मानते हैं। यदि हम और भी उदार दृष्टि से 'शतपथ ब्राह्मण' का काल-निर्णय करना चाहें तो वह दसवीं सदी ई. पू. से पहले किसी दशा में न पहुँच पाएगा। हिन्दी के जयशंकर प्रसाद ने उसी जल-प्रलय की घटना के बाद अपने काव्य 'कामायनी' का कथानक रखा है। 'शतपथ ब्राह्मण' में जो जल-प्रलय की कहानी दी हुई है उसके अन्त में एक मज़े का संकेत है। मनु ने जब जीवों के जोड़ों की रक्षा जल की बाढ़ के समय उन्हें अपनी नौका में डालकर कर ली

तब उन्होंने भगवान की इस रक्षारूपी महती कृपा के लिये यज्ञ-द्वारा उसके प्रति आभार प्रकट करना चाहा। पर अपने देश में उस यज्ञ के सही जानकार न होने से उन्हें किलाल और आकुली नाम के दो असुर पुरोहित बुलाने पड़े थे—"किलाताकुली असुर ब्राह्मण इति आहूतः।" पुराहितों से भरे इस देश में असुर देश के ब्राह्मणों के बुलाने की आवश्यकता क्यों पड़ी, इस टेढ़ी खीर को समझने के लिए उस पौराणिक प्रसंग की ओर संकेत करना पड़ेगा जिसमें शकों-द्वारा पहली बार यहाँ मूर्ति के रूप में सूर्य-पूजा का आरम्भ किये जाने पर मग यानी ईरानी पुरोहितों को बुलाना पड़ा, मात्र जो सूर्य-पूजा का पौराहित्य जानते थे और जो आज भी भारत में शकद्वीपी ब्राह्मणों के नाम से जाने जाते हैं। पुराणों में इसका उल्लेख कृष्ण के बेटे शाम्ब-द्वारा मुलतान में निर्मित सूर्य मन्दिर में सूर्यप्रतिमा की प्रतिष्ठा के प्रसंग में हुआ है। 'शतपथ ब्राह्मण' में असुर-ब्राह्मणों का उल्लेख इसी प्रकार के दूसरे रहस्य का उद्‌घाटन करता है। इस तरह की वह कहानी असुर देश की ईंटों पर लिखे सुमेरी-बाबुली साहित्य से उठायी गयी है।

असुर देश दज़ला-फ़रात नदियों के दोआब में उत्तरी ईराक में बसा था जिसकी तीनों राजधानियाँ—असुर, कला और निनेवे—युरोपीय पुराविदों ने पिछली सदी के अन्त में और वर्तमान सदी के पहले चरण में खोद निकाली है। 'असुर' जाति का भी नाम था, उस जाति के प्रधान देवता का भी, उसकी राजधानी और उस देश का भी, जिसका ग्रीक नाम असीरिया पड़ा। निनेवे की खुदाई में जो सम्राट असुर बनिपाल का सातवीं सदी ई. पू. का ग्रन्थागार निकाला गया है उसमें इस कहानी से सम्बन्धित अनेक सदियों में बार-बार लिखा साहित्य मिला है। उसका अन्तिम उल्लेख भी आज से क़रीब तीन हज़ार साल पहले हुआ था, कीलनुमा अक्षरों में। उन सदियों में अनेक देशों और सभ्यताओं की भाषाओं में यह कहानी नक़ल कर ली गयी थी, कुछ अजब नहीं जो तभी आठवीं सदी ई. पू. के आस-पास जल-प्रलय की कहानी भारतीय साहित्य में पहली बार 'शतपथ ब्राह्मण' में लिखी गयी हो और देवनागरी की जननी ब्राह्मी लिपि के साथ-ही-साथ वह भी उसी सुमेर और बाबुल की दिशा से आयी हो। हमें भूलना नहीं चाहिए कि आठवीं-नवीं सदी ई. पू. असुर सम्राटों का साम्राज्य भारत के पड़ोसी ईरान से भूमध्य सागर और मिस्र तक समूचे भूखंड पर फैला हुआ था। निनेवे आदि की खुदाइयों से प्रमाणित हो गया है कि भवनों के निर्माण की आसुरी कला शिल्प की ऊँची से ऊँची चोटी छू चुकी थी और वहाँ के अभिलेखों से सिद्ध है कि वहाँ के शिल्पियों की माँग तब के संसार के सारे सभ्य देशों में भवन-निर्माण के लिये बेहद बढ़ गयी थी। हमारे शिल्प-सम्बन्धी ग्रन्थों में जो बार-बार असुर इंजीनियर मय का नाम आया है वह सम्भवतः असुरों के इसी शिल्प-

विज्ञान की ओर संकेत करता है, जिनकी सभ्यता में जल-प्रलय की घटना घटी।

जल-प्रलय की वह कहानी सबसे अधिक विस्तार से बाइबिल की पुरानी पोथी के छठे, सातवें और आठवें अध्यायों में और सुमेरी बाबुली-असूरी अभिलेखों में लिखी है। जैसे भारतीय कहानी में जल-प्रलय से मनु जीवों की रक्षा कर नयी सृष्टि उत्पन्न करते हैं वैसे ही यहूदियों की कहानी में हज़रत नूह ने जल-प्रलय से रक्षा कर नयी सृष्टि का आरम्भ किया था। पर मनु और नूह की कहानी से पहले की जल-प्रलय-सम्बन्धी कहानी असूरी-बाबुली और सुमेरी ईंटों पर उनसे सदियों पहले—और सुमेरी में तो सहस्राब्दियों पहले—लिख ली गयी थी असुरी-बाबुली कहानी में जल-प्रलय का नायक मनु और नूह की तरह ज़िउसुद्दू है और उससे भी पहले सुमेरी कहानी का नायक उत्-निपिश्तिम है। यह जल-

प्रलय के असूरी-बाबुली-सुमेरी महाकाव्य 'गिलगमेश' में प्रबन्ध रूप से प्रस्तुत है जो संसार का सबसे पहला वीरकाव्य है। निनेवे में मिली बारह ईंटों पर 'गिलगमेश' का अधूरा काव्य लिखा पड़ा था जो अब पढ़ लिया गया है और दूसरी भाषाओं में उसी प्राचीन लिपि में लिखे अन्य पाठों से पूरा कर लिया गया है। इसके एक पाठ की ईंटें ब्रिटिश म्यूज़ियम, लन्दन में, दूसरी पाठ की ईंटें सोवियत रूस के लेनिनग्राद नगर के 'एरमिताज़ते संग्रहालय' में रखी हुई है, (जिनको इस लेखक ने देखा है)।

'गिलगमेश' काव्य का नायक स्वयं गिलगमेश है जो सुमेरी उत्-निपिश्तिम अथवा ज़िउसुद्दू का वंशज है, जो अमरबेलि की तलाश में घूमता हुआ अपने अमर पूर्वज जिउसुद्दू से मिलता है जो जल-प्रलय का नायक है और उस प्रलय से अपनी रक्षा की कहानी आप कहता है। पुरानी सुमेरी कहानी से स्पष्ट है कि देवताओं में आपसी राग-द्वेष प्रबल थे और उनमें अक्सर लड़ाइयाँ होती रहती थीं। देवताओं के क्रोध की ही यह जल-प्रलय की कथा दिलचस्प कहानी है, जो इस प्रकार है। देवता एंलिल ने आदमियों के पाप से चिढ़कर देवताओं की सभा की, और दंड के रूप में जल-प्रलय-द्वारा सृष्टि का नाश कर देने का निश्चय किया। देवता इया ने उसका भेद शुरुप्पक नगर के रहने वाले मानव ज़िउसुद्दू (उत्निपिश्तिम-अत्रख़सीस) को बताकर मानव जाति की रक्षा की। जल-प्रलय

की वह कथा ज़िउसुद्दू अपने वंशज गिलगमेश से कहता है,—"मैं तुझसे एक भेद की बात कहूँगा और तुझसे देवताओं की रहस्य मन्त्रणा तक कह दूँगा। शुरुप्पक को तू जानता है, उसे जो फ़रात (फ़रात्) के तट पर बसा है, वह नगर पुराना हो गया था और उसमें बसनेवाले देवता—महान् देवता—के चित्त में हुआ कि जल-प्रलय करें—'दिव्य स्वामिन्—नेक देवता एंकी'—उनके विरुद्ध था। उसने उनकी मन्त्रणा एक नरकट की झोंपड़ी को सुनाकर कही—नरकट की झोंपड़ी! दीवार, जो दीवार! सुन, हे नरकट की झोंपड़ी! समझ, ओ दीवार!"

यह इस प्रकार झोंपड़ी के बहाने इसलिए कहा गया कि ज़िउसुद्दू जो उसी झोंपड़ी में रह रहा था, सुन ले, फिर देवता ने खुलकर उससे कहा—

"शुरुप्पक के मानव, उबर्दुद् के पुत्र, घर को गिरा डाल, एक़ नौका बना, माल-असबाब छोड़ दे, जान की फ़िक्र कर। जायदाद को तौबा कर और (अचानक मर नहीं) ज़िन्दगी को बचा ले। सारे जीवों के बीज चुन ले और नौका के बीच ला रख।"

ज़िउसुद्दू ने नौका बनायी और उसे जीव-बीजों से, भोजन आदि से भर लिया और नगरवासियों से वह बोला—"शक्तिमान् पवन देवता एंलिल उससे घृणा करता है। इससे वह ज़िउसुद्दू उनके बीच नहीं रहेगा। जाते समय उसने झूठ कहा कि देवता उन पर कृपा करेंगे, रहमत बरसाएँगे। उसने अपने परिवार को फिर नाव में चढ़ा उसे सब ओर से बन्द कर लिया। और तब भयानक तूफ़ान आया और काले विकराल मेघों के बीच स्वयं देवताओं को समस्त नागरिकों ने मशाल चमकाते देखा।

भाई-भाई को न पहचान पाता था। शून्य और आदमी में कोई फ़र्क़ नहीं था (ये लोग दिखाई नहीं पड़ते थे)। स्वयं देवताओं को जल-प्लावन से भय हो चला। वे सरके। वे देवता के स्वर्ग में जा पहुँचे। देवता कुत्तों की भाँति भय से काँप रहे थे, स्वर्ग की देहली में एक-दूसरे से चिपटे। देवी इनन्ना (सुमेरी मातृदेवी, सामियों की इश्तर अथवा अस्तार्ते) प्रसवपीड़िता नारी की भाँति चीख़ उठी। वह मधुभाषिणी देवपत्नी रो-रोकर देवताओं से कहने लगी—दिन मिट्टी हो जाए क्योंकि मैंने देव-सभा में अनुचित कहा। भला क्यों देवताओं की सभा में मैंने कुवाच्य कहा? क्यों अपनी ही प्रजा पर तूफ़ान बरपा किया? मैंने क्या अपनी प्रजा को इसलिए जना कि उनसे मछलियों के अंडों की तरह समुद्र भर जाए?"

छह दिन और छह रात तूफ़ान और जल की बाढ़ उमड़ती रही और जल की सतह पर बहता ज़िउसुद्दू अपने साथियों के लिए ज़ार-ज़ार रोता रहा। पर्वत-शृंखला के ऊँचे शिखर मात्र जल के ऊपर थे। इन्हीं में एक से नौका जा लगी और सप्ताह-भर वहीं लगी रही। ज़िउसुद्दू कहता गया—

'सातवें दिन मैंने एक कबूतर निकाला और उड़ा दिया। कबूतर उड़ गया। वह चहुँओर उड़ता रहा पर कहीं उतरने की जगह न मिली और वह लौट आया। मैंने एक अबाबील निकाली और उड़ा दी। अबाबील उड़ गयी। वह चहुँओर उड़ती रही पर कहीं उतरने की जगह न मिली और वह उड़ती हुई लौट आयी। मैंने एक काग निकाला और उड़ा दिया। काग उड़ गया। और उसने घटते हुए जल को देखा। उसने (दाना) चुगा, जल हेला, डुबकियाँ लगायीं, लौटकर नहीं आया। मैंने (हविष) निकाला और क़ुरबानी की (यज्ञ किया), चारों हवाओं के प्रति। पर्वत की उत्तुंग शिला पर मैंने आपान (मदिरा) चढ़ाया, और सात बोतलें रख दीं, उनके नीचे बेंत, दारू और धूप-अगुरु बिखेरे। देवताओं ने सुरभि सूँघी, देवताओं ने प्रभूत गन्ध ली, देवता यज्ञ के स्वामी के चारों ओर इकट्ठे हो गये। अन्त में देवी (इनन्ना) ने पहुँचकर वह ग्रैवेयक (हार) उठाकर, जो देव अन ने उसके कहने से बनाया था, कहा—'देवताओं, जैसे मैं अपने गले की नीलमणियों को नहीं भूलती, उसी प्रकार मैं इन दिनों को नहीं भूल सकती। इन्हें सदा याद रखूँगी। देवता यज्ञ में पधारे, परन्तु एंलिल न आये, इस यज्ञ का भाग वह न पाये, क्योंकि उसने कहना न माना, क्योंकि उसने जल-प्रलय की सृष्टि की और नाश के लिए मेरी एक-एक प्रजा गिन ली।' तब देवता एंलिल ने नाव देखी। एंलिल क्रुद्ध हो उठा, उसने पूछा कि किस प्रकार कोई मर्त्य (उस प्रलय से) बचकर निकल गया? श्रीमान और शिष्ट भूदेव एंकी ने उससे तर्कपूर्वक कहा—

"देवताओं के देवता, वीर, क्यों, क्यों तूने कहना नहीं माना और बरबस प्रलय की? पाप पापी के ऊपर डाल, सीमोल्लंघन का अपराध सीमा लाघँने वाले पर। कृपाकर, जिससे वह सर्वथा उच्छिन्न (एकाकी) न हो जाए, नितान्त विभ्रान्त (मूढ़) न हो जाए। तेरे जल-प्रलय लाने से अच्छा है कि सिंह भेजकर प्रजा की संख्या कम कर दे। तेरे जल-प्रलय लाने से अच्छा है कि भेड़िया भेजकर प्रजा की संख्या कम कर दे।"

'क्रुद्ध देवता शान्त हो चला, एंकी कुछ के किये पापों का दंड बहुतों को देने वाले उस देव की भर्त्सना करता गया। अन्त में एंलिल नौका के भीतर चला आया। उसने मेरा हाथ पकड़ा और मुझे बाहर लाया, स्वयं वह मेरी पत्नी को भी बाहर निकाल लाया और मेरी बग़ल में उससे घुटने टेकवाये (प्रणाम कराया)। उसने हमारे माथे का स्पर्श किया और हमारे बीच खड़े होकर हमें आशीर्वाद दिया—'पहले जिउसुद्दू मनुष्य था पर अब से ज़िउसुद्दू और उसकी पत्नी निश्चय ही हमारी तरह देवता होंगे। जिउसुद्दू और उसकी पत्नी दूर नदियों के मुहाने में वास करेंगे।'

यह उस जलप्रलय की कहानी है जो सुमेर यानी दज़ला-फ़रात के मुहाने के नगरों में ईसा से क़रीब 3500 साल पहले घटी, कलियुग से कुछ ही पहले।

सैलाब की वह रोंगटे खड़े कर देनेवाली कहानी ईसा से प्राय: ढाई हज़ार साल पहले उन ईंटों पर लिख ली गयी थी जो असुर बनिपाल के नगर निनेवे के ग्रन्थागार में मिली है। यह कहानी कथा के भीतर कथा है जो गिलगमेश नामक सुमेरी-बाबुली महाकाव्य में लिखी है। इस कहानी को प्राय: सभी प्राचीन जातियों ने अपनी-अपनी धर्मपुस्तकों को और साहित्यों में लिख लिया। बाइबिल की जल-प्रलय की यहूदी कहानी का नायक नूह यही ज़िउसुद्दू ही है, या उससे भी प्राचीनतर सुमेरी रूप उत्‌निपिश्तिम, जैसे वही हिन्दू जल-प्रलय की कहानी का नायक मनु भी है।

कहानी कितनी सादी है, बनावट से दूर, कहना न होगा और कहानी आदिम इनसान की है जब उसका विश्वास था कि देवता केवल आपस में ही राग-द्वेष नहीं करते, मनुष्यों के जीवन की घटनाओं में भी जब-तब हस्तक्षेप करते रहते हैं। यह कहानी, जैसा ऊपर लिखा जा चुका है, कीलनुमा अक्षरों में जिसको पंडित 'क्यूनीफ़ॉर्म' लिपि कहते हैं, ईसा से ढाई हज़ार साल पहले, यानी आज से कोई साढ़े चार हज़ार साल पहले गीली ईंटों पर लिख ली गयी थीं इन ईंटों की खोज की कहानी भी बड़ी दिलचस्प है।

पुराविद् लेयार्ड ने निनेवे की खुदाई की थी, जो नगर दज़ला नदी के तीर बसा था और सातवीं सदी ईसापूर्व के अन्त में ईरानी आर्यों-द्वारा जला डाला गया था, जो असुर सम्राटों की राजधानी रहा था और जहाँ लेयार्ड ने उनके राजमहलों के साथ-साथ पक्षधारी साँड़ों की विशाल मूर्तियाँ और तीस हज़ार ग्रन्थोंवाला सम्राट असुर बनिपाल का ग्रन्थालय खोद निकाला था। वहीं उसके असिस्टेंट सीरियक ईसाई रस्सम को गिलगमेश महाकाव्य यानी जल-प्रलय की कहानी कहने वाली ईंटें मिली थीं।

जब ये ईंटें लन्दन के ब्रिटिश म्यूज़ियम में पहुँचीं तब उसके असूरी बाबुली संग्रह के रक्षक जार्ज स्मिथ ने उनको पढ़कर देखा कि कहानी अधूरी है। सारे यूरोपीय संसार में अब तक गिलगमेश वीरकाव्य की धूम मच गयी थी,विशेषकर इस कारण कि जैसे त्रॉय की खुदाई से होमर के काव्य इलियद के युद्ध की घटना की ऐतिहासिकता प्रमाणित हो गयी थी,वैसे ही इस वीरकाव्य की उपलब्धि ने बाइबिल की पुरानी पोथी की जल-प्रलय को कहानी की भी ऐतिहासिकता सिद्ध कर दी। कहानी का अधूरा होना विद्वानों के लिये असह्य हो उठा, स्वयं आम जनता ने भी उस सम्बन्ध में गहरी दिलचस्पी ली। यह सोचा जाने लगा कि खर्च का इन्तज़ाम हो जाए तो किसी को इराक भेजा जाए, निनेवे की खुदाइयों के स्थल पर, क्या अजब कि कहानी पूरी करनेवाली बाक़ी ईंटें भी मिल जाए। लन्दन के प्रसिद्ध अखबार 'डेली टेलिग्राफ़' ने तुरन्त वह ख़र्च मुहैया कर दिया। उसने ऐलान

किया कि जो दज़ला के तीर जाने और उन ईंटों को खोजने का बीड़ा उठाये उसके खर्च के लिये हज़ार गीनियाँ तैयार हैं। जार्ज स्मिथ स्वयं उन हज़ार गीनियों को लेकर निनेवे जा पहुँचा और भाग्य ने उसका भी साथ कुछ वैसे ही दिया जैसे उसने श्लीमान का त्रॉय की खोज में दिया था। स्मिथ तीन सौ से ऊपर पट्टिकाएँ लेकर लन्दन लौटा जिनमें जल-प्रलय की कहानी पूरी करनेवाली ईंटों पर लिखे अभिलेख भी थे। कहानी पूरी हो गयी। पर यह तो कहानी के पूरे होने की बात हुई, उसकी ऐतिहासिकता का प्रमाण इससे कैसे मिल सकता था?

वह ऐतिहासिक प्रामाणिकता लियोनार्ड वूली ने प्रस्तुत की। 1927-28 ई. में इंग्लैंड और अमरीका की सम्मिलित योजना के अनुसार उस पुराविद् ने बाइबिल की पुरानी पोथी में वर्णित 'खल्दियों के ऊर' की खुदाई शुरू की। उसने उसी दरमियान ऊर के अतिरिक्त ऊरूक और शुरुप्पक आदि को भी खोदा। ये प्राचीन नगर थे जिनकी ओर संकेत जल-प्रलय की कहानी में था। शुरुप्पक कहानी में तो नष्ट हो ही गया था, वूल की खुदाई में भी अत्यन्त प्राचीन काल में भी नष्ट ही मिला, जो बाबुल की तरह फिर बस न सका। वूली ने मीलों की परिधि में सुमेर सभ्यता के अनेकानेक नगरों के खँडहर खोद निकाले। खुदाई से पता चला कि प्राय: 3200 साल ईसा से पहले ऊर, ऊरुक और शुरुप्पक में यह बाढ़ आयी थी जब उनके इतिहास के पहले राजवंश का भी अभी आरम्भ न हुआ था। किसी प्राकृतिक कारण से, लगता है, फ़ारस का समुन्दर उमड़ा और नदियों के मुहानों से होता दज़ला और फ़रात के दोआब को आप्लावित करता उत्तर की ओर बह गया था और सुमेरी सभ्यता के ये नगर उसमें डूब गये थे। वूली ने पाया कि नगरों के पहले राजवंश की निवास-भूमि के नीचे ऊर में बाढ़ की लायी मिट्टी पाँच फ़ुट गहरी पड़ी थी और ऊरुक तथा शुरुप्पक में आठ फुट से भी अधिक गहरी।

प्रकट है कि इस जल-प्रलय का संकट इतना भयानक माना गया कि दूर की सभ्यताओं तक, दूर के कालान्तर तक, उस सर्वनाश की कहानी जा पहुँची और सबने इनसान के उस दुःख को अपना माना।

मैं जब सन्' 50 में तुर्की में था तब सुना कि अमरीका के कुछ लोग उस ख़बर की सच्चाई जाँचने तुर्की के अरारात पहाड़ पर चढ़ गये हैं जिसे एक तुर्क किसान ने अख़बारों में छपवाया था, कि उसने हज़रत नूह की नौका के टुकड़े उस पहाड़ पर पड़े देखे थे। ज़ाहिर है कि अन्धविश्वास प्राचीनों की ही बपौती न थे, आज हमारी भी विरासत है, और कि आज भी हम शायद उतने ही श्रद्धालु हैं जितने कहानी के कहने और सुननेवाले थे—ज़िउसुद्दू और गिलगमेश!

आदमी का रक्त पीने वाली क़ब्रें

आदमी का रक्त पीने वाली तो सभी क़ब्रें होती हैं, या कम से कम अगर मरने के बाद रक्त जिस्म में नहीं रह पाता तो जो कुछ भी रह पाता है वही सभी क़ब्रों का आहार बनता है। पर ये क़ब्रें, जिनका मैं यहाँ ज़िक्र करने जा रहा हूँ, वे सचमुच आदमी का खून पीने वाली क़ब्र थीं जब मरा इनसान ज़िन्दा इनसान के रक्त से तृप्त होता था।

बात बहुत पुरानी है, सदियों ही नहीं सहस्राब्दियों पुरानी, आज से कोई पाँच हज़ार साल से भी ज़्यादा पुरानी। तब की, जब अभी हमारे यहाँ कलियुग का प्रारम्भ भी न हुआ था। और जिन क़ब्रों का मैं ज़िक्र करने जा रहा हूँ, जिन राजाओं की क़ब्रों का, उनमें सबसे अधिक महत्त्व की रानी शुबाद की क़ब्र थी। आदमी के इतिहास में ऐसी रानियों की कमी नहीं जिन्होंने अपनी प्रतिभा के अधिकार से धरा को भोगा हो। दिद्दा, शुजुरूद्दूर, रज़िया, नूरजहाँ, क्लियोपात्रा, एलिज़ाबेथ, कैथरीन, विक्टोरिया—अनेक ऐसी हो गयी हैं जिन्होंने अपने जौहर से मर्दों को लजा दिया है। दिद्दा कश्मीर की रानी थी, जिसने अपने ज़ार खसवंशी तुंग के साये में पति को अप्रतिभ कर, बेटे का अभिभावक बन, पोतों को अपनी राह से खूनी हाथों हटा खुद गद्दीनशीन हो झेलम की उस खुशनुमा घाटी पर आधी सदी हुकूमत की। शुजुरूद्दूर मिस्र के मामलुक सम्राट के भतीजे की बीवी थी, जिसने कूसेड़ों के युद्ध में फ्रांस के राजा लुई को सम्मुख समर में हराकर बन्दी कर लिया। अल्तमश की बेटी रज़िया पहली नारी थी जो राजा के अधिकार से भारतीय इतिहास में दिल्ली के तख़्त पर बैठी और वह भी ऐसे समय जब एशिया में मंगोलों के तूफ़ान चलते थे, और उन तूफ़ानों का रुख़ बार-बार दिल्ली की ओर फिर जाया करता था। नूरजहाँ के छलिया रूप और अक़्ल के जादू ने मुग़ल सम्राट जहाँगीर के मन को कुछ ऐसा कर दिया कि उस कलासर्वस्व नृपति ने शराब के दो प्यालों और अफ़ीम की एक खुराक के बदले मलका को अपनी

सल्तनत बेच दी। क्लियोपात्रा मिस्र की वह ग्रीक रानी थी, जिसने रोम के इतिहास में अपने पदांक छोड़े और जिसकी इच्छाशक्ति ने रोम के वीरवरों को सीज़र और अन्तोनी को अपने प्यार से इज़्ज़त बख्शी और अपनी सहज़ मेधा से ज़माने पर राज किया। एलिज़ाबेथ, इंग्लैंड की कुँआरी रानी वस्तुतः कुँआरी न थी। रूप भी उसे न मिला था, पर कोरी काया के ऊपर जो प्रतिभा का आब था उसने तब की दिलेर से दिलेर तलवार, प्रखर से प्रखर मेधा, वाणी से चिती अलभ्य से अलभ्य कल्पना रानी के पैरों में ला धरी। कैथरीन जर्मनी की बेल थी जो रूस की ज़मीन में लगी और जिसने एक ओर फ्रेंच इनसाइक्लोपीडिस्ट दिदेरो और महान व्यंग्यकार वोल्तेयर को अपने सम्मान की निजता दी दूसरी ओर रूसी तातारी बर्बरता पर हुकूमत की।

पर रानी शुबाद का राज़ इन सबसे भिन्न था, क्योंकि वह ज़िन्दगी से परे मौत का राज़ था, ज़मीन के ऊपर का नहीं ज़मीन के नीचे का, क़ब्र का। दूर ऊर की बात है, पाँच हज़ार साल पुरानी, तबकी जब सुमेर में, बाबुल के पास, ईराकी नदियों—दज़ला और फ़रात के मुहानों के बीच और ऊपर के दोआब में गैर सामी राजा राज करते थे, फैले नगरों के ऊपर जहाँ देवताओं और उन सुमेरी राजाओं में, उनके पुरोहितों में उनकी प्रजा कोई फ़र्क़ नहीं करती थी, तीनों को देवता की तरह पूजती थी। उन्हीं राजाओं में एक रानी हुई जिसका नाम था शुबाद। रानी वह किस राजा की थी यह कहना तो सम्भव नहीं, पर इसमें सन्देह नहीं कि थी वह ऊर की और मरी वह आज से कोई पाँच हज़ार साल से भी ज़्यादा पहले और वहीं ऊर में ही उसकी काया दफ़नायी गयी। काया, जो चाहे कभी कुन्दन को फीका कर देनेवाली रही हो, अब तो वह मिट्टी हो गयी थी, पर मिट्टी ऐसी जिसकी बिसात सोने से घिरी थी और इस तरह कि, जीवन में, अपने जिस्म के कुन्दन को मरे में सोने की राशि से चमका रही थी।

फ़रात नदी के तीर, फ़ारसी की खाड़ी से उत्तर-पश्चिम, बसरा से थोड़ी दूर पर रेत और बालू से ढके टीलों पर जब लियेलार्ड वूली ने कुदाल चला उनकी छाती तेहरी फाड़ दी तब ज़मीन ने उस अतिप्राचीन नगर ऊर को उगल दिया। आज से हज़ारों साल पहले अथर्ववेद के साँप का मन्त्र झाड़ने वाले ओझा ऋषि ने नागी को इसी ऊर के साँप के ज़हर के विशेषज्ञ 'गुल' के सुपुर्द कर देने की धमकी दी थी। तब ऋषि ने शायद दूर के ऊर की चर्चा भर सुनी थी, पर उसके वैभव के जादू को वह भुला न सका था और अपने मन्त्र की शालीनता में सर्पिणी को उसकी दुहिता कह उठा था—'उरुगुलाया दुहिता'। कुछ ही काल बाद ऊर का वह आकाशचुम्बी वैभव उसके राजवंशों के साथ ही धरती में समा गया था, जल-प्रलय के कुछ ही पीछे रानी शुबाद तभी कभी हुई थी, तभी कभी मरी और तभी उसकी क़ब्र बनी।

1927–28 में जब डॉ. वूली ने रानी शुबाद की क़ब्र खोदी तब शुबाद की काया की माँस–मज्जा तो मिट चुकी थी, अस्थिपंजर पड़ा था और उसके मस्तक से सोने का ताज लगा हुआ था। पंजर के पास ही दो नौकरों के पंजर सोये पड़े थे। शरीर-रक्षक थे वे, जो रानी को बलि कर दिये गये थे, जिससे वे मृत्यु के बाद की अनन्त यात्रा में बग़लगीर हो उसकी रक्षा कर सकें। मौत जिस राह मृतक को ले जाती थी उसमें रक्षा शायद मरे हुए सन्तरियों-द्वारा ही सम्भव थी।

मेष–वीणा रानी शुबाद की क़ब्र में मिली रत्नजड़ी वीणा

थोड़ी ही दूर पर क़ब्र के द्वार के भीतर ही दस अस्थिपंजर पड़े थे, नौ नारियों के, एक पुरुष का। दो क़तारों में, जिनमें एक क़तार में पाँच नारियों के पंजर थे, दूसरी में चार नारियों और एक पुरुष के। पुरुष का पंजर तन्त्रीवादक का था, बीनकार का, जिसकी छाती पर नंगी हड्डियों के हाथ अब भी तिकोनी तन्त्री को पकड़े हुए थे। मौत की राह जीवितों को चाहे जितनी भयानक लगे उसकी ख़ामोशी भरने के लिये निस्सन्देह तन्त्रीनाद आवश्यक था, जैसा आवश्यक परिचर्या करने वाली दासियों और मन बहलानेवाली सहेलियों का साथ था। रानी शुबाद की मौत की संगिनी बाँदियों और सहेलियों और बीन बजानेवाले कलावन्त के सामने उनके पीये हुए ज़हर के प्याले सूखे पड़े थे, और प्याले ऐसे भी न थे जिन्हें दर्शन के प्यारे किसी सुकरात ने पीया हो, बल्कि ऐसे जिनके पीनेवाले आख़िरी दम तक ज़िन्दगी के दामन से चिपके रहे थे और हर क्षण इस उम्मीद में चौकन्ने थे, सारी निराशाओं के बावजूद, कि कुछ हो जाए और मौत के द्वार पर भटकती ज़िन्दगी क़ब्र के अँधेरे से दुनिया के उजाले को लौट जाए।

पर ऐसा कुछ हो नहीं पाया था, कभी ऐसा होता नहीं था, हुआ नहीं था, उस काल की रीति के अनुसार उन्हें अपनी स्वामिनी का साथ मौत में भी देना पड़ा था जैसे उसकी ज़िन्दगी में उन्होंने दिया था। शरीर मरे पड़े थे, अस्थिपंजर-मात्र रह गये थे पर उनके शृंगार के लिये—रानी शुबाद के शृंगार के लिये—प्रसाधन की पिटारियाँ पड़ी थीं। क़ीमती पिटारियाँ, जिनके भीतर अंजन से इत्र-फुलेल तक सभी सामान मौजूद थे, केश की पिनों से लेकर कान खोदने की सुनहरी लकड़ी, दाँत खोदने के सुनहरे तीर तक। और शुबाद के अस्थिपंजर पर, उसकी गली काया

के बावजूद, सिर का सुनहरा ताज, कानों के भारी कुंडल, विविध हार, सोने और क़ीमती पत्थरों के बने, रौनक़ बरसा रहे थे। चाँदी-सोने की गंगा-जमुनी बकरियाँ, चाँदी के जहाज़, अनेकानेक अलंकरण जैसे के तैसे धरे पड़े थे। निर्जीव बहुमूल्य वस्तुएँ उन शरीरों को सजा रही थीं, जो कभी सजीव थे।

बड़ी क़ब्र में, जो राजाओं की थी, छोटी-बड़ी, मामूली और बेशक़ीमती क़रीब दो हज़ार चीज़ें मिलीं। मगर उन सबसे महत्त्व के, सबसे लोमहर्षक वे अस्थिपंजर थे जिनकी संख्या 75 थी। राजा चाहे अकेला हो, बालक या वृद्ध हो, परिच्छद उसका बड़ा होता है। वह निर्जनसेवी नहीं होता, सदा परिचर परिवार से, अनुयायी वर्ग से घिरा रहता है, और ऊर के नगर में तो वह जैसे जीवन में वैसे ही मृत्यु में भी घिरा रहता था। अन्दाज़ कीजिए, 74 लाशें—जो अकेली लाश के साथ के लिये ज़िन्दा दफ़नायी गयी थीं। और इस तरह की अनेक क़ब्रें, प्रत्येक के द्वार पर, आदमी और बकरों की बलि।

ऐसा भी नहीं कि वहाँ केवल राजकीय समाधियाँ ही रही हों, साधारण नागरिकों की क़ब्रें न रही हों। क़ब्रें दोनों वर्गों की मिलीं। दोनों में सोने-चाँदी, पत्थर आदि की चीज़ें मिलीं। हाँ इतना ज़रूर था कि नागरिकों के लिए दूसरों का जीवन लेना इतना आसान न था। जैसे वे ज़िन्दगी में अकेले रहे थे, मौत में भी अकेले थे। श्रीमानों की लाशों की तरह उनके साथ लाशें दफ़नायी नहीं मिलीं। उन्होंने बकरों की बलि से ही सन्तोष कर लिया था। राजाओं की क़ब्रों के भीतर-बाहर भी इनसान बलि चढ़ता था, जैसे भीतर वैसे ही बाहर, क्योंकि बाहरी द्वार पर मलबे के नीचे उनकी लाशों के ताबूत लानेवाली चार पहियों की बैलगाड़ियाँ भी मिलीं जिनमें तीन-तीन बैल जुते थे। ऊपर गाड़ीवान बैठे थे, नीचे साथ के साईसों के से अनुचर जिन सभी के अस्थिपंजर साबुत मिले, बैलों के भी, उन्हें हाँकनेवालों के भी, साईसों के भी।

इतिहास ने रानी शुबाद को नहीं जाना, समकालीन जगत ने चाहे उसे ज़िन्दगी में जाना हो। इतिहास ने उसे मृत्यु में ही जाना, क़ब्र की दीवारों के भीतर और बाहर। पर जब पुराविद वूली की बीवी कैथरीन ने उस रानी के मस्तक का मॉडल तैयार कर उस पर उस प्राचीनकाल के बने सोने और क़ीमती पत्थरों से जड़े तारों और पत्तियों से ढँके बालों का ताज रखा, कानों में सोने की मोटी दोहरी बालियाँ पहनायीं, बड़ी-बड़ी आँखों पर काला अंजन फेरा, गालों पर रूज़ और पाउडर लगाया तब जितने भी पुराविद् वहाँ खड़े थे उन्हें इस इतिहासपूर्व की रानी शुबाद के प्रसंग में पड़ोस के ही अरब की रानी बिलकिस की भी याद आये बिना न रही जिसका उल्लेख 'शेबा की रानी' के नाम से यहूदियों की पुरानी पोथी 'बाइबिल' में हुआ है।

शेबा की रानी उस कोटि की रानियों से सर्वदा भिन्न थी जिनका ज़िक्र इस लेख के शुरू में आ चुका है। रानी,जो शेबा की थी दक्खिनी अरब के यमन की, जिसकी रेत में गड़ी राजधानी वेंडेल फ़िलिप ने मारिष के टीलों से अभी हाल खोद निकाली है। सचमुच कितनी भिन्न थी शेबा की वह रानी बिलकिस, क्लियोपात्रा से, दिद्दा से, कैथरीन से।

उसने अपनी दुनिया के सबसे महान, सबसे मेधावी, सबसे न्यायी यहूदियों के राजा सुलेमान (सालोमन) के प्रति ज्ञान की दिशा में अभिसार किया था, यद्यपि वह ज्ञान की दिशा का अभिसार वस्तुतः प्रणय का अभिसार होकर ही रहा।

वह कहानी भी कहने का लोभ संवरण न कर सकूँगा, विशेषकर इस कारण कि कहानी यह ज़िन्दगी की है, ऊपर कही मौत की कहानी से भिन्न, इनसान के प्यार और हुनर के मोह की कहानी। शेबा की रानी इसराईल के राजा सालीमान के दर्शनों के लिये गयी, उसकी मेहमान बनी, जुरूसलम की राजधानी में, ज़ायन पर्वत पर बने दाऊद के महलों में। महल की रानियों ने शेबा के रूप की ख्याति सुनी थी, डरीं कि कहीं उनके राजा को वह रूप मोह न ले, और उन्होंने गढ़कर ख़बर उड़ा दी कि बिलकिस के पैर बकरी के पैरों के से हैं। सालीमन को यह बात खटकती रही, कि अभाग्य की यह कैसी विडम्बना जो इतनी सुन्दर, धार्मिक यह रानी, और पैर इसके बकरी के-से।

सालोमन को सन्देह भी हुआ और उसने जानना चाहा कि वह ख़बर कहाँ तक सच है। अपने कारीगरों को बुलाकर उसने स्फटिक का फ़र्श बनवाया जिसके एक सिरे पर खड़े होकर शेबा की रानी को अपनी ओर आने का उसने इशारा किया। रानी फर्श के दूसरे सिरे पर थी और जब वह राजा को भेंटने चली तब स्फटिक की भूमि कुछ ऐसे चमकी जैसे पानी से ढँकी हो और उसने उसे लाँघते समय अपने लिबास के निचले छोर हाथों से कुछ ऊपर उठा लिये। सालोमन ने देखा कि उसके चरण ऐसे थे कि उन्हें महान से महान नृपति भी अपनी गोद में डाल सहलाया करे और कभी ऊबे नहीं।

और सालोमन ने कुछ ऐसी तरकीब की कि, रानी की धार्मिकता के बावजूद, उसने उसके चरणों को अपने अंक में डाल लिया। कहते हैं कि राजा ने उसके भोजन में गरम मसालों की छौंक गहरी लगवायी और रात में राजा के शयनागार के पास ही अपने शयनागार में जब रानी सोयी तो मसालों के प्रभाव से उसे प्यास गहरी लगी। राजा के आदेश से रानी के शयनागार में जल के पात्र रीते रख दिये गये थे, इसके विपरीत शीतल-सुवासित जल से भरे पात्र राजा ने अपने शयनागार में रखवा लिये थे। प्यास से सूखे कंठ रानी दबे पाँव राजा के शयनागार में घुसी, राजा की पहुँच के भीतर और राजा ने रानी को उठाकर उसके चरण अपने अंक

में डाल लिये।

ज़िन्दगी के मोह की यह कहानी ऊर की रानी की कहानी से कितनी भिन्न है। मौत और ज़िन्दगी एक-दूसरे से भिन्न हुआ ही करती हैं, क्योंकि ज़िन्दगी मौत का आहार है। ज़िन्दगी मर-मरकर भी फिर-फिर जीना चाहती है और अपनी रक्षा के लिये मक़बरे-पिरामिड बनाती है, यद्यपि वह जी नहीं पाती। पर ज़िन्दगी ख़ूबसूरत है, जीने के लायक है—शुबाद की क़ब्र से अलग, सालोमन और बिलकिस के महलों में रहने लायक़। ज़िन्दगी की ज़मीन पर शुबाद और शेबा क्या एक-दूसरे से भिन्न रही होगी?

ममी और मानव

1880 के साल सर्दियों में मिस्र में काहिरा के पास गीज़ा के पिरामिडों के साये एक छोटे, टूटे अँधेरे मस्तबे में एक आदमी ने डेरा डाला। 27 साल का हट्टा-कट्टा अँगरेज़। जब रेत पर धुँधलका छाया तब जिस्म के सारे कपड़े उतार मादरज़ाद नंगा वह ख़ूफ़ूके आकाशचुम्बी पिरामिड में घुसा और भीतर के अँधेरे में खो गया। घंटे गुज़रते गये, साँझ पर रात झुकी, फिर आधी रात और तब वह आदमी पिरामिड से बाहर निकला, जैसे घुसा था वैसे ही, मादरजाद नंगा। वह पेट्री था, विलियम मथ्यू फ़्लाइंडर्स पेट्री—अँग्रेज पुराविद्।

उम्र के दसवें साल से ही पेट्री मिस्री पुरातत्त्व से आकृष्ट हुआ था। तबसे उस सम्बन्ध का इतिहास बराबर पढ़ता रहा था और अब वह स्वयं मिस्री प्राचीन ज्ञान को अपनी खुदाइयों द्वारा प्रकाशित करने क़ाहिरा जा पहुँचा था। वैसे तो हेरोदोतस के ज़माने यानी ई. पू. पाँचवीं सदी से ही ग्रीक पंडित और घुमक्कड़ मिस्र की प्राचीनता पर अचरज करते रहे थे, उसके पिरामिडों की गणना, संसार के सात आश्चर्यों में उन्होंने की और बाद की सदियों में अनेक यूरोपियनों और अरबों ने मिस्री सभ्यता की बड़ी भावुकता से चर्चा की, पर उस भावुकता को भेद-विज्ञान की ठोस भूमि तक पहुँचने का पहला प्रयास नेपोलियन के आक्रमण के साथ हुआ। तभी से लोग मिस्री पुरोहितों की चित्रलिपि पढ़ने का प्रयत्न करने लगे थे। फ्रेंच शाम्पोलियो और अँग्रेज़ यंग ने धीरे-धीरे उस लिपि की गुत्थियाँ सुलझा लीं और विगत मिस्री जीवन बेपरदा होकर हमारे सामने खुल पड़ा। जिन चार अँग्रेजों ने मिस्री सभ्यता की दबी तहों को खोदकर प्रकाशित किया, पेट्री उनमें चौथा था।

पेट्री जब ख़ूफ़ूके पिरामिड से आधी रात को बाहर निकला तब उसके हाथ में कुछ काग़ज के टुकड़े थे। उन्हें लिये वह आकाशचुम्बी पिरामिड की साढ़े चार हज़ार साल पहले की अँधेरी दुनिया से निकलकर मस्तबा के उस छोटे कमरे

में घुसा, जिसमें कुछ कम अँधेरा न था और जहाँ पेट्री के बक्स पर रखा टिमटिमाता चिराग़ इतना उस अँधेरे को घटा नहीं रहा था, जितना उसके विस्तार का अहसास करा रहा था। छोटा-सा कमरा, उसमें एक छोटी-सी खाट, उसपर पड़ा हलका बिस्तर, कोने में पड़ा मिट्टी के तेल का स्टोव, एक बक्स पर कुछ किताबें, कुछ नक़्शे और चार्ट और दूसरे पर अकेला वह चिराग़। उसके क्षीण प्रकाश में बग़ैर कपड़े पहने ही पेट्री बैठ गया और लगा काग़ज़ के उन टुकड़ों को सँभाल-सँभाल कुछ लिखने-पढ़ने, कुछ गणित के हिसाब लगाने, कुछ रेखाएँ खींचने और लिये हुए चित्रों के नोटों का, आज की अँग्रेज़ी में अनुवाद करने।

पिरामिड में रखने से पूर्व शव को नहलाया जाता, रासायनिक द्रव्यों से पुते कपड़ों में लपेट ममी तैयार की जाती। पहले उसे लकड़ी के ताबूत-में रखते, फिर पत्थरों के ताबूत में, और फिर पिरामिड में दफ़ना देते।

पेट्री का कुतूहल उन नोटों के सम्बन्ध में कुछ ऐसा था जिसने उसकी सुधबुध भुला दी। सर्दी का तो जैसे उसकी त्वचा पर असर ही नहीं हो रहा था और वह चुपचाप चिराग़ की बत्ती उकसाता तब तक काम करता रहा, जब तक बाहर की सूरज की फैलती रोशनी ने भीतर की कमज़ोर रोशनी की लौ को सर्वथा प्रकाशहीन न कर दिया। अब पेट्री उठा, उसने कपड़े पहने, अपना पाइप जलाया और चेहरे पर अनेक प्रकार के चिन्ता के गहरे भाव उड़ाता, मुँह से धुआँ फेंकता रहा। फिर धीरे-धीरे वह बाहर निकला और तीनों पिरामिडों के उसने बाहर से चक्कर लगाये, ख़ुफ़ू, ख़ुफ़्रन और मनकौरा के पिरामिडों के, जिनके शरीर—पेट्री का ऐसा विश्वास था—पिछली पैंतालीस सदियों से उनके अन्तरंग में अनन्त निद्रा में सो रहे थे।

पेट्री महीनों-सालों रहकर उन पिरामिडों का अध्ययन करता रहा, बाहर से, भीतर से। भीतर के कमरे और गलियारे उसकी उपस्थिति से मृत और जीवित प्रेतों की प्रतिध्वनि उत्पन्न करने लगे। दूसरा मनुष्य होता तो डर के मारे भीतर

झाँकने की हिम्मत भी न करता, पर पेट्री तो उसी रहस्य का भेद खोलना चाहता था, इसी से उसका अध्ययन कर रहा था, जिससे औरों के डरने की बात थी। आज क़ाहिरा में चौदह नम्बर की जो बस मिलती है वह गीज़ा के रेगिस्तान में सीधे खूफ़ू के पिरामिड तक यात्री को पहुँचा देती है और वहाँ खच्चर और ऊँटवालों की आवाज़ें उसकी निगाह अपनी ओर खींचने के लिये बुलन्द हो उठती हैं। पर सोचिए, आज से अस्सी, बयासी साल पहले, जब पेट्री वहाँ पहुँचा था, उस जगह और राह का क्या हाल रहा होगा। तबकी उस लुटेरी जगह में अकेले विदेशी इनसान का मुरदों की बन्द दुनिया में झाँकना कितना डरावना रहा होगा, इसका अन्दाज लगाया जा सकता है।

पेट्री ने उन महान सम्राटों-द्वारा निर्मित पिरामिडों के अचरज भीतर-बाहर से कोने-कोने देख लिये। वस्तुतः देखना उसे बाहर से कहीं ज़्यादा भीतर से था और बड़ी उम्मीदों के साथ उसने उन लाशों को खोजा जिनकी सँभाल के लिये मिस्र के फ़राऊनों ने उन आश्चर्यों का निर्माण किया था। पर खूफ़ू के महान पिरामिड के शव-कक्ष में जो पत्थर का ताबूत रखा था वह ख़ाली मिला। जिसकी रक्षा के लिए वह इमारत खड़ी की गयी थी, वह स्वयं वहाँ न था,लाश लापता थी।

खुफ्रन के गगनचुम्बी पिरामिड में रखे जिस बाहरी पत्थर के ताबूत में पिरामिड-निर्माता का शव रखा गया था, उसमें अब वह शव तो न था, वहाँ वह पत्थर के टुकड़ों से ज़रूर भरा था। मनकौरा के पिरामिड में उसके शव-कक्ष में फ़राऊन मनकौरा की 'ममी' टुकड़ों में बिखरी पड़ी थी। पेट्री ने जो खोजा वह तो नहीं पाया—राजाओं के शरीर के अवशेष वहाँ उसे नहीं मिले—पर मिस्री तत्त्व का रहस्य उसने भेद डाला। हज़ारों साल पहले मरे मानव को, उसके विगत वातावरण को फिर से जिन्दा कर आज का जीवित मानव उससे सदियों की बात पूछ और जान रहा था, स्वयं मक़बरों के नीचे के पानी में हलता, कीचड़ में सना। वह था पेट्री, मिस्री सभ्यता का अन्वेषक, वैज्ञानिक—एक प्रकार का मानव।

जीने का मोह इतना प्रबल होता है कि मौत आदमी के शरीर को मारकर भी उस मोह को नहीं मार पाती। इसी मोह के वश नयी-पुरानी ज्ञानी-अज्ञानी सारी सभ्यताओं, सारी जातियों ने मरने के बाद के जीवन का अनुमान किया, स्वर्ग-नरक के मनहर सपने खड़े किये, मरने के बावजूद फिर-फिर जीना चाहा। पिरामिडों का निर्माण उसी मरकर भी जीते रहने की दिशा में हुआ था। विश्वास बना कि शरीर में दो आत्माओं का निवास है। एक का नाम है, प्राचीन मिस्री ज़बान में,'बा', जो शरीर के निर्जीव हो जाने के बाद स्वच्छन्द विचरा करती है, फिर उसी शरीर को लौट जाती हैं। दूसरे का नाम 'का' है, वह आत्मशक्ति जो कभी मरती नहीं और लौट-लौटकर मृत शरीर को ज्ञानसम्पन्न करती है जिससे वह मरने के बाद

भी ओसिरिस की दुनिया में जी सके। चूँकि इसी शरीर की मृतकावस्था से उन आत्माओं का सम्बन्ध था और उनकी स्थिति उस शरीर में प्रवेश से ही सम्भव हो सकती थी, उस शरीर को भी क्षति से बचाकर रखना अनिवार्य हो गया। उस शरीर को बचा रखने के रासायनिक उपचार सम्पन्न कर उसे इन्हीं पिरामिडों में रखा जाता था। मरे शरीर को बचा रखने के लिये मिस्र के फ़राऊनों ने पिरामिडों के निर्माण किये।

देश की लाख-लाख जनता पिरामिडों के निर्माण के ख़र्च के लिये आवश्यक अनिवार्य 'कर' देती, बीस-बीस साल तक एक-एक फ़राऊन जीवन में मृत्यु की तैयारी करने में, शव को समाधि देने के लिये पिरामिड बनवाने में खर्च करता,जीवन मृत की तैयारी में ही गुज़र जाता। नूबिया और इथियोपिया के मजूर, फिलिस्तीन और सीरिया के मजूर, द्वीपों के मजूर लाख-लाख की संख्या में काम करते। खूफ़ू के एक पिरामिड बनाने में ही एक लाख मजूरों का उपयोग हुआ था। जीवन के पचीस से पैंतीस साल तक के सबसे ताक़तवर दस साल ये गुलाम-मज़ूर पिरामिडों के निर्माण में खरचते और जब एक खेवे के मजूर पैंतीस साल की उम्र में बूढ़े हो जाते, मर जाते, या बूढ़े या मरे हुए समझ लिये जाते, तब उनकी जगह दूसरों से भर ली जाती, और यही क्रम सदियों चला करता, क्योंकि पिरामिडों के निर्माण का क्रम कभी टूटता नहीं था।

निर्माण क्या था, मनुष्य की निरन्तर बलि थी। तबकी लिखी कहानी आज भी पढ़ी जा सकती है—फ़राऊन पूछता, काम ढीला क्यों चल रहा है? मन्त्री कहता, मजूर गुलाम दोचित्ते हो गये हैं। फ़राऊन पूछता, क्यों? मन्त्री कहता, वे आप तो यहाँ हैं, उनके बाल-बच्चे दूर वतन में हैं—नूबिया में, इथियोपिया में, फ़िलिस्तीन में, सीरिया में। फ़राऊन कहता,उनके बाल-बच्चों को बुला लो। बाल-बच्चे बुला लिये जाते, रेगिस्तान में घर की तरह दीखनेवाले बिलों में गुलामों के क़ुनबे ठूँस दिये जाते। फिर कार्य शिथिल होता और फ़राऊन पूछता, काम ढीला क्यों चल रहा है? मन्त्री कहता, गुलाम दोचित्ते हो गये हैं। फ़राऊन पूछता, क्यों? मन्त्री कहता, इसलिए कि बच्चे, जो घर पर हैं, उनके लिये इन्हें मोह हो आता है, कि पत्थरों की ढुलाई में अगर जान गयी, जो अक्सर चली जाती है, तो इन बच्चों का क्या होगा? फ़राऊन कहता, बच्चों को नील में डुबा दो। और लाख-लाख बच्चे नील-नदी की मँझधार में डुबा दिये जाते!

पर काम कभी बन्द न होता, सदा चलता रहता, पिरामिड आसमान में तीर मारते उठते चले जाते। मोकत्तम के पहाड़ों से शिलाएँ कटतीं, गज़ों लम्बी-चौड़ी टनों भारी चट्टानें, जिन्हें गले में रस्सी बाँध रोलरों पर लुढ़काता घसीटता इनसान पहले निर्माणभूमि में पहुँचता, फिर धीरे-धीरे चींटी की चाल चढ़ चार-चार सौ

फ़ुट की ऊँचाई तक पहुँच जाता और चट्टान पर चट्टान इस अचरज से रखता कि उनके बीच सुई या बाल तक नहीं घुस पाता। और गारा उन चट्टानों की जुड़ाई में कभी न लगता। आवश्यकता भी क्या थी उसकी, गारा तो स्वयं इनसान की मज्जा थी! ये दूसरे प्रकार के मानव थे, ये गुलाम जिन्होंने पिरामिडों को बनाया। और वे तीसरे प्रकार के थे, वे मिस्र के फराऊन, जिन्होंने दो-दो बीघा ज़मीन ढकनेवाले इन पिरामिडों को बनवाया।

पिरामिड चार-चार हज़ार साल बाद तक आज भी खड़े हैं। जिन्होंने उन्हें बनवाया उनका विश्वास था कि उनके मृत शरीर पिरामिडों के अभेद्य अन्तरंग में अनन्तकाल तक अक्षत बने रहेंगे। प्रकृति के क्रूर प्रहारों से तो इन पिरामिडों और बैक्टीरियाविहीन मिस्र की सूखी हवा और जलती रेत के सहारे उन्होंने उन शवों की रक्षा कर ली पर इनसान के क्रूरतर प्रहारों से वे उनकी रक्षा न कर सके।

कारण कि हज़ारों साल से भी पहले से उनपर डाके पड़ने लगे थे, उन पिरामिडों और समाधियों पर। मृतकों की अनन्त यात्रा में उपयोग के लिये सैकड़ों प्रकार की क़ीमती-बेशक़ीमती चीज़ें वहाँ मुहय्या होतीं, सोने, चाँदी, जवाहरात के ढेर पड़े होते—उनका उपयोग करनेवाले सम्राटों के लिये बेशक़ीमती चीज़ों का वहाँ होना स्वाभाविक था—यही क्या कम था कि ऊर के राजाओं की तरह मिस्र के राजाओं ने साथ के लिए अपने प्यारों को ज़हर देकर संग न ले लिया, उनकी जगह केवल उनकी पुतलियाँ रख लीं। इन बेशक़ीमती चीज़ों को लाशों के साथ दफ़नाये जाने का भेद आम जनता को भी मालूम था, जैसे फ़राऊनों और उनके पुरोहितों को, लाशों को पिरामिडों में ले जाकर दफ़नाने की क्रिया करनेवाले मजूरों-कारीगरों को भी। और सोने का आकर्षण फिर डाकू पैदा करता, और डाकू मक़बरों में, पिरामिडों में जा घुसते, सोना-चाँदी उठा लेते, ताबूतों को तोड़ देते, ममियों के बन्द खोल शवों से ज़ेवर उतार उनके टुकड़े बिखेर देते। पिरामिडों में अनेक राहें उन्हें गुमराह करने के लिये बनी थीं, अनेक गलियारे और दरवाज़े जहाँ ख़त्म होते वहाँ चट्टानी दीवार आ जाती। पर उनसे चाहे मिस्री पुराविद् बार-बार धोखा खाते रहे, गुमराह होते रहे, प्राचीन डाकू कभी उनसे गुमराह न हुए। हफ़्तों वे हज़ारों साल पहले के पिरामिडों में झाँकते रहते, उनकी ठोस दीवारें तोड़ते रहते और तब राह बना उसे उठा ले जाते, जिसे वहाँ रखने में बादशाहों तक को सीरिया और फ़िलिस्तीन की ख़ाक छाननी पड़ी थी। निस्सन्देह इन डाकों में वे पुरोहित भी शामिल होते जिनको लाशों के साथ दफ़नायी गयी दौलत का पता था।

हज़ारों साल पहले, प्राय: पिरामिडों के निर्माण के समय से ही लाशों की डाकेज़नी की संख्या का भी विकास हो चला था। डाकुओं के अपने-अपने क़ुनबे

थे, पीढ़ी-दर-पीढ़ी डाके की विरासत थी, और जब प्राचीन मिस्री डाकू ख़त्म हो गये तब उनकी जगह अरब डाकुओं ने ले ली। ग़रज यह कि पिरामिडों और मक़बरों पर, शवों पर, डाके पड़ते रहे, इतनी साध और भावुकता से सँभाली ममियाँ टूक-टूक होकर बिखरती रहीं। उन पर डाके डालने वाले, ममियों को टूक-टूककर सोने की लालच से उन्हें बिखेर देने वाले चौथे प्रकार के मानव थे।

और यह 'ममी' क्या थी? ममी रासायनिक द्रव्यों से पुती कपड़े में लिपटी लाश थी, फ़राऊनों श्रीमानों की लाश। जन-साधारण की लाश। जन-साधारण की लाश की ममी नंगी ज़मीने दफ़नायी जाती थी, राजाओं-श्रीमानों की मक़बरों, पिरामिडों में। 'ममी' का अर्थ मोमियाई है। ममी बनाने की अनेक रीतियाँ थीं, राजाओं की, धनिकों की, ग़रीबों की। मरे शरीर को ज़र्राहों के पास भेज दिया जाता। वे नाक की राह धातु की अंकुसी से दिमाग़ खींचकर बाहर निकाल लेते और पत्थर की छुरी से बग़ल चीर अँतड़ियाँ निकाल लेते। सामने से दिल और फेफड़े निकाल लिये जाते और उनमें रासायनिक द्रव्य भर दिये जाते, फिर रासायनिक तेल में शरीर को डुबो दिया जाता। सत्तर दिन तक शरीर उसमें डूबा रहता फिर उसे कपड़े से भरपूर लपेटकर उस पर गोंद का लेप कर दिया जाता और ममी तैयार हो जाती, जिसमें हज़ारों साल बचे रहने की ताक़त आ जाती। शरीर में वस्तुतः केवल हड्डियाँ और त्वचा शेष रह जाती। शरीर को करवट अथवा सीधा लिटा दिया जाता, बाँहें छाती पर एक-दूसरे के ऊपर रख दी जातीं। कपड़े के भीतर धनी लोग क़ीमती अलंकार लाश को पहना देते। यह व्यवस्था धनी मृतकों के सम्बन्ध में थी। इस विधि से, घटते जाते मूल्य में मध्यवर्गीय, निम्नवर्गीय ममियाँ बनायी जातीं। लाश इस प्रकार प्रसाधित हो कपड़े से लपेटी जाकर ममी कहलाती। ममी को पहले शरीर की ही आकृति के लकड़ी के ताबूत में रखते, फिर पत्थरों के ताबूतों में। तूतनख़ामन का भीतरी ताबूत ठोस सोने का था।

कुछ काल बाद देखा गया कि मृत शरीर के प्रति भी जब-तब उनका रोज़गार करनेवाला मानव अनुरक्त हो जाया करता है। कई घटनाएँ ऐसी घटीं जिनसे मालूम हुआ कि ज़र्राहों के पास भेजी गयीं हाल की मरी ऐसी लाशें, जो जीवन में सुन्दर नारी की रही थीं और जवान मरी थीं, ज़र्राहों-द्वारा कामवश दूषित कर दी गयी हैं। फ़राऊनों को फ़िर तो इसके लिये विशेष क़ानून बनाने पड़े और लोग लाशों को जो ज़र्राहों के पास भेजते भी तो मौत के दो-तीन दिन बाद, जिससे शरीर की रही-सही गरमी भी ठंडी हो जाए।

बाबुल का ज़िग्गूरत भारत का कोनारक (कोणार्क)

ज़िग्गूरत बाबुल में, कोनारक (कोणार्क) भारत में है। ज़िग्गूरत टूट चुका है, कोनारक अभी खड़ा है, अपने टूटे मस्तक को उठाये। दोनों ही मन्दिर हैं।

ज़िग्गूरत और कोनारक को एक साथ चुनने का एक ख़ास मतलब है। दोनों का सम्बन्ध एकांश में मानवीय काम से जुड़ा है। बात कुछ टेढ़ी है—पैराडाक्स-पर साथ ही सच है कि मन्दिरों का सम्बन्ध प्रायः सर्वत्र नारी से रहा है, और बाबुल तो ऐसे सन्धि का गढ़ था। संसार की वेश्यावृत्ति का आरम्भ वहीं से हुआ, जहाँ प्रत्येक विवाहिता पत्नी को पत्नीत्व का क़ानूनी अधिकार तभी मिलता, जब वह फ़ीस लेकर अजनबी से घंटे-दो घंटे सहवास कर लेती। ग्रीको की अफ्रोदीती और रोमनों की वीनस की भाँति ही बाबुल में देवी मिलित्ता का गौरव था। मिलित्ता काम की देवी थी जिसके बाबुली दुनिया में अनेक मन्दिर थे, जिन मन्दिरों में गृहिणी को अपना स्वत्व मन्दिर की छाया में मिला करता था। समसामयिक इतिहासकार हेरोदोतस ने ईसापूर्व पाँचवीं सदी के मध्य मिलित्ता के मन्दिर के आँगन का जो आँखों-देखा वर्णन किया है, वह इस प्रकार है—

मिलित्ता का मन्दिर एक प्रकार से अफ्रोदीती का मन्दिर है, पर मिलित्ता का सम्बन्ध क़ानूनी गृह-व्यवस्था से है। बाबुल की कोई विवाहिता नारी तब तक सही नहीं मानी जाती जब तक अजनबी से द्रव्य लेकर उसके साथ वह सहवास न कर ले। धनी, ग़रीब सभी गृहिणियों को यह क़ानूनी आचार बरतना पड़ता है। जो सुन्दर है उनको तो यह क़ाननी अधिकार उस मन्दिर के दायरे में एक ही बार बैठने से मिल जाया करता है पर जो कुरूप हैं उनको प्रायः तीन-तीन, चार-चार बार अजनबियों की कृपा की अपेक्षा करनी होती है। धनी गृहिणियाँ मूल्यवान वस्त्र पहन मूल्यवान आभूषण धारण कर बाँदियों-गुलामों से घिरी मन्दिर में जाती हैं और साधारण और ग़रीब नारियाँ सामान्य वस्त्राभूषण धारण कर उस पूजाचार

में भाग लेती हैं। प्रत्येक नारी को रस्सियों के अपने-अपने घेरे के अन्दर बैठना पड़ता है और दूर-दूर के गाँवों के अजनबी और यात्री वहाँ जाकर वह रूप का बाज़ार देखते हैं, सिक्के देकर अधिकारी पत्नीत्व के निर्माण में सहायक होते हैं। अजनबी आता है, घेरे में बैठी एक-एक नारी को देखता जाता है, जिसे पसन्द करता है, उसके सामने सिक्का फेंक देता है, नारी उठती है और मन्दिर के झुरमुटों में उसके साथ चली जाती है। (यह स्थिति श्वेतकेतु की माता के आचरण से कितनी अभिन्न है!) ऐसा करने से वह इनकार नहीं कर सकती क्योंकि उसकी ओर से पुरुष का चुनाव नहीं होता, पुरुष की ओर से उसका चुनाव होता है फिर वह इनकार करेगी ही क्यों जब उसके पत्नीत्व का अधिकार उसी आचरण पर निर्भर करता है? इस आचरण में दो बातें अनिवार्य हैं, एक तो सिक्के के बदले सहवास, दूसरी अजनबी के साथ सहवास। दोनों लक्षण, कहना न होगा, वेश्यावृत्ति के हैं। हाँ, यह आचरण केवल जीवन में एक बार नारी को करना पड़ता है।

ज़ाहिर है कि आयोजित घटना काम की तृषा के लिये नहीं, सामाजिक आचार के रूप में बरती जाती थी। विशेषकर यह उस प्रवृत्ति से सम्बन्ध रखती है जिसका सम्पर्क मन्दिरों से प्राचीन काल में रहा था। सिकन्दरिया के बाहर के बगीचों में अफ्रीदीती के मन्दिर के उपवन इसी काम में आते थे, जहाँ के कृत्यों को ग्रीकों की उस प्रेम की देवी की संरक्षा प्राप्त थी। बहुत पहले त्रॉय के मन्दिरों में भी नारी-पुजारिनों का सौन्दर्य वीरकर्मा व्यक्तियों के आकर्षण का केन्द्र हुआ करता था। जिस कसेन्द्रा को त्रॉय के हमलावर ग्रीकों के सेनापति आगामेमनन ने बरबस भोगा, वह राजा की बेटी होती हुई भी, मन्दिर की पुजारिन थी। रोम में प्रणय की देवी वीनस का मन्दिर वेश्याओं का केन्द्र बन गया था और वेश्याएँ मन्दिर की पुजारिनें ही थीं। अनेक रोमन सम्राटों ने ईसा की पहली से पाँचवीं सदी तक वीनस के उस मन्दिर के प्रांगण को अपने काम का अखाड़ा बना रखा था।

भारतीय मन्दिरों की परम्परा इससे भिन्न न थी। देवदासियों की एक संस्था का जन्म ही मन्दिरों के सान्निध्य से हुआ था, जिसका जीवनकाल हज़ारों वर्ष तक रहा है और अभी हाल में ही समाप्त हुआ है। देवदासियाँ प्रायः प्रत्येक महत्त्व के मन्दिर की निजी थीं और देव-सेवार्थ प्रयुक्त होती थीं, प्रभावशाली पुजारियों के काम का साधन बनती थीं। मन्दिर की सेवा में अर्पित कर दिये जाने के बाद आमरण उनका जीवन उसके प्रांगण में बीतता था और उन्हें विवाह-द्वारा भी मन्दिर तजने का अधिकार न होता था। महाकवि कालिदास ने उज्जयिनी के महाकाल के मन्दिर की सान्ध्य-पूजा का जो चित्र खींचा है, उसमें चँवरधारिणी नर्तकियों से नृत्य का बड़ा सचित्र और उत्तेजक वर्णन हुआ है। प्रमाणतः नर्तकियाँ देवदासियाँ ही थीं । आज भी वैशाखी के अवसर पर शिव के मन्दिरों में जो वेश्याओं के

गायन-नर्तन का आयोजन हुआ करता है, वह उसी प्राचीन परम्परा की ओर संकेत करता है। कोनारक के मन्दिर का उल्लेख इसी प्रसंग में करना है।

और कोनारक तो प्रतीक-मात्र है, उसके प्रकार के मन्दिरों की संख्या अनेक हैं, पुरी से खजुराहो तक। यह कहना तो आज कठिन है कि कोनारक और तत्सम मन्दिरों का सम्बन्ध वेश्याओं अथवा उनकी वृत्ति से था या नहीं पर उनके बहिरंग रूपायन से स्पष्ट प्रकट है कि काम-विलास की अनन्त प्रक्रियाएँ उन मन्दिरों-द्वारा समादृत हुई थीं। कोनारक, भुवनेश्वर, पुरी, काशी, खजुराहों के मन्दिरों के बहिरंग हज़ारों यौन आसनों से अलंकृत हैं, जिनके मन्दिरों से सम्बन्ध की चर्चा में काफ़ी विस्मय प्रकट किया जाता है। यद्यपि जिस सन्दर्भ में हम इस प्रसंग को देख रहे हैं उसमें विस्मय का स्थान है नहीं। इन मन्दिरों के इन यौन-सन्दर्भों की परम्परा का प्रारम्भ तो स्थापत्य-वास्तु में, पूजन के सान्निध्य में, भारत में भी कब का हो गया था। साँची के महान स्तूप को घेरनेवाली दूसरी-पहली सदी ई. पू. की रेलिंगों पर आदमक़द नग्न शालभंजिकाएँ निर्मित हैं और मथुरा के जैन स्तूप की कला की तो गौरव ही फेरने वाली रेलिंगों की नयी नंगी यक्षिणियाँ हैं, जिनका कामविलास उससे भिन्न नहीं जिसकी ओर कालिदास ने अपने 'मेघदूत' में यक्षों को नायक बनाकर संकेत किया है। देवालयों के शृंगारिक रूपायनों और यौन उत्कीर्णनों का, अर्द्धचित्रों का, घना सम्बन्ध था, प्राचीन प्रतीकों के अतिरिक्त, एलोरा के कैलास मन्दिर से लेकर खजुराहो के मन्दिरों तक।

बाबुल के मन्दिरों में मूर्धन्य एक विशाल गगनचुम्बी देवालय हुआ करता था, जिसे असूरी भाषा में ज़िग्गूरत कहते थे। ज़िग्गूरत दज़ला-फ़रात के दोआब के उस प्राचीन देश में फैले प्रत्येक नगर का अपना था, जिसके शिखर पर देवाधिदेव मर्दुक का निवास था। इसी ज़िग्गूरत का उल्लेख बाइबिल की पुरानी पोथी में 'बाबुल का गढ़' नाम से हुआ है, जिसका दूसरा नाम आज अँग्रेज़ी में 'टावर ऑव बॅबुल' प्रचलित है। उसका मूर्धन्य अन्तरंग नारी के सम्बन्ध से संयुक्त था। फ़रात नदी के तीर दूर तक फैले बाबुल के खँडहर हैं जिन्हें पुराविदों ने बार-बार खोदा है और जिन खुदाइयों की अन्तिम और महान मर्यादा जर्मन पुराविद् कोल्डेवे ने अभी हाल स्थापित की है। बाबुल की दोलाधृत निलम्बित वाटिका को तो ग्रीकों ने अपने संसार के आश्चर्यों में गिना ही था, बाबुल का यह गढ़ भी प्राचीन सन्दर्भों और ख्यातों में बार-बार लिखा गया है। बाबुल का वह गढ़ मन्दिर था, मर्दुक का मन्दिर, जो मिस्र के पिरामिडों की भाँति ठोस, पर उनके पत्थरों-से भिन्न, ईंटों से बना था। अभी हाल तक उस महान ज़िग्गूरत का टूटा खँडहर बिखरा पड़ा था जिसे कोल्डेवे ने आठ साल की अपनी मेहनत के बाद खड़ा किया। ज़िग्गूरत बार-बार बना, बार-बार टूटा था। पहली बार उन्नीसवीं-

अठारहवीं सदी ई. पू. के प्रसिद्ध सम्राट हम्मुराबी ने-जिसने संसार को नैतिक आचरण और क़ानून का पहला संविधान दिया था—उसे तोड़ा, फिर अनेक असूरी राजाओं ने। छठी-सदी ई. पू. में सम्राट नेबूख्द नेज्जार और उसके पिता ने उसे फिर से बनवाया। ईरानी आर्य राजा कुरूष ने बाबुल को मिटाकर भी ज़िग्गूरत की विशालता से प्रभावित हो उसकी रक्षा की, पर उसी के वंशधर क्षयार्षा (जरक्सीज़) ने उसे तोड़कर भूमिसात कर दिया। सिकन्दर जब ज़िग्गूरत के खँडहर के सामने खड़ा हुआ तब वह उस अचरज को देर तक देखता रहा, फिर दसों हज़ार सैनिक लगाकर उसने उसका मलबा हटाया। मलबे को हटाना भी कुछ आसान न था क्योंकि उस ज़िग्गूरत के निर्माण में तीन-तीन पीढ़ियाँ लगी थीं, पाँच करोड़ ईंटें। और अब प्रायः दो हज़ार साल बाद कोल्डेवे ने उस मलबे को फिर सँभाला है और ज़िग्गूरत का उद्धार कर उसे अपने सहस्राब्दियों पुराने रूप में जैसा का तैसा खड़ा कर दिया है।

ज़िग्गूरत
जो आठ मंज़िलों का बना था

ज़िग्गूरत नीचे चौकोन-जिसकी एक निचली रेखा 288 फ़ुट थी—ऊपर क्रमशः छोटी होती जाती आठ मंज़िलों का बना था। सबसे ऊपर की मंज़िल देवालय था। ऊपर का देवालय नीली चमकती चिकनी ईंटों का बना था, जिसके दो खंड थे। निचले खंड में देवराज मर्दुक की ठोस सोने की मूर्ति थी, 800 स्वर्णभार की बनी, मनों भारी, जिसकी क़ीमत प्रायः दस करोड़ रुपये कूती गयी है। मूर्ति के सामने एक छोटी सोने की मेज़ रहती थी और सोने की ही एक पादपीठी। ऊपर के खंड में मात्र एक पलँग रहता था, जो मर्दुक की शय्या का काम देता था जिसपर आराम करने का अधिकार केवल उस देवता को था और उसके साथ ही, जब उसकी इच्छा होती, उस नारी को, जो बाबुल की सर्वसुन्दरी होती थी और आकाश से उस एकान्त में मात्र देवता के सम्पर्क में अकेली रहती थी। विश्वास था कि स्वर्ग का देवता इच्छापूर्वक समय-समय से माँसल मानव का रूप धारण कर लिया करता है और तब उसे अपनी पुजारिन की आवश्यकता शय्या की भूमि पर हुआ करती है। बाबुल की श्रद्धालु जनता साल में एक बार अपने देवता, उसकी सदेह पुजारिन, और शय्या की पूजा के लिये ज़िग्गूरत की दिशा में जुलूस बनाकर उमड़ चलती। जुलूस का मार्ग प्रशस्त और गहरा था, 73 फ़ुट चौड़ी, 22 फ़ुट ऊँची दीवारों से दोनों ओर घिरा नेबूख़द-नेज़्ज़ार का बनवाया

जो नदी के तीर से होता दोलाधृत वाटिका को दाहिने छोड़ता ज़िग्गूरत तक पहुँचता था। हज़ार-हज़ार श्रद्धालु सैकड़ों बाजों के साथ पूजा की अनन्त वस्तुएँ लिये उस राह चलते ज़िग्गूरत पहुँचते और चक्करदार सोपानमार्गों से मंज़िल-मंज़िल चढ़ते देवालय के चरण तक पहुँचते। जहाँ और ऊपर चढ़ने का अधिकार न होता, वहाँ देवता के पुरोहित चढ़ावे की चीज़ें देवता की ओर से स्वीकार कर लेते। मन्दिर की पुजारिन देवालयों के प्रांगण में बसनेवाली दासियों से भिन्न थी, जो देवालय के चरण में नहीं, उसके शिखर पर स्वयं देवता की पहुँच के भीतर निवास करती थी। पता नहीं उस तक पुजारियों तक की पहुँच हो सकती थी या नहीं।

ज़िग्गूरत की प्रमुख दीवार पर अंकित
हिंसक पशु की आकृति

रोज़ेता-शिला
मिस्त्री सभ्यता की कुंजी

क़रीब चार हज़ार साल का मिस्त्री इतिहास चित्रों में लिखा पड़ा था, पर पिछले दो हज़ार सालों से उसे अनेक रूपों में देखते रहकर भी कोई अनुमान से आगे न बढ़ सका, कोई वह कुंजी न खोज पाया जो उस द्वार को खोल सकती, जिसके भीतर मिस्त्री-सभ्यता बन्द पड़ी थी। पिछले दो हज़ार सालों के भीतर ग्रीक-रोमनों से लेकर यूरोपीय विद्वानों तक अनेकानेक प्रयत्न करते रहे पर अटकल के आगे मिस्त्री चित्र-लिपि का राज़ खोलने की दिशा में कुछ कर न सके।

कल्पना की उड़ान फिर भी विद्वान भरते रहे। किसी ने चित्र-लिपि की इबारत में फ़िलिस्तीनी-इब्रानी इतिहास पढ़ा, किसी ने फ़िनी की, किसी ने ईसाई तथ्य तक उसमें खोज डाले और एकाध ने तो चार-चार ग्रन्थ उसकी व्याख्या में लिखे, बिल्कुल बेतुके ग्रन्थ, जिनका कोई अर्थ, कोई सम्बन्ध मिस्त्र चित्र-लिपि के तथ्य से न था। इसका विशेष कारण यह था कि जिस लिपि का मिस्त्र में आविष्कार आज से कोई छह हज़ार साल पहले हो चुका था उसका उपयोग स्वयं उसी देश में, प्रायः आविष्कार के दो ही हज़ार साल बाद, समाप्त हो गया था और उसी से निःसृत दूसरी लिपि का इस्तेमाल होने लगा था, जो लिपि भी क़रीब हज़ार साल बाद छोड़ दी गयी और तब उससे निकली एक तीसरी लिपि का उपयोग शुरू हुआ जो तब तक बना रहा जब ग्रीकों ने चौथी सदी ई. पू. में मिस्त्र पर अधिकार कर लिया। फिर अगले दो हज़ार सालों में कोई ऐसा न हुआ जो चित्र-लिपि का राज़ खोल पाता, यद्यपि उस लिपि से सम्बन्धित प्राचीन भाषा, 'कुफ़्ती' के रूप में, किसी-न-किसी हद तक ई. 16 वीं सदी तक बोली जाती रही। 18वीं सदी के अन्त में, सहसा वह कुंजी मिल गयी जो 19वीं सदी के आरम्भ में पढ़ ली गयी और मिस्त्री सभ्यता का बन्द राज़ खुल गया।

वह कुंजी 'रोज़ेता की शिला' थी, जो अँगरेज़ी में 'रोज़ेटा स्टोन' के नाम

रोज़ेता शिला : मिस्री चित्र-लिपि और सभ्यता की कुंजी,जिस पर तीन-तीन लिपियों में एक ही लेख खुदा हुआ था

से प्रसिद्ध है। नेपोलियन की आँख भारत पर थी और वहाँ पहुँचने का स्वप्न देखता, राह की एक मंज़िल तय करने—गायकवाड़ नरेश से उसकी बातचीत चल भी रही थी—वह मिस्र पहुँचा। समुद्री लड़ाई में अँग्रेज़ नेल्सन से हारकर भी मिस्र पर फ्रान्सीसी प्रभुता स्थापित करने में वह सफल हुआ। नेपोलियन मिस्री सभ्यता के प्रति जागरूक रहा था और अपनी सेना के साथ ऐसे पंडितों को वहाँ ले गए जो पिरामिडों के भीतर झाँककर मिस्री पहेली को सुलझा सकें। एक दिन, 1798 ई. के साल, नील नदी के रोज़ेता नामक मुहाने पर सन्त जुलियन के टूटे क़िले में एक पत्थर मिला जिस पर तीन-तीन लिपियों में एक ही लेख खुदा था। सबसे ऊपर चौदह पंक्तियों में सिंह, बाज़, सर्प, मनुष्य, बन्दर, हाथ-पैर आदि के चित्र बने थे। बीच में बत्तीस पंक्तियों में अनेक प्रकार के चिन्ह बने थे, जिनमें जहाँ-तहाँ चित्रों की आकृतियाँ भी दिखाई पड़ती थीं। नीचे तीसरी लिखावट ग्रीक अक्षरों की थी, ग्रीक भाषा में लिखी, 54 पंक्तियों में।

यही रोज़ेता शिला थी, मिस्री चित्र-लिपि और सभ्यता की कुंजी। पर वह स्वयं पहेली बन गयी, जिसको सुलझा सकना कठिन हो गया। पर इनसान का दिमाग़, जो कभी हार नहीं मानता और अध्यवसाय से, मेधा के माध्यम से, अव्यक्त को व्यक्त कर देता है, असम्भव को सम्भव। शिला की इबारतें पढ़ लीं गयीं और मिस्री चित्र-लिपि का राज खुल गया। यह कैसे हुआ, इसकी भी कहानी कुछ कम दिलचस्प नहीं।

शिला मिली तो थी पहले नेपोलियन के फ्रान्सीसी इंजीनियरों को, पर सिकन्दरिया की सन्धि के बाद, 1801 ई. में वह ब्रिटिश म्यूज़ियम में जा पहुँची। तुरन्त शिला की लिखावटों की प्रतिलिपियाँ बनाकर प्रकाशित कर दी गयीं और यूरोप के विद्वान—इंग्लैंड, फ्रान्स, जर्मनी, हालैंड, इटली में—सर्वत्र उसको पढ़ने में जुट गये। पर सफलता का श्रेय पहले दो विद्वानों को मिला—इंग्लैंड के डॉ.

टामस यंग और फ्रांस के जाँ फ्रान्स्वा शाम्पोलियों को, जिनके बाद और जिनकी दिखाई दिशा में चलकर फ्रांस, जर्मनी और इंग्लैंड के अन्य विद्वानों ने मिस्री लिपियों के अध्ययन के समस्त आँकड़े प्रस्तुत कर दिये। इस दृष्टि से कि एक ही शिला पर तीन-तीन लिपियाँ लिखने का अन्यथा अर्थ क्या हो सकता था, यह आसानी से अन्दाज़ा लगा लिया गया और सच ही, कि तीनों लिखावटों का विषय एक ही है। तीनों में-से कम से कम एक, सबसे निचली, को पढ़ने में कोई दिक़्क़त न हुई क्योंकि वह ग्रीक भाषा में लिखी थी और ग्रीक जाननेवालों की संख्या यूरोप में सैकड़ों में थी, हर मुल्क़ में कोड़ियों। नेपोलियन के एक जनरल ने ही उसका अनुवाद प्रस्तुत कर दिया जिससे प्रकट हो गया कि लिखावटों का विषय एक घोषणा है जिसके द्वारा मेम्फ़िस के पुरोहितों ने मिस्र के तत्कालीन ग्रीक राजा पाँचवें तोलेमी एपीफानीज़ को ई. पू. 195 में देवांश से संयुक्त घोषित किया था।

लिखावट के विषय का तो पता चल गया पर ऊपर की दोनों मिस्री लिपियों को कैसे पढ़ा जाए, यह बड़ा कठिन जान पड़ा। लिपि के साथ-साथ कठिनाई भाषा की भी थी क्योंकि जिस भाषा में वे लिपियाँ खुदी थीं उसके बोलने-जाननेवाले कब के मर चुके थे। कहीं से उनके पढ़ने में सहायता नहीं मिल पा रही थी और ईसा-पूर्व चौथी सदी में ग्रीक पंडित होरापोल्लन की तद्विषयक व्याख्या ने लोगों का पथ निर्देशन करने के बजाय उन्हें गुमराह ज़्यादा किया। ज़ाहिर था कि उन लिखावटों का राज़ उन्हीं से खुलेगा, बाहर से नहीं, और दो विद्वान औरों के अतिरिक्त, उस दिशा में प्रयत्न करने लगे।

डॉ. टामस यंग इंग्लैंड के भौतिक विज्ञान का प्रतापी पंडित था, जिसकी 'जीनियस' का वहाँ साका चलता था। यंग ने कई भाषाओं का अभ्यास कर लिया था और अब उसने एक साल में प्राचीन मिस्रियों की भाषा 'कुफ़्ती' भी सीख डाली। 'कुफ़्ती' 16 वीं सदी तक मिस्र में लिखी जाती रही थी, इससे उसे सीखना इतना मुश्किल न था। और शाम्पोलियों ने तो 'कुफ़्ती' का एक कोश ही बना डाला। यंग ने दिशा सही पकड़ी और चित्र-लिपि के अनेक चित्रों और चिन्हों के ध्वन्यात्मक और वर्णात्मक मूल्य प्रस्तुत कर दिये। शाम्पोलियों ने बाद में पाया कि 221 चिन्हों में-से यंग-द्वारा प्रस्तुत 76 चिन्हों के वर्णात्मक मूल्य सही थे। इसके अतिरिक्त यंग ने एक और क़दम उस दिशा में यह निश्चित कर उठाया कि लम्बे घेरे में—जिन्हें उसने कारतूस कहा—जो चिन्ह बन्द हैं, जो चित्र बने हैं वे संज्ञाएँ हैं, राजाओं, रानियों के नाम हैं। ग्रीक इबारत में तोलेमी का नाम दिया हुआ था और चिन्हों के समझने की दिशा में व्यवहृत हुआ। इसके आगे यंग की प्रतिभा कुंठित हो गयी क्योंकि भाषा-विज्ञान का उसे ज्ञान न था।

इसके विपरीत शाम्पोलियों की मेधा की प्रगति फ्रांस में निर्बाध होती गयी

क्योंकि वह भाषा-विज्ञान का भी पंडित था और 12 साल की उम्र तक पहुँचते-पहुँचते एक दर्जन भाषाएँ सीख भी चुका था। फ्रांस क्या यूरोप में उस काल, भाषाओं की दृष्टि से, शाम्पोलियों-सा दूसरा जीनियस न था। 1790 में, रोज़ेता शिला की उपलब्धि के आठ ही साल पहले, उसका जन्म हुआ था और सात साल की उम्र से ही उसे मिस्र में दिलचस्पी हो गयी थी। 16 साल की आयु में जब उसने उस काल के 40 वर्षीय दूसरे मेधावी फूरिये से बात की तब बराबर के जानकार की तरह फूरिये ने, जो स्वयं मिस्री लिपि की गुत्थी सुलझाने में लगा था, उस किशोर की प्रतिभा स्वीकार की। अगले ही साल पेरिस के एक स्कूल में दाख़िल होने शाम्पोलियों गया जहाँ उसे, परम्परा के अनुसार, एक लेख लिखकर दिखाने को कहा गया। लेख साधारण स्कूली निबन्ध था, पर उसे न लिखकर उसने अपनी उस पुस्तक की भूमिका के रूप में निबन्ध लिख दिया जो बाद में 'फ़राऊनों के शासन में मिस्र' के नाम से छपा। लोग विद्वानों के ईर्ष्या योग्य उस निबन्ध को तत्काल लिखे जाते देख हैरत में आ गये और ज़रा उस हैरत का अन्दाज़ कीजिए जब उन्होंने जाना कि पाँच साल पूर्व 12 साल की आयु में शाम्पोलियों एक पूरी पुस्तक भी लिख चुका था। मिस्री फ़राऊनों का इतिहास और उनके शासन का चार्ट उस किशोर ने बाइबिल की पुरानी पोथी के आधार पर, ग्रीक आदि यत्र-तत्र के सन्दर्भों के निष्कर्ष-द्वारा प्रस्तुत किया था। स्कूल का प्रेसिडेंट पहले तो शाम्पोलियों की प्रतिभा को देख सन्नाटे में आ गया, फिर भावातिरेक से भर उसे गले लगा लिया और उसे उस स्कूल में शिक्षक का कार्य करने के लिये आमन्त्रित किया। शाम्पोलियों स्कूल का विद्यार्थी होने गया था, सहसा बन गया शिक्षक। दो ही साल बाद अभी वह 19 साल का भी नहीं हुआ था कि विश्वविद्यालय में वह इतिहास का प्रोफ़ेसर हो गया, जहाँ उसके अनेक शिक्षक अब उसके शिष्यों के रूप में उसके व्याख्यान सुनने सामने की बेंचों पर जा बैठते।

ऐसी प्रतिभा का धनी शाम्पोलियों टामस यंग के समानान्तर ही फ्रांस में रोज़ेता शिला का भेद खोलने में लगा। ग़रीबी हर तरह की कठिनाइयाँ लेकर उसके सामने आयी, उसे चोटों से जर्जर कर दिया, पर शाम्पोलियों की खोज रुकी नहीं। टूटे मकान के छोटे गन्दे कमरे में फटे चिथड़े में यशस्वी मेधावान चित्र बनाता रहता, नोट तैयार करता रहता। उसके कुछ नोटों ने तो ग़ज़ब का चमत्कार किया। अभी जब वह विश्वविद्यालय में आया भी न था, उसके कुछ नोट, जो कुफ़्ती भाषा में पेपीरस कागज़ पर लिखे गये थे, विज्ञान के एक पंडित के हाथ लग गये और उस पंडित ने उन नोटों की व्याख्या कर उन्हें यह कहकर प्रकाशित कर दिया कि वे 1500 साल पहले के मार्कस आरीलियस आन्तोनियस के ज़माने के हैं, ठीक उसी तरह जैसे वुर्जवुर्ग के लड़कों-द्वारा खेल में गाड़ी

कुछ हड्डियों को निकालकर प्रसिद्ध जर्मन प्रोफ़ेसर बैरिंगर ने उन्हें लाखों वर्ष पुरानी 'फासिल' होने की घोषणा कर दी थी।

पर शाम्पोलियों ने कल्पना की उड़ान भरकर भी उसे वैज्ञानिक परिधि के भीतर रखा और दरिद्रता से जूझता वह चित्र-लिपि को पढ़ने में लगा रहा। एक दिन जब वह चित्रों की भाषा की खोज में बहुत आगे बढ़ चुका था, उसके मित्र ने बताया कि रोज़ेता शिला की लिपियाँ पढ़ ली गयीं और उस सम्बन्ध की पुस्तक प्रकाशित हो गयी। यह ख़बर सुनकर शाम्पोलियों के पैरों तले ज़मीन सरक गयी और उसका सारा जिस्म, जिसे उसने लिखावटों का राज़ खोलने में डाल रखा था, थर थर काँपने लगा। जैसे-तैसे उसने अपने मित्र से उस दुकान पर ले चलने को कहा जहाँ वह पुस्तक बिक रही थी। जैसे-तैसे उस दुकान पर पहुँच उसने पेट काटकर बचाये पैसों से वह पुस्तक ख़रीदी और काँपते पैरों घर लौटा। पुस्तक पर लेखक का नाम देख वह अविलम्ब समझ गया कि लेखक निश्चय ही उनमें-से नहीं है जिनकी प्रतिभा इस प्रकार की पहेलियाँ बूझा करती हैं और डूबते को जैसे सूखी ज़मीन मिली। रात में जब घर की मालकिन ने विचित्र तरह की आवाज़ें शाम्पोलियों के कमरे से आती सुनी तब वह भागी हुई वहाँ पहुँची। देखा, शाम्पोलियों के आगे एक किताब खुली है और शाम्पोलियों कोच पर पड़ा इस क़दर हँसता जा रहा है कि उसके जिस्म में जैसे ऐंठनें पड़ती जा रही हैं। लाल बुझक्कड़-लेखक की प्रतिभा का भेद शाम्पोलियों ने तत्काल खोल दिया, फिर वह स्वयं अपनी मंज़िल की पहली राह पर बढ़ चला। नेपोलियन का सेक्रेटरी शाम्पोलियों का बड़ा भाई था। उसकी नियुक्ति के लिये भाई का साक्षात्कार उसके सामने ही किया गया था। शाम्पोलियों की लायब्रेरी में सम्राट एकाध बार गया भी, उसकी पुस्तकें प्रकाशित कर देने की बात भी कही, पर शाम्पोलियों गणतन्त्र का उपासक था, सम्राट की बातों से वह रीझा नहीं। जब पेरिस में 'भय का शासन' चल रहा था तब शिशु शाम्पोलियों ने दर्दनाक आवाज़ें सुनी थीं और प्रजा की सत्ता का उपासक हो गया था। नेपोलियन गया और आया, आया और गया, पर शाम्पोलियों की निष्ठा प्रजातन्त्र में बनी रही। वह काम करता रहा और बाद में अभी जब वह अपनी निर्धनता को जीत भी न सका था कि अगले राजतन्त्र का उसे शिकार होना पड़ा। अल्पायु में ही वह मरा, पर रोज़ेता शिला की कुंजी उसने पा ली थी, चित्र-लिपियों का राज़ उसने खोल दिया था।

क्या था वह राज़?

शाम्पोलियों ने पाया—जिस सम्बन्ध में हर किसी ने भूल की थी—कि चित्राकृतियाँ मिस्री चित्र-लिपि में केवल वस्तु के रूप की ओर ही संकेत नहीं करतीं, वे कई बार ध्वनित चिह्न का रूप भी ले लेती हैं, कितनी ही बार ध्वन्यात्मक

वर्ण या अक्षर भी बन जाती हैं। और एक साथ उस चित्र-लिपि, चिह्न और विचार-लिपि, ध्वन्यात्मक वर्ण-लिपि से संयुक्त विविध रूपों में प्रयुक्त होने वाली मिस्री चित्र-लिपि का भेद खोलकर रख दिया। आज जो मिस्री लिपियों का अध्ययन विद्यार्थी करते हैं उन्हें गुमान भी नहीं कि उनके 'प्राइमरों' के तैयार होने में शाम्पोलियों का कितना रक्त सूखा है, उसको निर्धनता से कितना युद्ध करना पड़ा है, कितनी उनींदी रातें बितानी पड़ी हैं, कितनी मेधा का ख़र्च हुआ है।

कारतूसों के भीतर बन्द संज्ञा-नामों के अक्षरों को विचारचिन्हों, ध्वन्यात्मक वर्णों के रूप में अन्य चित्रों से वह सालों सम्बन्धित करता गया और एक दिन उनका समूचा भेद खुल गया। सहस्राब्दियों पहले प्रस्तुत, सहस्राब्दियों पहले विस्मृत, मिस्री लिपियों का पढ़ा जाना सुकर हो गया। रोज़ेता शिला की मिस्री लिपियाँ दो प्रकार की थीं : चित्र-लिपि और चिह्न लिपि। वस्तुत: अतिप्राचीन काल में ही मिस्र में चित्र-लिपि का आविष्कार हुआ था जिसका पहले और अधिकतर उपयोग धर्मसम्बन्धी, देवसंज्ञक विषयों के आलेखों के लिये हुआ। हज़ारों साल बाद उस पवित्र लिपि का उपयोग जनसाधारण ने करना चाहा जिसका पुरोहितों से सम्बन्धित 'हिरेटिक' नाम पड़ा, जो सर्वथा चित्र-लिपि से कुछ भिन्न थी। ईसा से अनेक सदियों पहले उस लिपि का एक तीसरा रूपान्तर हुआ, तेज़ लिखने के लिये, 'देमोतिक' कहलाया। वैसे तो प्राचीनतम 'हीरोग्लीफ़िक' अथवा चित्र-लिपि में चिह्नों, ध्वन्यात्मक अक्षरों का आरम्भ हो गया था पर उनका विशेष विकास देमोतिक में ही हुआ। शाम्पोलियों ने तीनों में से प्रत्येक मिस्री लिपि को पढ़कर उनके विविध प्रकारों का अन्तर खोज निकाला। और प्राचीन मिस्र की समूची सभ्यता, उसके देवताओं और उपासकों के समूचे धर्मादेश और विश्वास, उसके सम्राटों की विजय प्रशस्तियाँ, उसका सारा पिरामिडों, मन्दिरों, स्तम्भों की दीवारों पर खुदा साहित्य सहस्राब्दियों बाद मनुष्य के अध्यवसाय से पढ़ा जाने लगा।

इस लगन और सुख के बलिदान का अन्दाज़ कुछ सर जेम्स प्रिंसेप के अध्यवसाय से लगाया जा सकता है जिसने देवनागरी की जननी ब्राह्मी-लिपि का भेद खोला था। उसे पढ़ने में प्रिंसेप को प्राय: 30 साल लगे थे। अक्सर ऐसा हुआ कि सालों की मेहनत बरबाद हो गयी और प्रिंसेप को अध्ययन फिर से शुरू करना पड़ा। आख़िर एक रात, कहते हैं, प्रिंसेप सोते से उछला और पत्नी से बोला कि मैंने ब्राह्मी का रहस्य जान लिया। पत्नी ने उसकी घोषणा में कोई रुचि इसलिए न दिखाकर उससे चुपचाप सो जाने को कहा कि इस प्रकार अनेक बार उसने इस भेद को पा लेने का ऐलान किया था और हर बार उसे अपनी असफलता जानकर उदास हो जाना पड़ा था, सो कहीं ऐसा न हो कि इस बार भी मृगतृष्णा उसके पति को धोखा दे रही हो। परन्तु इस बार उसे धोखा नहीं हुआ था। प्रिंसेप ने ब्राह्मी का भेद पा लिया था। उसने सोते-सोते ही अँधेरे में बन्द पलकों के

पट पर जो ब्राह्मी के लिखे चिह्न पढ़े तो उसे लगा कि ताँबे के दानपत्रों पर हर बार अन्त में एक ही से लिखे जाने वाले दो अक्षर 'दांन' हो सकते हैं। ताम्रपत्र दानपत्र थे भी और केवल 'दा' और 'नं' के दो अक्षरों से, 'आ' की मात्रा और 'न' के अनुस्वार से, जो प्रिंसेप ने कुलाँच भरी तो अशोक के सारे अभिलेख तत्काल पढ़ लिये गये, और साहित्य से भिन्न सही इतिहास की भूमि पर अभिलेखों में बँधी भारतीय सभ्यता अपनी विविध तहों के साथ खुल पड़ी।

कितना कठिन व्यापार लिपियों के शोध का रहा है, कितनी उनींदी रातें खोजियों को बितानी पड़ी हैं, पर उस धीरज ने मनुष्य जाति को कितनी अक्षय निधि भी सौंप दी हैं, कि वह अपनी ही चली मंज़िलों की राह लौट-लौट देख-पहचान सका है, जिससे उसे पीठ पर कर उसकी धरा पर अपने गतिमान चरण धर आगे की राह की मंज़िलें वह तय करे।

आर्यों के पहले सिन्धु घाटी में

सुमेरी-बाबुली सभ्यता के नगरों-कीश और एश्नुन्ना-की जब युरोपीय विद्वान खुदाई कर रहे थे तब उन्हें इसका गुमान भी न था कि दूर पूरब में उन्हीं नगरों जितने पुराने, उनसे कहीं अधिक समृद्ध और सुरुचि से बसे नगर, सिन्धु नदी के तीर सुसंस्कृत शिष्ट जीवन बिता रहे होंगे। जब कीश और एश्नुन्ना में गोल मुहरें मिलीं, जिनपर हाथी और गेंडे की शक्लें बनी थीं, तब उन्होंने पूरब की ओर देखा, दूर हिन्दुस्तान की ओर उनकी नज़र गयी। पर जो नगर वहाँ हज़ारों साल पहले मिट्टी में दफ़ना दिये गये थे उनका अहसास भी उन्हें भला कैसे हो सकता था!

पर एक दिन 1922 में जब असाधारण भारतीय पुराविद् ने कुछ अत्यन्त प्राचीन मिट्टी-चूने के ठीकरे पाकर विद्वानों का ध्यान उधर आकृष्ट किया तब लोगों ने जाना कि पहले महासमर के बाद ही जो सिन्ध में जगह-जगह इतिहास के पहले की बनी चीज़ें मिलने लगी थीं वे आकाश से नहीं टपक पड़ी थीं, उन्हें ज़मीन ने उगल दिया था ताकि इनसान खोजे और पाये। इनसान ने खोजा और पाया-कुछ ऐसा, जो न बाबुल में मिला था न मिस्र-में, न क्रीत, न मिकीनी, न त्रॉय में। सिन्ध के लरकाना ज़िले में लरकाना के क़स्बे से क़रीब 25 मील दक्खिन, कराची से कोई 150 मील उत्तर-पूरब रेत में गड़ी-मरी ज़िन्दगी को ढँके कुछ टीले खड़े थे जिन्हें पड़ोस के लोग मोहनजोदड़ो कहते थे, मुरदों का टीला। उस जनपद के सिन्धियों ने जिन टीलों को मुरदों का कहा था उन्हें भला क्या ख़याल हो सकता था कि वे सच ही मुरदों के टीले थे, जहाँ न केवल ज़िन्दगी मुरदा बनकर रसातल चली गयी थी, बल्कि सचमुच जहाँ चार हज़ार साल पहले के मुरदे दफ़नाये भी गये थे। सच्चाई का राज कुछ ऐसा है कि चाहे उसे कोई कितना भी नीचे दफ़नाये, एक-न-एक दिन वह खुलकर ही रहता है और जब तक वह खुल नहीं पड़ता, अनेक प्रकार से अनेक संकेतों-द्वारा वह अपने अस्तित्व का परिचय दिया करता है। और समय आता है जब बूझनेवाले उस आवाज़ को

बूझ लेते हैं, जो हवा में लहराती हुई भी इस इन्तजार में रहती है कि कोई उसे बूझ ले।

1922 के साल स्वर्गीय राखालदास बन्द्योपाध्याय दूसरी सदी ई. के एक कुषाणकालीन बौद्ध स्तूप की मोहनजोदड़ो में खुदाई करा रहे थे जब उन्हें कुछ ऐसी चीज़ें मिलीं कि अचानक उनको आभास हुआ कि जो ऊपर दीखता है वह समूचा नहीं है, ज़रा और खोदो। उन्होंने ज़रा और खोदा और अचरज के साथ देखा कि थोड़ा ही नीचे खोदने पर ईंटों की कुछ दीवारें ऐसी मिलीं कि एकाएक धारणा हुई कि यद्यपि ऊपर के बौद्ध स्तूप का आधार और नीचे की वे दीवारें एक ही प्रकार की ईंटों की बनी हुई हैं, दोनों में क़रीब दो हज़ार साल का अन्तर है।

मुरदों का टीला

दोनों खँडहर निस्सन्देह एक ही प्रकार की ईंटों से बने थे, नीचे की दीवारें भी, ऊपर के कुषाणकालीन बौद्धस्तूप का आधार भी। स्तूप वास्तव में नीचे की टूटी दीवारों की ईंटों से ही बना था। राखालदास बन्द्योपाध्याय ने कुषाणकालीन स्तूप की परवाह न कर अब कुदाल और गहरे मारी और हज़ारों साल की पुरानी ढँकी दुनिया के खँडहर सहसा ऊपर आ गये। नयी दुनिया ने जाना कि भारत की वह सिन्धुतीर की दुनिया उतनी ही पुरानी थी जितनी सुमेर-बाबुल की, मिस्र की। अब इसमें भी सन्देह नहीं हो सकता था कि कीश, एश्नुन्ना और ऊर के ईराकी नगरों में मिली मुहरें और बर्तन सिन्धु सभ्यता के नगरों से ही गये थे और कि जिस सभ्यता की ओर लरकाना के उन मुरदों के टीलों ने संकेत किया था उसकी सीमाएँ एक ओर दक्खिनी ईरान के एलाम से लगी थीं, दूसरी ओर वह गुजरात तक, गंगा की घाटी तक, शिमले के पहाड़ों तक, पंजाब की भूमि तक पर छायी हुई थी। और कि उसी सभ्यता से व्यापार की धारा प्राचीन काल में बलूचिस्तान और ईरान के रेगिस्तानी बियाबाँ को लाँघ दजला-फरात की घाटी से होती लघु एशिया और पूर्वी यूरोप की दिशा में एक ओर, मिस्र की दिशा में दूसरी ओर पहुँचती थी।

मुरदों के टीले अत्यन्त प्राचीन काल में ही मनुष्य की क़ब्र नहीं बने थे, आज के पिछले दिनों में भी उनकी धरती की प्यास मानव रक्त से बुझी थी। और वह रक्त मामूली इनसान का न था, पुराविद् वैज्ञानिक का था जिसे गड़े मुरदे उखाड़ते समय बलि हो जाना पड़ा था। असाधारण प्रतिभावान भारतीय पुराविद् ननिगोपाल मजूमदार जब दिन-भर खुदाई करके चुके ही थे कि बन्दूक़ों की आवाज़ें हुईं और जब तक उनका 'स्टाफ़' आत्मरक्षा के लिये सँभले तब तक बलूची क़बीलाई डाकुओं का एक गिरोह आ पहुँचा। डाकुओं को पता था कि वह मज़ूरों की मज़ूरी बाँटने का दिन होगा और वहाँ रुपयों का अम्बार लगा होगा। उन्हें जानते देर न लगी कि खोदनेवालों का अफ़सर कौन है और ननिगोपाल मजूमदार का तन उन्होंने गोलियों से छेद डाला। खड़ा पुराविद् गिर पड़ा, मरते वक़्त पीने के लिए उसने पानी माँगा, पर आवाज़ आयी—क़ाफ़िर है, पानी न दो। और पुराविद् बिना पानी के मर गया। मुरदों के टीले की आख़िरी बलि।

मोहनजोदड़ो की वह खुदाई बड़े दर्द की है, प्रसव की उपलब्धि बड़े दर्द से हुआ करती है। क़ीमती जान की कुरबानी के बाद ही मुरदों के टीलों ने अपनी दौलत भारत को सौंपी। ज़रा ख़याल कीजिए उस ख़तरनाक स्थिति का जब पुरातत्त्व विभाग के बीसों मुलाज़िमों पर क्या बीती होगी। उनके देखते ही उनका अफ़सर गोलियों का शिकार हो गया और एक बूँद पानी के लिये तड़प-तड़पकर उनके सामने ही मर गया। अब डाकुओं की बन्दूक़ें खुद उनकी ओर उठीं, पर एक मुसलमान चपरासी की हिम्मत ने उनको मौत के घाट उतरते बचा लिया। चिल्लाकर बोला वह—"ख़ानों, काफ़िर तो मर गया, बाक़ी सारे तो इस्लाम के बन्दे हैं, इन्हें क्यों मार रहे हो? इन्हें मारना क्या मुनासिब होगा, कुफ़्र न होगा?" डाकुओं के सरदार ने कहा—"अगर ये मुसलमान हैं तो नमाज़ पढ़ाओ, हम देखेगा कि ये पढ़ पाते हैं या नहीं।" चपरासी इमाम बना, आगे-आगे बोलता गया, पीछे खड़े लोग हलके-हलके झूठ-सच बुदबुदाते गये, जैसे-जैसे वह झुकता वैसे-ही-वैसे वे भी झुकते गये। डाकुओं को यक़ीन हो गया कि वे मुसलमान हैं और वे रुपयों के थैले ले चम्पत हो गये। दूसरे दिन पुलिस ने उनका पीछा किया, पर उनका पीछा होकर ही क्या होता? वह तो मुरदों का टीला इनसान के लहू का प्यासा था, उसे पीकर उसने सभ्यता के अपने छिपे ख़ज़ाने का दरवाज़ा खोल दिया। वह ख़ज़ाना बीसवीं सदी की ऐतिहासिक खोजों में क़ीमती साबित हुआ।

स्तूप के नीचे समूचा नगर अपने अनन्त ऋद्ध भवनों के साथ भूमिसात खोया पड़ा था। भवन मील-मील-भर लम्बी-सीधी सड़कों के दोनों ओर लगातार खड़े होते चले गये थे। जब उसे भरपूर खोदा गया तब लोगों ने जाना कि वह जैसे

आज की किसी योजना के मुताबिक बना हो। निश्चय वह योजना के अनुकूल ही बना था पर वह योजना क़रीब 5000 साल पुरानी थी, ऐसी योजना जो तबकी दुनिया में बिल्कुल अनजानी थी। सुमेर और बाबुल के नगर—ऊर, कीश, एश्नुन्ना, निप्पुर—नागरिक होते हुए भी कितने गँवार थे, इसका पता सिन्धु तीर के इस नगर मोहनजोदड़ो के इस खँडहर पर नज़र डालते ही साबित हो जाता है। सुमेर बाबुल के नगर कमज़ोर फूहड़ ईंटों के बने, जहाँ गन्दे पानी या कूड़े को निकालने का कोई ज़रिया न था, अपने जीवनकाल में भी कितने गन्दे रहे होंगे। मकान छोटे और मुश्किल से एक या दो मंज़िल के थे। जो बड़े मकान थे भी वे केवल श्रीमानों और धनिकों के थे, राजाओं और देवताओं के। और सड़कें ऐसी—सड़कें कहना उनको शायद मुनासिब न होगा—जिनमें अगर ख़च्चर पीठ पर माल लिये खड़े हो जाएँ तो राह बन्द हो जाए और राह तो उनकी अक्सर बन्द हो जाया करती थी, क्योंकि थोड़ी-थोड़ी दूर के बाद गली के सिरे पर सहसा खड़े मकान आ जाते थे।

मोहनजोदड़ो की दुनिया इनसे बिल्कुल निराली थी। चौड़ी, सीधी, लम्बी सड़कें, दोनों ओर सुन्दर लाल पक्की ईंटों के मकान, अक्सर दो मंज़िले, अधिकतर समान रूप से बने, अपने शयनागारों, स्नानागारों, शौचागारों से संयुक्त। सुमेर बाबुल के नगरों में स्नानागार, शौचागार की तो कल्पना भी नहीं की जा सकती थी—एश्नुन्ना के राजप्रासाद में जो एक शौचागार-स्नानागार मिला है निश्चय, यूरोपीय विद्वानों की राय में, सिन्धु सभ्यता के भवनों की नक़ल में, उनसे सीखकर बना था। मोहनजोदड़ो की शालीन सड़कों पर आज भी जब हम चलते हैं तब ऐसा लगता है जेसे बीसवीं सदी का बिलकुल नया नगर नयी योजना से बनकर खड़ा हुआ हो, जिसके मकान प्राकृतिक प्रकोप से सहसा नष्ट हो गये हों, सड़कें बच रही हों अपने कूड़े डालने के आधारों के साथ, उन नालियों के साथ जिनका गँदला जल शौचादि के मल के साथ नगर से बाहर प्रायः आदमक़द नालियों के ज़रिये निकाल नदी में बहा दिया जाता था। उस नगर की इस शौच विधि का अन्दाज तो केवल इस बात से भी लग सकता है कि उसके विध्वंस के 3000 साल बाद भी लन्दन-जैसे नगर में सफ़ाई का कोई इन्तज़ाम नहीं था और उस नगर के निवासी अपनी सुअरें, सड़कों पर फेंके ग़लीज़ से पेट भरने के लिए, आमतौर से घरों से बाहर हाँक दिया करते थे। जहाँ तक सड़कों की बात है यूरोप के बड़े-बड़े शहरों में आज भी बस-स्टैंडों से फ़र्लांग-भर के भीतर ही राह पाना मुश्किल हो जाया करता है और अभी पिछली सदी तक एडिनबरा-जैसे शहर का यह हाल था कि बग़ैर पेशेवर गाइड के कोई उस नगर के पुराने मुहल्लों में घूम नहीं सकता था।

मोहनजोदड़ो की नागरिक-सफ़ाई के सिलसिले में मुझे एक घटना याद आ

रही है, जो ईराक के मध्यकालीन और आधुनिक नगर बग़दाद में घटी थी। प्रसिद्ध पाश्चात्य पुराविद् पेट्रिक कर्लेटन वहाँ एक अरब मित्र से मिलने गये। मित्र ने उसकी बड़ी आवभगत की। पर जैसे ही अतिथि उस महानगर के मेज़बान के ऊँचे मकान से लौटने के लिये चौड़ी सड़क पर उतरा, सामने के गन्दे पानी-भरे, महापालिका के बनाये, गड्ढ़े में गिरकर कमर तक डूब गया। सुमेरी-बाबुली नगरों के नागरिक आधी सड़क तक अपने मकान बना लेना जैसे अधिकार समझते थे, पर मोहनजोदड़ो के नागरिकों की महापालिका इतनी सतर्क थी कि सड़कें मकानों से अलग साफ़ चौड़ी बनी रहीं और अगर उनपर अनधिकार मकानों के कोने बढ़े भी तो तब जब हमलावरों के ख़तरों से नागरिक जीवन अस्त-व्यस्त हो गया था और शान्ति काल में पनपने वाली सभ्यता के झंडे उखड़ चले थे। और मोहनजोदड़ो के साफ़-सुथरे मकान नागरिको के थे, देवताओं और राजाओं के नहीं। देवालय शायद एक ही था और श्रीमानों की संख्या भी कुछ शायद वहाँ विशेष न थी। साधारण गृहस्थ शान्ति के वातावरण में सुन्दर स्वस्थ मकानों में जिनकी संख्या अपरिमित थी और जो समकोणों पर थोड़ी-थोड़ी दूर पर परस्पर काटनेवाली सीधी दौड़ती लम्बी-चौड़ी सड़कों पर खड़े थे—रहते थे। जहाँ सुमेर-बाबुल के नगरों में देवताओं और राजाओं के महलों के सामने साधारण नागरिकों के दयनीय मकान तुच्छ लगते हैं वहाँ मोहनजोदड़ो के नागरिकों के साधारण भवन अधिकारियों के प्रासादों के अनुपात में अनन्त हैं। निस्सन्देह मोहनजोदड़ो का अर्थ संसार समाजवादी तत्वों से पर्याप्त अनुप्राणित था।

यहाँ मोहनजोदड़ो और हड़प्पा की खुदाइयों में मिली वस्तुओं की तालिका देना अथवा उस सभ्यता की ऊँचाइयों का वर्णन करना अभीष्ट नहीं। यों सर जॉन मार्शल, मैके और माधोस्वरूप वत्स के ग्रन्थों में वे पढ़े जा सकते हैं। बस इतना ही कह देना यहाँ काफ़ी होगा कि सिन्धु सभ्यता के वे स्वच्छ, सुसंस्कृत नगर अपने समकालीन संसार में अपनी कला की पूजा, शिष्टता के जीवन, शान्ति के वातावरण, व्यापार के संचरण में लासानी थे। जिस प्रकार इटली के नगरों में—जैसा पॉम्पेई के भूमिसात नगर में प्राप्त कुषाणकालीन हाथी दाँत की भारतीय यक्षीमूर्ति से प्रमाणित है—भारतीय वस्तुओं का व्यापार प्राचीन काल में सुरक्षित था, वैसे ही सिन्धु सभ्यता का व्यापार भी उस प्राचीन काल के पश्चिमी एशिया के नगरों पर धारासार बरसता था। मिस्र, सुमेर, बाबुल, असुर देश के व्यापारी अनिरुद्ध सिन्धु तीर के नगरों में अपने सौदागरी के माल बेच आते थे और उन नगरों में देशी-विदेशी पर्यटकों की चहल-पहल मची रहती थी। मोहनजोदड़ो और हड़प्पा के नागरिक—साँवले, बादामी, गेहुँए रंग के कुछ नाटे क़द के—कानों में कुंडल, हाथों में कड़े पहने, ऊपर शाल ओढ़े, नीचे तहमद बाँधे मुहरों के ठप्पों

से अपने कार्याचार करते, चित्राक्षरों में पत्र लिखते वहाँ बहुविध निवास करते थे—शान्ति के वातावरण में जहाँ युद्ध के अभाव में उन्हें न अस्त्रों की आवश्यकता थी, न रक्षा के लिए कवचों की। सोने-चाँदी की उनके पास कमी न थी, अनेक ज़ेवर उनसे बनते थे, पर जिस तरह ऊर की क़ब्रों में मिली छुरियों की मूँठें सोने-चाँदी की बनी बहुमूल्य पत्थरों से जड़ी हैं, वैसी छुरियों की कल्पना भी सिन्धु तट के निवासी नहीं कर सकते थे, क्योंकि मृत्यु के साधनों ने उन्हें कभी आकृष्ट नहीं किया। उन्होंने तो शान्ति को साधा, कला को साधा, जिनके प्रतीक रूप मिट्टी चूने की बनी हज़ारों मुहरें कला की सुईकारी हैं, बारीक़ी में वे अपना सानी नहीं रखतीं, उस काल पश्चिमी जगत के खँडहरों में मिली हज़ार मुहरों में एक भी उनकी कला को नहीं पा सकती। उनके उभरे वृषभों की आकृतियाँ इतनी शालीन हैं, उनमें पुंगव की शक्ति इतनी सीमातीत अँटी है, कि उनकी समता अन्यत्र दुर्लभ ही नहीं सर्वथा अप्राप्य है। बारीक़ रेखाओं में उभारे शेर और गेंडे, मृग और मनुष्य, वृष और घड़ियाल, दिव्यदर्शन हैं। सींगधारी देवता—शिव के त्रिशूल के से—बीच में बैठता है, चारों ओर पशु बैठते हैं, जिससे 'पशुपति' का स्पष्ट आदर्श प्रस्तुत हो जाता है, वन्य जीवों और केन्द्रस्थ मानव के परस्पर सौहार्द्र की धारा जैसे फूट पड़ती है।

जब-तब उस स्थिति का रूपायन हुआ है जहाँ हाथी और शेर, मेढ़े और गेंडे के एक साथ संयुक्त रूप में उभारे गये हैं, उस स्थिति का भी, जहाँ खतरे से बचने के लिये मनुष्य वृक्ष पर जा चढ़ा है और नीचे का शेर ललचायी नज़रों से उसे ऊपर घूर रहा है। हड़प्पा में मिली, नृत्यमान अलग-अलग बने स्वतन्त्र अंगों से संयुक्त पत्थरों की उस नर-मूर्ति का-सा मूर्तन तो ग्रीक इतिहास के स्वर्ण काल के तक्षक फ़ीदियस और प्राक्सितिलीज़ के पहले 3000 साल तक कोई कलाकार ऐसा नहीं कर सका। कितना आधुनिक है वह नर्तनशील हड़प्पा का मानव, कितनी आधुनिक मोहनजोदड़ो की वह नग्न खड़ी काँसे की छरहरी, पन्द्रह-सोलह साल की उम्रवाली लड़की की नर्तकी-मूर्ति है, जिसकी दाहिनी भुजा कमर पर टिकी है, बायीं बग़ल से अनायास लटक रही है। इतना अकृत्रिम, सहज रूपायन प्राचीन कलाकार ने कहीं नहीं किया, सम्भवतः ग्रीस में भी नहीं, जो आज भी अपनी स्वाभाविक सत्ता में स्वतः प्रमाण है, साथ ही उस कला का सबूत भी है जिसमें विविध धातुओं का एकत्र ढाला जाना सम्भव हो सका था। शायद पहली बार मनुष्य ने ताँबे और टिन को मिलाकर काँसा सिन्धु की भूमि पर बनाया।

सिन्धु सभ्यता की सातों तहें सम्भवतः कुल सात सदियों तक जीकर मर गयीं—प्रायः 29वीं सदी ई. पू. से 22वीं सदी ई. पू. तक। प्रारम्भ शायद और

पहले भी हुआ होगा क्योंकि सुमेर में जो मोहनजोदड़ो और हड़प्पा के व्यापारियों द्वारा पहुँचायी वस्तुएँ कीश, एश्नुन्ना, ऊर आदि में मिली हैं उनका समय 26वीं और 20वीं सदी ई. पू. के बीच है, मोहनजोदड़ो पहले मिटा, हड़प्पा पीछे, 15वीं-14वीं सदी ई. पू.। आर्यों के उन रिसालों ने उन्हें कुचल डाला जिन्होंने उनसे पहले और पीछे, पश्चिमी एशिया के संसार को भी नष्ट कर दिया था।

पर क्या मोहनजोदड़ो और हड़प्पा मर सके? उनकी सभ्यता की अनन्त-अनन्त इकाइयाँ क्या आज भी हमारे जीवन की नाड़ियों में संचरित नहीं हो रहीं? क्या उनका 'योग' हमारे देश में फल-फूलकर हमारी शाखाओं-प्रशाखाओं के रूप में यूरोप ओर अमेरिका के नगरों की जमीन पर नहीं पनप रहा है? क्या शिव-तांडव, जो भारतीय इतिहास के मध्यकालीन अध्यायों में मरे काल-पुरुष पर रूपायित हुआ है, मोहनजोदड़ो के आदिम पशुपति शिव के हमारे विश्वासों में नहीं जी रहा है? क्या सिन्धु सभ्यता का मातृत्व आज भी शक्ति बनकर इस देश में काली, दुर्गा, शीतला आदि के रूप में नहीं पूजा जा रहा है?

मोहनजो-दड़ो से प्राप्त मुहरें, जिनपर (बायें से दायें) हाथी पुजारी और गेंडा अंकित हैं

प्राचीन अमेरिका के भारतीय निवासी

कुछ दिन हुए एक भावुक भारतीय ने मध्य अमेरिका से लौटकर एक पुस्तक लिखी जिसका नाम था 'हिन्दू अमेरिका'। कोलम्बस के अमेरिका ढूँढ़ने के पहले वहाँ जो कुछ जातियाँ बसती थीं उन्हें भावुक भारतीय ने जो 'हिन्दू' कहा उसके दो कारण थे—एक तो भावुकता, दूसरा एक पुरानी गलती। भावुकता में कुछ वैज्ञानिकता का भी आभास था, क्योंकि उन जातियों की शक्लें, उनके विश्वास, देवता और मन्दिर एक अंश में भारतीयों से मिलते थे। फिर उन जातियों का यह विश्वास भी कि वे एशिया की दिशा से आये। ग़लती उसकी न थी, इतालवी माँझी कोलम्बस की थी जो 15वीं सदी के अन्त में चीन और भारत पहुँचने की सीधी राह खोजने, सोने का नगर एल्दोरादो खोजने, स्पेन से चल पड़ा था। भारत और चीन तो राह के अन्त में होने से उसे न मिले और बीच में ही जो अमेरिका का नया महाद्वीप आ मिला, तो उसने और साथी माँझियों ने उसे ही इंडिया अथवा भारत कहा और उसके निवासियों को इंडियन अथवा भारतीय। इस धोखे से भावुक भारतीय पर जादू का असर हो जाना और उसका मध्य अमेरिका की प्राचीन सभ्य भूमि को हिन्दू अमेरिका कह उठना कुछ बहुत अस्वाभाविक न था।

पर 'वह हिन्दू' अमेरिका न था, उन 'मयो' का साम्राज्य था जो मध्य अमेरिका में आज के मैक्सिको नगर के चतुर्दिक फैला हुआ था और जिसके आधुनिक प्रतिनिधि साधारणत: वे ही हैं जो आजकल मैक्सिको में तो हैं ही,संयुक्त राज्य अमेरिका में भी रेड इंडियन के नाम से पुकारे जाते हैं। मैक्सिको नगर से घंटे-आध घंटे की रेल की यात्रा से ही अनेक ऐसी जगहें जाया जा सकता है जहाँ सीढ़ीदार पिरामिडों की दुनिया उदास पड़ी हुई है। बहुत काल तक धनी अमेरिका की नज़र इन पर नहीं पड़ी यद्यपि घर से बहुत दूर समुन्दर पार इराक और मिस्त्र में करोड़ों डालर वह एशिया और अफ़्रीका की प्राचीन सभ्यताएँ खोजने में सरफ़ा कर रहा था। वास्तविक खुदाइयाँ तो अमेरिका के अपने ही महाद्वीपों

में 20वीं सदी में हुईं पर एकाकी खोज करनेवालों की वहाँ 19वीं सदी में भी कमी न थी। उन खोजियों में अत्यन्त रोमांटिक स्टीफ़ेन्स और टॉम्सन थे। पहले ने मय सभ्यता के नगरों का पता लगाया, दूसरे ने चिचेनइत्ज़ा के नरभोजी बलि कूप का। इनकी कहानी अन्यत्र कहूँगा।

आपने परियों की कहानी, जंगल में सहसा राजकुमार के निकल पड़ने पर देश के द्वार एकाएक खुल जाने की, सुनी तो होगी ही, उनपर बचपन में विश्वास भी किया होगा, फिर जैसे-जैसे संसार की स्थिति का बोध होता गया वैसे-ही-वैसे परी देश का प्यारा विश्वास काफ़ूर होता चला गया होगा। पर जिन नगरों की कहानी मैं कहने जा रहा हूँ वे आज भी मध्य अमेरिका के जंगलों में खड़े हैं, जिन्हें हज़ारों ने नंगी आँखों देखा है, कुछ भारतीयों ने भी, और मैंने तो ख़ैर देखा ही है और आँखों देखा अचरज नीचे बयान कर रहा हूँ।

कल्पना कीजिए यदि आप प्रत्यक्ष वहाँ न पहुँच सकें, कि मैक्सिको, होन्दूरस, गुआतेमाला, युकातान—ये मध्य अमेरिका के प्रजातान्त्रिक राज्य हैं—के जंगलों में आप अचानक जा निकले हैं। जहाँ राह पहले से बनी है वहाँ राह से चलिए; जहाँ राह नहीं मिलती, जंगल घना हो गया है, वहाँ कुल्हाड़ी से काट-काटकर राह बनाते जाइए, मीलों, घंटों, पहरों, दिनों और जब आप थकान से चूर आगे बढ़ने का इरादा छोड़ देने को मजबूर होने लगेंगे तभी पुरातन पेड़ों की फुनगियों के ज़ोर की हवा से हट जाने से सहसा भवन का शिखर दिख जाएगा। आपकी थकान झटके से ग़ायब हो जाएगी। जिस्म की रगें तन जाएँगी और आँखों में अचानक बेहद ज्योति जग उठेगी और आप बदहवास आगे बढ़ चलेंगे। फिर तो एक बेतहाशी दौड़ शुरू हो जाएगी और मन्दिर के पीछे मन्दिर, महल के पीछे महल, पिरामिडों के पीछे पिरामिड, तहों की तरह एक के ऊपर एक खुलते चले जाएँगे और आप उस निर्जन के नगर में सीढ़ियों से ऊपर शिखरों तक, सीढ़ियों से नीचे सदियों से इनसानी परों से अछूती ज़मीन तक चढ़ते-उतरते रहेंगे और वह परियों का सूना देश आपके सामने होगा, न किसी अन्धविश्वास की उपज, न किसी लोक-कथाकार की भावना का सबूत। प्रत्यक्ष नगर जो कभी कारणवश छोड़ दिया गया था और जहाँ से ज़िन्दगी एक ज़माने से बसकर उजड़ गयी थी, उजड़कर कहीं को कूच कर गयी थी और जहाँ को कूच कर गयी थी, वहाँ फिर वह आबाद भी हो गयी थी और इसी तरह कूच करते, आबाद होते उसने नगरों का एक जंगल क़ायम कर दिया था। अगले नगर पेंग मारती ज़िन्दगी से आबाद होते जाते, पिछले नगर सूने, बेजान होते जाते, जैसे शरीर पड़ा हो और ज़िन्दगी उससे कूच कर गयी हो। आपने फतेहपुर सीकरी देखी है—अकबर का वह शालीन नगर जिसे बग़ैर चोट खाये बेमानी मौत मरना पड़ा था। सीकरी के वे महल जो

अपने गुम्बजों, कलशों, कँगूरों के साथ खड़े हैं बेहरूह, बेआत्मा, मुरदा खड़े हैं। उसी फ़तहपुर सीकरी के-से बीसों निर्जीव वीरान छोड़े हुए नगरों की कल्पना कर लीजिए, पर मथुरा-आगरे के राजमार्ग पर नहीं, बस्तियों से दूर घने जंगलों के भीतर और आपको मध्य अमेरिका की प्राचीन सभ्यता के नगर का, उस सभ्यता के साम्राज्यों का सही और ऐतिहासिक अन्दाज़ लग जाएगा। और विश्वास करें, आप ज़रा भी ग़लत न होंगे, न इतिहास की सच्चाई में, न मात्रा के विस्तार में।

हाँ, मय लोगों के साम्राज्य भी थे, फैले साम्राज्य, जिनकी सीमाए कम से कम चार बड़े राज्यों—मैक्सिको, होन्दूरस, गुआतेमाला और युकातान—को घेरती थीं। साम्राज्य जो अनजाने युगों से चलकर 16वीं सदी ई. के मध्य तक बचा रहा था और जिसका नाश कोलम्बस के बाद साम्राज्य-निर्माण की कामना से वहाँ पहुँचने वाले स्पेनियों ने किया। उनकी ही एक जाति आज भी संयुक्त राज्य अमेरिका में बसी 'इंडियन' कहलाती है जो अधिकतर गोरे अमेरिकनों से मिलने से परहेज़ करती है और जिनके गाँव में बसनेवाले क़ुनबे न तो अपने बच्चों को अमेरिकी स्कूलों में पढ़ने भेजते हैं और न रुढ़िवादी बूढ़े अमेरिकनों का मुँह तक देखना चाहते हैं । उनके घर मिट्टी के हैं, उनकी भाषा अपनी है। मध्य अमेरिका में रहनेवाले उनके भाई-बन्द—इंका, परूबियन, मायन आदि—कहलाते हैं और अपने गोरे मालिकों से भिन्न बादामी रंग के प्रायः नौकरों की ज़िन्दगी बिताते हैं। उन्हीं के पूर्वजों ने कभी मध्य अमेरिका में अपने साम्राज्य खड़े किये थे। इन मयों का उस मय असुर से कोई सम्बन्ध नहीं, जो प्राचीन असुरिया का था, जिसके नाम का उल्लेख बार-बार भारतीय वास्तु-ग्रन्थों में हुआ है। ये मय कौन थे, इसका पता आज तक नहीं चला, यद्यपि अटकल इस सम्बन्ध में अनेक लगाये गये हैं। पर उसकी बात फिर कहूँगा, स्थान और समय से।

मयों के साम्राज्य के काल-स्तरों के अनुसार तीन विभाग किये जाते हैं, पूर्वकालीन और उत्तरकालीन साम्राज्य। उत्तरकालीन साम्राज्य तो पिछली पाँच-छह सदियों के पहले तक चलता रहा था और पूर्वकालीन साम्राज्य 610 ई. तक। इस पूर्वकालीन साम्राज्य के तीन काल-स्तर हैं—प्राचीनतम यानी अजानेकाल से 374 ई. तक, मध्यकाल यानी 375 से 472 ई. तक और उसका स्वर्ण अथवा महान युग यानी 473 ई. से 610 ई. तक।

इस प्रकार ईस्वी सन में तिथिक्रम पढ़कर पाठकों को कुछ कम कुतूहल और आश्चर्य न होगा, यद्यपि इसमें कोई आश्चर्य की बात है नहीं। कारण कि जहाँ संसार की सभ्यता में तिथियाँ स्पष्टतः नहीं दी गयीं, मय सभ्यता में अत्यन्त सूक्ष्म और स्पष्ट रीति से वर्ष आदि दिये मिलते हैं। और वर्ष की गणना का मय कैलेंडर जितना पूर्ण है उतना संसार का कोई कैलेंडर कभी पूरा न हो सका, न पहले न

'मय' कलेंडर का एक स्तम्भ : जिसमें गणना के अंक चेहरे की शक्लों में कटे हैं

आज। प्रत्येक इमारत में, प्रत्येक घेरे में, उसके प्रत्येक अंगांग में दिन और वर्ष दिये हुए हैं। मास के दिन 20 होते थे और वर्ष के 365। गणना की संख्या अथवा अंक चेहरे की शक्लों में, पत्थरों में कटे हुए हैं। चेहरे में तनिक भी परिवर्तन होने से अंक अथवा संख्या बदल जाती है, कान के अभाव से, नाक के अभाव से, ठुड्डी के अभाव से, होठों के सम्पुट होने या खुल जाने से। इस तरह शक्ल में ज़रा-सा परिवर्तन हो जाने से अंकों की मात्रा में परिवर्तन हो जाया करते थे। पर इन्हीं परिवर्तनों का यह परिणाम हुआ कि इन भवनों अथवा नगरों की सभ्यताओं की ठीक तिथि पढ़ी जा सकती है। इन मय नगरों के खँडहरों के अनेक टुकड़े यूरोप के पेरिस आदि के संग्रहालयों में सुरक्षित हैं। उनमें जहाँ कहीं भी आप विशेष बनावट के चेहरे, विकलांग अथा अत्यंग देखें, समझ लें कि उसका तात्पर्य किसी-न-किसी अंक से है। और इन चेहरों का प्रसंग एक बात और सामने ला देता है, जो मय सभ्यता के लिपि की है। संसार में सभी प्राचीनतम लिपियाँ-वस्तुओं के प्रति संकेत के कारण, ध्वन्यात्मक वर्ण-संकेत के अभाव के कारण—शक्लों के चित्र रूप में ही लिखी गयी थीं। भारत के मोहनजोदड़ो और हड़प्पा में, मिस्र और सुमेर में लिपियाँ चित्र रूप में ही लिखी जाती थीं, जैसे वह आज भी चीन में लिखी जाती हैं। चीन को छोड़ शेष सारी लिपियों ने विचार संकेत के माध्यम से ध्वन्यात्मक वर्णमाला में अपना विकास प्राचीनकाल में ही कर लिया था, पर मय सभ्यता की लिपि अपने अन्तकाल तक चित्र रूप में ही जीवित रही और आज भी ऐसे लोगों का सर्वथा अभाव नहीं जो उसे पढ़ न सकें।

उस सभ्यता के साधारणतः तीन जातियों से सम्बन्धित विभाग किये जाते हैं, एक तो स्वयं मयों की सभ्यता का, दूसरा तोल्तेकों और तीसरा आज़्तेकों की सभ्यता का। आज़्तेक सम्भवतः सबसे प्रबल थे जो स्पेनी सेनाओं के प्रहार से 16 वीं सदी के आरम्भ में नष्ट हुए और मय तथा तोल्तेक, विशेषतः तोल्तेक, वास्तु के विधान और इमारतों के निर्माण में विशेष दक्ष थे। इनमें-से अन्तिम आज़्तेकों ने तोल्तेकों की शक्ति तोड़कर मैक्सिको के बीच अपने साम्राज्य का केन्द्र स्थापित किया था। तोल्तेकों का प्रसिद्ध नगर 'तुला' भी खोज निकाला गया है। मैक्सिको नगर के पश्चिमोत्तर में प्रायः 8 मील के गिर्द में प्राचीन नगर का एक भाग खड़ा है। 'सर्प का पिरामिड' अपने विस्तार में असाधारण है। ये पिरामिड मिस्र पिरामिडों के से मृतक रखने के मक़बरे नहीं, सुमेरियों-बाबुलियों के देव मन्दिर ज़िग्गूरत के-से थे, जो सीढ़ीदार नीचे चौड़े ऊपर क्रमशः छोटे होते गये थे, जिनके शिखर पर सूर्य और चन्द्रमा के देवालय बने थे। यह साधाारण जन-विश्वास था कि प्रत्येक 52 साल के बाद देवता के कोप से प्रलय-द्वारा सृष्टि का अन्त होता था और उसकी रक्षा मात्र वहाँ के पुरोहित कर सकते थे। इसी क़ारण पुरोहित न केवल समृद्ध बल्कि असामान्य शक्तिमान और भयावह हो गये थे। प्रलय से प्रजा की रक्षा और उसका अवरोध वे हर 52वें साल एक पिरमिड को दूसरे से घेर-घेर कर लिया करते थे। इसी कारण उन्हें बरबस तिथियों की क्रम संख्या और अंकों के रूप में पत्थर में काटकर रखना पड़ता था। इसी से प्रत्येक इमारत की तारीख़ चेहरों के रूप में वहाँ बनी मिलती है।

इन इमारतों के देवताओं के चेहरे अत्यन्त विकराल हैं, जैसी विकराल उनकी भूख भी थी। उनकी भूख बिना मानव आहार के मिट न पाती थी, उनकी प्यास बग़ैर, इनसान के रक्त के बुझ न पाती थी, जिनके सैकड़ों-सैकड़ों सबूत वहाँ के उन बियाबाँ में खड़े नगरों के देवालय अपनी चुप्पी की हज़ार ज़बानों से देखते हैं नरबलि वहाँ की पूजा की केन्द्रीय रीति थी। ज़रा अन्दाज कीजिए उस दुनिया में—वैसे अफ़्रीका और भारत के नागालैंड के 'हेंड हंटर्स' (मानव मस्तक के अहेरी) तो प्रसिद्ध हैं ही—16वीं सदी के प्रायः मध्य तक इनसान पत्थर के देवता पर बलि चढ़ाता रहा है। बलि के आदमी के समूचे जिस्म से जिन्दा खाल उतार ली जाती थी और तब एक ख़ास क़िस्म की पूजा की छुरी से दिल निकालकर देवता के सामने पड़ी पत्थर की शिला पर चढ़ा दिया जाता था। आज़्तेकों के देवमन्दिर 'तियोकल्ली' में जब स्पेनी फ़ौज़ों ने प्रवेश किया तब उन्होंने देखा कि न केवल मन्दिर की भीतरी दीवारों पर आदमक़द तक ख़ून के लेप की मोटी तहें चढ़ी हुई थीं, बल्कि देवता की वेदी पर तीन-तीन दिल अभी हाल के काटे चढ़े हुए थे, जिनमें-से गरम भाप अब भी निकल रही थी और उनमें फरफराहट अभी

मरी न थी। बेक़ाबू ज़िन्दगी जिस्म से बाहर दिल के आख़िरी कोट में पर मारने की कोशिश कर रही थी!

और वह सभ्यता किस प्रकार थी? ऐसी जिसके शिल्पी शिलास्फटिक को सही टेकनीक से पॉलिश कर सकते थे, 854 सोने और बहुमूल्य रत्नों की चिकनी, कटी गुरियों की बीस-बीस लड़ियों तक के हार प्रस्तुत कर सकते थे। सोने और रत्नों के विभिन्न अनन्त आभूषण, ताज, भुजबन्द, कड़े, अँगूठियाँ, ब्रूच और पिन—सब उस सभ्यता की अचरज की कारीगरी के प्रमाण हैं। सबसे अधिक आश्चर्य की बात, जो अन्यत्र की महती सभ्यताओं में अलभ्य रही है, यह थी कि वास्तुकला के असामान्य आदर्श, पत्थर की कटाई और असाधारण मूर्त्तन तथा गढ़ाई का काम धातु की छेनी और हथौड़ों से नहीं पत्थर के ही औज़ारों से हुआ था।

एक प्रश्न जंगलों में धँसे इन नगरों के सम्बन्ध में स्वाभाविक ही यह होता है कि इन्हें सहसा छोड़ क्यों दिया गया? भूचाल के कारण नहीं,क्योंकि नगरों के भवनों आदि की, प्रकृत काल की प्रगति से भिन्न, हानि नहीं हुई है। आक्रमण भी इसका कारण नहीं हो सकता क्योंकि वहाँ धन-जन किसी की हानि नहीं हुई, न तो इमारतें तोड़ी-फोड़ी गयी हैं, न अग्निसात् की गयी हैं, न वहाँ के निवासियों के मारे जाने के ही प्रमाण मिले हैं। ऐसा भी नहीं कि सहसा आबोहवा बदल गयी हो, क्योंकि नये नगर जो पुरानों को छोड़ बसाये गये हैं, एक तो उनमें पूरी आबादी जा बसी है दूसरे वे पुरानों से 250 मील की दूरी के भीतर ही हैं। इतनी कम दूरी पर बसे नगरों में यह सम्भव नहीं कि एक की आबोहवा इतनी असह्य हो जाए कि वह तो नष्ट हो जाए दूसरा भरा-पूरा रहे, जहाँ पहली आबादी के लोग जा बसें।

इसका कारण बस एक है—मयों की जीवन-रीति। वे किसान थे, मक्का-बाजरा उगाने और खानेवाले मानव। मात्र खेतों पर निर्भर करने पर भी, अपनी सदियों लम्बी सभ्यता के विकासक्रम के बावजूद, वे उसके रूप को न बदल सके, उत्पादन के साधनों में कोई परिवर्तन न कर सके । अपने पिछले साम्राज्य की शालीनता के समय भी खेत जोतने का साधन वे नहीं खोज पाये। अन्त तक वे बरसात में लकड़ी से भूमि में सुराख़ कर उसमें बीज डाल दिया करते थे और अन्न पक जाने पर उसे तोड़ लिया करते थे। भूमि को उर्वर करने की कला से वे सर्वथा अनभिज्ञ थे। दो-तीन बार एक ही भूमि जोतने पर जब वह अनुर्वर हो जाती, तब वे उसे छोड़ आगे बढ़ जाते, अन्यत्र चले जाते और वहाँ जंगल काट उसे जला डालते, बरसात के पहले उसमें सुराख़ कर उसे बो देते। उधर छोड़ी परती ज़मीन पर जंगल चढ़ आता। इसी प्रकार वे बसते-उजड़ते फिरते और छोड़ी जगह के नगर अपने विशाल भवनों के साथ खड़े रहते, उनके चारों ओर

जंगल चढ़ आते और वे सर्वथा नज़र से ओझल हो जाते। मय जाति की सभ्यता के घने जंगल में आज भी खड़े समूचे नगरों का भेद बस यही है। ऐसा ही एक नगर स्टीफ़ेंस ने प्राय: हज़ार रुपये में ख़रीदा था!

मय लोग आये कहाँ से?

कौन कह सकता है? पर आये वे निश्चय कहीं और से, स्वयं उनकी ख्यातें कहती हैं। कहते हैं, उनका देवता आया, सफ़ेद चोगा पहने, सफ़ेद दाढ़ी रखे। देवता का नाम था क्वेत्जालकोआत्ल, आया वह सूरज के उदय होने वाली दिशा से। उसने वहाँ साम्राज्य बनाया। अन्न की पौध उपजायी, जिसकी बालें आदमक़द थीं, पौधों पर रुई और राई के कपड़े उगाये, लोगों-को शिल्प, सभ्यता, सामाजिक व्यवस्था सिखायी। और एक दिन उसे हुआ कि वह अन्यत्र चला जाये। और वह अन्यत्र चला गया, चोलूला, जहाँ उसने अपने शासन के सूत्र, अपनी लिपि, अपने गीत प्रचलित किये। फिर वह वहाँ से भी उठा, सागर-तीर जा पहुँचा, रोने लगा, अग्नि में उसने प्रवेश किया, उसका हृदय सुबह का तारा बन गया। कुछ का कहना है, वह अपने पोत में जा बैठा, जहाँ से आया था वहीं को लौट गया। पर सारी ख्यातों का कहना है कि वह विश्वास दिला गया कि वह निश्चय फिर लौटेगा।

और पश्चिम के ईसाई पंडितों ने, जिनका उनका नाश करने में ख़ासा हाथ रहा है, कहा, वह लौटकर आया—स्पेनी विजेताओं के रूप में, क्योंकि उसका श्वेत चोलाश्वेत त्वचा का प्रतीक था, श्वेत दाढ़ी सम्भवत: ईसा के चेलों में-से किसी की थी। निश्चय, लौटकर आने की प्रतिज्ञा तभी तो पूरी हुई, पिता की भाँति अपनी प्रजा को छोड़कर देवता गया था, प्रतिज्ञा पूरी करने लौटा उसके विध्वंस के साधन लेकर।

कौन थे वे वस्तुत:?

सम्भवत: मंगोल, सम्भवत: चीनी, सम्भवत: भारतीय। वे साइबेरिया के पूर्वी उत्तरी तीख़ी निकली भूमि से समुन्दर की पतली धारा लाँघ अलास्का पहुँचे, फिर तीर-तीर दखिन। मध्य अमेरिका में, मेक्सिको के सागर तट पर। धीरे-धीरे वहाँ उनकी सभ्यता उठी, फैली और पकी। और एक दिन कुछ लोग वहाँ पहुँचे, स्पेन से, यूरोप के विविध देशों से, जिन्होंने पहले उनका साम्राज्य नष्ट कर दिया, फिर उनकी सभ्यता, उनके विश्वास, उनका धर्म, और अब वे उनकी जातियों का अस्तित्व भी बड़े वेग से मिटाये जा रहे हैं। पर क्या वे उनकी संस्कृति को, जिसकी ध्वनि 'मिसिसिपी' में, 'मसाचूसेट्स्' में, अनेकानेक नगरों, नदियों, पहाड़ों, जन-मानव के नामों में बस गयी हैं, कभी मिटा पाएँगे?

मोस्तेज़ूमा का ख़ज़ाना

जब स्पेन की सेनाओं ने मेक्सिको के राज्य पर 1520 में हमला किया तब वहाँ के स्वामी आज़्तेक थे। मयों के अन्य राज्य अब तक मिट चुके थे, आज़्तेकों ने ही उन्हें मिटा दिया था और अब स्वयं वे ही नये साम्राज्य के स्वामी थे। आज भी कोई अठारह लाख अमेरिका के उन प्राचीन निवासियों की संख्या है, मध्य अमेरिका में, पर अब, जिन्होंने कभी साम्राज्य सुख भोगा था, उनकी दशा नौकरों से भी बदतर है।

जब स्पेनी सेना ले हेनोन कोर्तिज ने आज़्तेकों के साम्राज्य के अन्तिम गढ़ पर मेक्सिको नगर के बीच आक्रमण किया तब आख़िरी मोरचे पर उनका घायल सम्राट मोस्तेजूमा बन्दी हो गया। हथकड़ी-बेड़ियों से लाचार सम्राट को अपनी ही राजधानी में क़ैदी का भोग भोगना पड़ा। मोस्तेजूमा वीर था, मोरचों का अभ्यस्त सेनानी, पर यूरोप के तब के गोला-बारूद का सामना लाठियों और बरछों से वह न कर सका। नौ-नौ लड़ाइयाँ लड़ प्रत्येक में बुरी तरह घायल हो उसे हथियार डाल देना पड़ा। उसने हथियार तो डाल दिये पर उसकी प्रजा ने लड़ाई जारी रखी और एक दिन जब कोर्तिज़-ने आज़्तेकों का आख़िरी गढ़ भी ले लिया तब वह लड़ाई भी बन्द हो गयी। इन्हीं लड़ाइयों में आख़िरी मोरचा मेक्सिको नगर के बीच आज़्तेकों के प्रसिद्ध देवमन्दिर तियोकाली के मैदान में लड़ा गया, जहाँ मोस्तेजूमा का ख़ज़ाना स्पेनियों के हाथ लगा।

स्पेनी फ़ौजें जहाँ जातीं, वहाँ स्पेन के पादरी भी जाते, उसका खूनी धर्म-न्यायालय इंक्वीज़िशन भी जाता और ईसाई-भिन्न शत्रुओं की हार के बाद उनके देवालयों को तोड़ वहाँ गिरजे खड़े कर लिये जाते। बड़ी व्यवस्था से शत्रु जनता को ईसाई धर्म में दीक्षित किया जाता। स्पेन में, जब यूरोप में ही सहिष्णुता का इतना अभाव था तब उसकी आशा ईसाई-भिन्न जातियों के सम्बन्ध में कैसे की जा सकती थी? अव्वल तो स्पेनी ईसाई अपने से भिन्न किसी जाति, धर्म अथवा

सभ्यता को ऊँचा मानने को तैयार न थे और यदि परिस्थितियों ने उन्हें मजबूर कर शत्रु की सांस्कृतिक ऊँचाई उनसे स्वीकार करा भी ली तो उनकी असहिष्णुता और भी बढ़ जाया करती और वे अपने कमज़ोर शत्रुओं को नष्ट कर देने में कुछ उठा न रखते।

आज़्तेकों की सभ्यता निस्सन्देह उससे कहीं ऊँची थी, जो स्पेन ने जाना या देखा था। आज़्तेकों का गणित और ज्योतिषज्ञान और उसपर अवलम्बित उनका कलेंडर, नगरों का निर्माण और उनकी व्यवस्था, उनका वास्तु और शिल्प, सड़कों पर यातायात का प्रबन्ध और जनगणना तथा नागरिक रजिस्ट्रेशन, शिक्षा का प्रसार, सभी एक रूप से कुछ ऐसे थे, जिनके सामने स्पेनियों को हार माननी पड़ी; पर उन्होंने उसका प्रतिकार आज़्तेकों की सभ्यता को नष्ट कर करना उचित समझा।

आज़्तेकों का गणित और ज्योतिष ज्ञान, उनका कैलेंडर, उनका वास्तु और शिल्प सभी स्पेनियों से श्रेष्ठ थे।

तियोकाली के मन्दिर की कोर्तिज़ ने मुलाहिज़ा करनी चाही। मजबूर पुरोहितों ने चुपचाप सिर झुका लिया और कोर्तिज़ पादरियों के साथ आज़्तेकों के देवालय में जा पहुँचा। भयानक बदबू थी क्योंकि आज़्तेकों का देवता न केवल मानव आहार करता था बल्कि हाल के ही मारे नरों का भोग भी अभी हाल ही लग चुका था। दीवारों पर नज़र गयी तो कोर्तिज़ ने देखा उनपर रक्त के जो अनेक लेप मनुष्य की ऊँचाई तक लगे थे, उनमें एक ताज़ा भी था। उधर जो देवता की वेदी पर नज़र गयी तो लोगों ने देखा जिस्म से निकाले तीन ताज़े दिल अभी गरम तड़प रहे थे।

मोस्तेजूमा से कोर्तिज़ ने जो अमानव बर्बरता का बयान किया तो लाचार नृपति ने कहा कि प्रार्थना के वक़्त भगवान के बेटे ईसा का माँस खाना और रक्त पीना नरबलि से कहीं ज़्यादा बर्बर है। शायद इस जवाब से कोर्तिज़ विशेष प्रभावित न हुआ। वह भरपूर जानता था कि किस तरह धर्मसभा से दंड पाये बन्दियों का माँस स्पेन में रांध लेना धार्मिक कृत्य माना जाता था।

तियोकाली के मन्दिर के दूसरी ओर एक और इमारत खड़ी थी, जिसमें क़रीब 1, 30, 000 खोपड़ियाँ गिनी गयीं, उन अभागों की, जो तियोकाली के

देवता के कालान्तर में बलि चढ़े थे। तियोकाली का देवता चेहरे से मनुष्य था, शेष शरीर से सर्प, जिसके सारे अंगों में असंख्य छोटे-बड़े रत्न और मोती जड़े हुए थे। स्पेनियों ने देवता का शरीर तोड़ डाला, रत्न और मोती चुन लिये। आज़्तेकों के पुरोहित बेबस देखते रहे, प्रजा परबस, अपने भगवान को भीतर-ही-भीतर कोसती रही। पर आग उनके दिलों में सुलगती रही और कुछ अजब न था कि एक दिन राख में दबी चिनगारियाँ अंगार बन जाएँ और भड़ककर वहाँ की दुनिया को जलाकर खाक कर दें।

आख़िर वह दिन भी आया। कोर्तिज़ विद्रोही स्पेनी जनरल को दबाने मेक्सिको से बाहर गया हुआ था और स्थानीय सेना पर अधिकार उसके पीछे अल्वेरादो का था। देवता का त्योहार आया और आज़्तेक पुरोहितों ने अल्वेरादो से त्योहार मनाने की अनुमति चाही। अनुमति अल्वेरादो ने दे दी, पर इस शर्त पर कि उत्सव मनानेवालों की संख्या 600 से अधिक न हो, वे बग़ैर हथियार के आयें और देवालय में नरबलि न हो। पुरोहितों ने शर्तें मान लीं, उत्सव की साँझ जलते दीपों और मशालों से चमक उठी। आज़्तेक अभिजात कुलों से 600 प्रतिनिधि चुन लिये गये जो उत्सव में शामिल होने के लिये तियोकाली के मन्दिर में निहत्थे आ पहुँचे। हथियारबन्द स्पेनी फ़ौजी उनमें मिल गये और जब नाच-रंग अपनी चोटी पर पहुँचा तब वे आज़्तेक प्रभुओं पर टूट पड़े और 600 निहत्थों में-से एक-एक को तलवार के घाट उतार दिया।

आज़्तेकों ने स्पेनियों से, उनकी अनेक दुरभिसन्धियों के बावजूद, इस घटिया क़िस्म के धोखे की कल्पना न की थी और जैसे-जैसे ख़बर उनके गाँवों में फैलती गयी वैसे-ही-वैसे आज़्तेकों के झुंड तियोकाली के मन्दिर में आ पहुँचे। लड़ाई छिड़ी और इतनी घनी लड़ी गयी कि स्पेनियों को घिरकर क़ैद हो जाना पड़ा और जब कोर्तिज़ बाग़ी सेना को सर कर लौटा तब उसने अल्वेरादो को आज़्तेकों से घिरा पाया। उसने देखा कि अगर वह आज़्तेकों को बाहर से घेरा उठाने को मजबूर करता है तो स्वयं उसे भी एक दूसरे घेरे में घिर जाने को मजबूर हो जाना पड़ेगा। फिर तो उसने सम्राट मोस्तेजूमा को बाहर ला खड़ा किया और मोस्तेजूमा ने भी अपनी बेबसी से लाचार अपनी प्रजा को आक्रामकों की प्रभुसत्ता स्वीकार कर लेने की राय दी।

पर आज़्तेक प्रजा को यह मंज़ूर न था और उसने अपने सम्राट की बुज़-दिली का जवाब उसे पत्थर मारकर दिया। उसने अपनी जीती हुई लड़ाई खोने से इनकार कर दिया। दिन-रात जुझाऊ मोरचा जमा रहा, लाशें गिरती गयीं। फिर वह रात भी आयी जो स्पेन के इतिहास में 'नोखे त्रिस्ते' (रंजीदा रात) के नाम से प्रसिद्ध हुई।

रंजीदा रात। घमासान युद्ध जो छिड़ा तो कोर्तिज़ ने देखा कि रात क़त्ल

की है, जिससे रक्षा सम्भव नहीं। आज़्तेकों ने सागर के बाँध काट दिए थे और नगर में पानी भर चला था, पुल तोड़ दिये थे जिससे स्पेनियों के भागने की राह बन्द हो गयी थी। आज़्तेक अपने इन साधनों की शक्ति देख घरों में जा सोये, पर यह सोचकर कि जो काम उन्हें करना था वह अनायास अपने-आप जल की धाराएँ कर लेंगी। केवल उनके पहरुए परकोटों पर जागते रहे।

कीर्तिज़ ने जब देखा कि अब ज़िन्दगी की आख़िरी बाज़ी लगानी है तब उसने अपने आदमियों में पासा फेंका—तियोकाली और दूसरे मन्दिरों से लूटी राशि, मोस्तेज़ूमा का अनगिन ख़ज़ाना उसने अपने सैनिकों के सामने बिखेर दिया। उनसे कहा, जितना चाहो ले लो, पर यह न भूलना कि रात के अँधेरे में वही भागने वाले राह पाते हैं जो हलके होते हैं।

कोर्तिज़ की सीख बहुत थोड़ों ने सुनी। जो सोने और रत्नों के भार से जल से बाहर न निकल सके, बह गये। लकड़ी का एक पुल जैसे-तैसे स्पेनियों ने भागने के लिये एक जलधारा पर डाला था। पर आदमी और घोड़ों के भार से वह मिट्टी में धँस गया। उधर आज़्तेक पहरुओं ने भगोड़ों का इरादा बूझ लिया और हाँक लगायी। आज़्तेक घरों से निकले, घमासान फिर शुरू हुआ बारूद और गोलियों की मार आज़्तेक अपने सैनिकों की दीवार पर ले रहे थे और स्पेनी जान पर खेल रहे थे। लड़ते-लड़ते रात बीती, रंजीदा रात। पौ फटी और अपने देवता सूरज के अंगार को आज़्तेकों ने कुछ ख़ास खूनी लाल रँग पाया। उन्हें लगा कि देवता नाराज़ हैं, कुछ करके ही दम लेगा। और तभी उन्होंने देखे, सामने दूर के क्षितिज पर गर्द के उड़ते बादल। कीर्तिज़ के हरकारों ने आज़्तेको की दुश्मन जातियों को ख़बर दे दी थी और वे आ पहुँचे थे। देशी-विदेशी शत्रुओं की दोमुँही मार आज़्तेक न सह सके, कुचल गये। मोस्तेज़ूमा की कायर सलाह का जवाब जिन्होंने उसे पत्थर मारकर दिया था वे आज ख़ुद गोलियों के शिकार खेत में पड़े थे और स्पेन का झंडा आज़्तेकों के गढ़ पर फहरा रहा था।

कोर्तिज़ ने मोस्तेज़ूमा का लूटा हुआ ख़ज़ाना और देवालयों की धनराशि बहुत ढूँढ़ी, थल पर, जल में, पर हाथ बहुत थोड़ा लगा। फिर भी समूचे ख़ज़ाने का पाँचवाँ हिस्सा उसने इसलिए छिपा रखा था कि यदि कभी वह स्पेन के राजा के कोप का भाज बना तो उसी धन से अपनी जान की क़ीमत चुकाएगा। वह धनराशि उसने जहाज़ से स्पेन भेजी। पर समुद्र में तब डाकेज़नी बेइन्तहा होती थी और फ्रांसीसी डाकू-जहाज़ों ने छापे मारकर कीर्जिज़ की स्पेन को भेजी धनराशि छीन ली। मोस्तेज़ूमा का ख़ज़ाना स्पेन के चार्ल्स प्रथम को भेजा गया था, मिला फ्रांस के फ्रांसिस प्रथम को!

नरबलि का कुआँ

आपने क्या ऐसे कुएँ का ज़िक्र पढ़ा है जो नरबलि के आहार से ही सन्तुष्ट होता रहा हो? पुरातत्त्व ने एक ऐसा कुआँ मध्य अमेरिका के युकातान प्रदेश के मय-सभ्यता के गढ़ चिचेन-इत्ज़ा में खोद निकाला है। पढ़िए वह लोमहर्षक बयान।

स्पेन की राजधानी माद्रिद में 1863 में एक डायरी मिली। डायरी युकातान के आर्चबिशप दिएगो दे लान्दा ने लिखी थी, प्रायः तीन सौ साल पहले, 1566 में। दे लान्दा ने मय ख्यातों के आधार पर लिखा था—

'जब-जब देश में अकाल पड़ता, उस पर संकट आता, तब-तब पुजारियों और साधारण जनता का, पाताल के देवताओं को प्रसन्न करने के लिए, जुलूस निकलता। पुजारी क़ीमती और पवित्र चढ़ावे की वस्तुएँ लिये जाते और उन्हें बलि के कुएँ में झोंक देते। चढ़ावे की इन पवित्र वस्तुओं में लावण्यवती सुन्दरियाँ होतीं, युद्ध में पकड़े तरुण होते।'

फिग्ररोआ का वृत्तान्त सुनिए—

'देश के स्वामियों और श्रीमानों की रीति थी—साठ दिन संयमपूर्वक उपवास कर वे पौ फटते ही बलि के कुएँ पर जा पहुँचते। फिर उनमें-से प्रत्येक स्वामी और श्रीमान इंडियन (रेड इंडियन) जाति की अपनी स्त्रियाँ कुएँ में यह कहकर डाल देते कि देवता से माँगना कि स्वामी का साल उसके मनोरथों को पूरा करे।

'हाथ-पैरों से निर्बन्ध नारियाँ धमाके के साथ तेज़ी से जल में गिरतीं। अगले दोपहर उनमें-से जो चिल्लाकर पुकार सकती थीं, पुकारतीं, और डोरें ऊपर से उन तक लटका दी जातीं। जब वे अधमरी ऊपर आतीं, उनके चारों ओर अलाव जला दिये जाते, सुगन्धित द्रव्यों का धुआँ कर दिया जाता। जब धीरे-धीरे वे होश में आतीं तब कहतीं—नीचे हमारी जाति के अनेक लोग हैं, नर-नारी और उन्होंने हमारा स्वागत किया था। और जब वे उन्हें देखने सिर ऊपर करतीं तब उन पर मार पड़ती, और जब चोट से तिलमिलाकर वे अपने सिर नीचे झुकातीं तब उन्हें

लगता कि नीचे अतल गहराइयाँ और गड्ढ़े दिखाई पड़ रहे हैं, और तब नीचे वाले लोग स्वामियों के वर्ष-फलक के सम्बन्ध में उनके प्रश्नों के उत्तर देते।'

एडवर्ड हर्बर्ट टॉम्सन ने लान्दा के लिखे ग्रन्थ पढ़े। कुएँ की कहानी पढ़ उसने औरों की तरह उसपर अविश्वास नहीं किया। उस पर उसने ठीक वैसे ही विश्वास किया जैसे श्लीमान ने होमर पर किया था और ठीक जैसे श्लीमान ने उसी आधार से त्रॉय-मिकीनी को खोद निकाला था, टॉम्सन ने भी बिशप लान्दा की कहानी के आधार पर बलिकूप को खोज निकाला।

तब टॉम्सन केवल 15 साल का था, 1885 के साल, युकातान में अमेरिकी दूतावास का कर्मचारी। छह साल पहले से ही वह पुरातात्त्विक विषयों पर लिखने लगा था। चला वह बलिकूप की खोज में।

पूर्णिमा की रात थी, युकातान के जंगल पर चाँदी बरस रही थी। टॉम्सन घोड़े पर चढ़ा अपने इंडियन गाइड के साथ मयों के नव-साम्राज्य के बीच से प्रकृति की छटा निहारता चला जा रहा था। उसकी आँखें तो निश्चय खुली थीं पर भीतर उसका मानस इतिहास की मंज़िलें तय करता जा रहा था जिन मयों की राजधानी की वह खोज करने चला था वे डेढ़ हज़ार वर्ष पहले अपने नगर छोड़ उत्तर की ओर चले गये थे। उनका नव साम्राज्य भी सदियों पहले स्पेनी सेनाओं के आक्रमण से टूट चुका था।

टॉम्सन मयों के सबसे विपुल, सबसे सुन्दर, सबसे शक्तिमान सबसे वैभवशाली नगर चिचेन-इत्ज़ा को खोज रहा था। दोनों जंगली राह की हज़ार कठिनाइयाँ झेलते चले जा रहे थे, दोनों के घोड़े अपने सवारों की ही भाँति थकान से चूर हो रहे थे। टॉम्सन का सिर थकान से बेताब उसकी छाती पर लुढ़का जा रहा था, और बार-बार जब उसका घोड़ा लड़खड़ाता, टॉम्सन को लगता, वह काठी से नीचे लुढ़क पड़ेगा। तभी उसके गाइड ने चिल्लाकर उसे पुकारा। टॉम्सन की रगों में जैसे बिजली दौड़ गयी, सिर सहसा छाती से उठा और आँखें सामने के दृश्य पर गड़ गयीं—सामने परियों का अखाड़ा साक्षात खड़ा था।

पेड़ों की गहरी फुनगियों के ऊपर पीछे टीला था, सीधा ऊँचा। उसके शिखर पर खड़ा मन्दिर शीतल चाँदनी में नहा रहा था। रात्रि की अनिर्वचनीय नीरवता ने वृक्षों से छिपे, शिखर से प्रकट मन्दिर अपने वातावरण से उदासीन इन्द्रजाल के प्रभाव से जैसे अवाक कर दिये थे। गाइड घोड़े से उतरा, घोड़े की पीठ से ज़ीन हटायी और सोने के लिए ज़मीन पर कम्बल फैला दिया। पर टॉम्सन की आँखें तो जैसे जादू से सामने के दृश्य पर जड़ गयी थीं, न हटीं। जो वह अब तक खोज रहा था आज उसने पाया।

गाइड ने ज़मीन पर उसका बिस्तर लगा दिया। पर टॉम्सन उछलकर घोड़े

एक तरफ़ एक टूटा-सा खँडहर था
और सामने था 'मिस्री पिरामिडों' की शक्ल का मन्दिर
इसे खोजने निकला था टॉम्सन

की पीठ से नीचे आया। पैदल आगे बढ़ा। सीढ़ियों की ऊँची खड़ी चढ़ाई पर घनी घास और झाड़ियाँ उग आयी थीं। सीढ़ियाँ जो ऊपर मन्दिर तक चली गयी थीं, काल के क्रूर प्रहार से जहाँ-तहाँ टूट गयी थीं। मन्दिर की इमारत का वास्तु टॉम्सन का अजाना न था, मिस्री पिरामिडों की सी उसकी शक्ल थी। पिरामिडों के प्रयोजन से भी वह अवगत था, पर मयों के पिरामिड मिस्रियों के पिरामिडों से भिन्न थे, मृतकों की समाधि न थे। बाहर से वे बाबुलियों के ठोस मन्दिर ज़िग्गूरतां का आभास उत्पन्न करते, पर वस्तुत: थे वे उनसे भी भिन्न—सीढ़ियों की ठोस पुश्तें उनके पत्थरों से भरी बनी थीं और सीढ़ियाँ सूर्य और चन्द्रदेव की ओर ऊपर उठती चली गयी थीं।

टॉम्सन ने आँख-भर उस चाँदनी से धुली चुपचाप खड़ी इमारतों को क्षण-भर देखा, फिर वह सीढ़ियों से ऊपर चढ़ चला। गाइड को वह भूल गया, घोड़े को भूल गया, जंगल और बीच की रात को भी। सोपान मार्ग के सिरे पर, जंगल के विशाल तरुओं के शिखर के ऊपर वह जा खड़ा हुआ। उच्चतम तरुशिखर उससे क़रीब 100 फ़ुट नीचे था। धीरे-धीरे उसने छाया में एक-एक कर छह इमारतें गिनीं। पेड़ों की हिलती डालियों की छाया में झिलमिलाती चाँदनी के छिटपुट प्रकाश में रह-रहकर इमारतें सहसा दिख जातीं, फिर खो जातीं। और जब तरुशाखाओं पर पेंग भरती पत्तियों से छनी चाँदनी इमारतों की शिलाओं पर पड़तीं, शिलाएँ चमक उठतीं। अनुसन्धाता मानव का मानस भाव-तरंग पर लहरा उठता। अवाक था आकाश, अवाक धरा, अवाक मन्दिर, अवाक पर भाव-बोझिल था वह चकित मानव।

सो यही चिचेन-इत्ज़ा था, मयों के नव-साम्राज्य का सदियों पूर्व छोड़ा शालीन नगर। उस साम्राज्य का हृदय रहा था वह नगर, उसकी राजधानी। टॉम्सन दिनों वहाँ फिरता रहा, ऊपर-नीचे। एक दिन प्रात: वह मन्दिर की छत पर जा खड़ा हुआ। पौ फट रही थी, प्राची गगन पर बालारुण की फूटती किरणें क्षितिज को लाल रँगती चली जा रही थीं। प्रात:वेला नीरव थी, गरिम गम्भीर। रात की डरावनी रहस्यमयी वन्य-ध्वनि शान्त हो चुकी थी, दिन का कंठ अभी फूटा न

था। लगता था जैसे ऊपर का आकाश और नीचे की धरती—दोनों निःशब्द-निस्पन्द किसी होनी की प्रतीक्षा में दम साधे खड़े हैं। और तभी थाल-सा बड़ा सूरज का गोला, दमकता पावक पुंज उठा और जैसे समूचे पूर्वी क्षितिज पर छा दिगन्तों में प्रकाश के पैने तीर मार चला। चराचर जगकर गा उठा, वन के विभिन्न स्वर समवेत फूट पड़े। तरुओं के पक्षी और भूमि के पक्षधर कीट समस्वर हुए। प्रकृति ने आदिम मानव को पहले सूर्य के ही प्रताप का राज बताया था, पहला मानव सूर्य का ही उपासक था, जैसे आज भी उसका अन्त उस अग्निपुंज के दूर स्पर्श से भासमान उल्लसित हो उठता है। टॉम्सन पर सूर्य का अनादि प्राचीन वैभव भरपूर बरस पड़ा।

वह खड़ा रहा, जहाँ खड़ा था—निस्पन्द, मन्त्र जड़ जंगल उसकी आँखों से ओझल हो गया। सामने का दृश्य परे हट इन्द्रियों से अगोचर हो गया। धीरे-धीरे सदियाँ काल के प्रसार से सरककर खो गयीं और उनके परे का विगत संसार दृष्टिपथ पर साक्षात् उठ आया। टॉम्सन ने देखा—दूर से आता हुआ जुलूस मन्दिर तक आकर रुका। बाजे बज उठे, भवन आनन्दध्वनि से आपूरित हो उठे, धार्मिक स्तवनों से मन्दिर के अन्तर गूँज उठे। जंगल के छोरों से टकराकर वे आवाज़ें उसे प्रतिध्वनित करने लगीं, उन आवाज़ों से एक-एक को पहचानने का टॉम्सन प्रयत्न करने लगा। सहसा उसका स्वप्न टूटा, कल्पना का परदा उठ गया, अतीत का संसार फिर आँखों से ओझल हो गया। पुराविद ने कर्तव्य पहचाना। सामने जंगल की हरियाली को बेधती चली गयी पतली पगडंडी को उसने ऊपर से देखा, झिलमिल चाँदनी में धुँधली दिखती। सम्भवतः वही पगडंडी चिचेन इत्ज़ा के पवित्र बलिकूप को जाती हो, उसने सोचा।

वही पगडंडी चिचेन-इत्ज़ा के पवित्र बलिकूप को जाती थी। टॉम्सन रात में राह खोजता, राह बनाता बलिकूप तक जा पहुँचा। पिरामिडों और मन्दिरों, चिचेन-इत्ज़ा के वैभवशाली नगर के अभिराम मन्त्रपूत भवनों से कहीं आकर्षक उसके लिए वह बलिकूप रहा था। जा पहुँचा वह उसके मुँह पर। गहरा काला गर्त, गँदले जल, टूटती-गलती डालियों, शिलाखंडों से भरा कुआँ।

खूनी कुआँ। टॉम्सन सोचने लगा। मन्त्रपूत, क्रियानुष्ठानपूत युवा-युवतियाँ पुनीत चढ़ावों के साथ, पुजारियों के सामने धीर-गम्भीर गति से चुपचाप मथित अन्तर लिये वहाँ पहुँचतीं। नवपरिधानों सजीं, नवभूषणों मंडित वे उस कूप में धकेल दी जातीं, देवता को बलि कर दी जातीं। नीचे के जल से टकरा-टकराकर उनकी आवाज़ें कुएँ में गूँजतीं, फिर चुप हो जातीं। उनके पीछे चढ़ाने की वस्तुएँ गिरतीं और पाताल का देव प्रसन्न सन्तुष्ट हो उठता।

टॉम्सन ने पढ़ा था, यदि मयों के देश में कहीं सोना था तो इसी कुएँ में

था, जो सदियों उसमें फेंका जाकर एकत्र होता रहा था। उस कुएँ के तल तक जाना होगा, टॉम्सन ने निश्चय किया। पर निस्सन्देह उस सोने के लिए नहीं, उस रहस्य की गाँठ खोलने के लिए जिसकी तह में मानव रक्त का प्यासा दैत्य बैठा था।

पर उसकी तह तक पहुँचना आसान न था, जान की बाज़ी लगानी थी। पर जान की बाज़ी लगाना टॉम्सन को मंजूर था। वह चुपचाप अपनी राह गुनता लौट गया। सालों बाद वह फिर लौटा। डौल कुछ बैठा नहीं, वह अभी तैयार न था। ज़रूरत रुपयों की थी और उसके पास सिवा अपनी छोटी नौकरी की मासिक आय से बचाये कुछ डालर के, एक धेला न था। फिर ज़रूरत उसी के साथ जान की बाज़ी लगा देने वाले साथियों की भी थी जिन्हें अभी उसे खोजना था।

वह युकातान मेक्सिको से संयुक्त राज्य अमेरिका लौटा। वहाँ उसने विज्ञान के सम्मेलन में भाग लिया, लोगों से बलिकूप का ज़िक्र किया। लोगों ने उसे पागल कहा, पागल ने अपनी राह ली, लोगों ने अलग! उसने जाना उसे रुपये चाहिए, ग़ोताखोर चाहिए, गोताख़ोरों के साज़ो-सामान चाहिए। रुपये उसे मिल गये, गोताख़ोरों के सामान उसने ख़रीद लिये। पर मित्रों ने कहा—"देखो, पागल न बनो। उस अथाह जल के भयानक गर्त में डूबकर मनुष्य फिर ज़िन्दा वापस नहीं लौटने का। और अगर तुम आत्मघात करने पर ही तुल गये हो तो उसके लिये कोई दूसरा, कोई कम भीषण, तरीक़ा ढूँढ़ो।" टॉम्सन लिखता है, "अब मेरा नया क़दम था बोस्टन जाकर गोताख़ोरी सीखना, गहरे समुद्री पनडुब्बों का हुनर साध लेना। कैप्टन एफ़्रैम निकर्सन को मैंने अपना शिक्षक बनाया, जिन्हें गोताख़ोरी का सालों का अनुभव प्राप्त था। उनके विशिष्ट धीर शिक्षण से मैं एक हद तक गोताख़ोर बन गया यद्यपि उसमें मुझे कोई ख़ास महारत न मिली। इसका राज़ कुछ काल बाद खुला।"

टॉम्सन को डुब्बी के साज़ो-सामान तैयार करने थे। साज़ो-सामान उसने तैयार कर लिये। मिट्टी खोदने-खरोचने वाले यन्त्र, मिट्टी-पानी फेंकने वाली छोटी मशीनें, लोहे के जाल, स्टील के तार और मज़बूत रस्सियाँ, काम की सारी चीज़ें उसने एकत्र कीं। उन्हें कार्यस्थल पर भेजने का समुचित प्रबन्ध कर टॉम्सन अपने से ही जान पर खेल जानेवाले मित्रों को ले फिर युकातान की ओर चला और कुछ ही मंज़िलों पार वह उस कुएँ के मुँह पर जा पहुँचा जो सदियों कभी इनसान की सुन्दर जानों का भूखा रहा था। पर वे जानें मजबूर रही थीं। अब टॉम्सन के साथ जो जानें वहाँ जा खड़ी हुईं वे स्वतः उसके रहस्य का भंडाफोड़ करने आयी थीं।

बलिकूप के कंकाल

जब से टॉम्सन ने बलिकूप में घुसने की घोषणा की थी, यूरोप और अमेरिका के पुराविदों में एक सनसनी फैल गयी थी। मिस्र, ईराक और विशेषकर त्रॉय-मिकीनी की खुदाइयों ने जो अविश्वासी पंडितों के अविश्वास का खंडन कर अपनी उगली बहुमूल्य सम्पदा से उन्हें हैरत में डाल दिया था, इससे इस खोज की सम्भावनाओं से भी उनमें सनसनी फैल जाना स्वाभाविक था। सभी उत्कंठित हो चिचेन-इत्ज़ा की ओर देख रहे थे, पर उनसे कहीं बढ़कर उत्कंठा स्वयं टॉम्सन को थी।

टॉम्सन आवश्यक औज़ारों-मशीनों से लैस पनडुब्बों-मज़दूरों को लिये पवित्र बलिकूप के मुँह पर जा खड़ा हुआ। सभी साथी यद्यपि उत्साह से भरे थे, उनमें शंकाओं की भी कमी न थी। और शंकाओं से कहीं अधिक उनमें डर ने घर कर लिया था। जो कुएँ के तल में नीचे उतरेंगे, उनमें-से कौन लौटेगा, कौन कूपदान का आहार बनेगा, सभी को इसकी चिन्ता थी। इस चिन्ता से मुक्त बस एक व्यक्ति था—टॉम्सन। न केवल वह इस चिन्ता से मुक्त था, उसकी प्रत्येक शिरा नीचे उतरने को उत्सुक थरथरा रही थी।

इसी स्थिति में बलिकूप की गहराई नापने लोग उसके मुँह पर खड़े थे जिसमें एक बार उतर जाने पर कोई कभी लौट नहीं सका था। कुआँ, जहाँ उसकी चौड़ाई सबसे ज़्यादा थी, आर-पार कोई 187 फ़ुट था। राँगे का गोला फेंककर कुएँ के पानी की गहराई आँक ली गयी। करीब 80 फ़ुट थी। अब टॉम्सन ने लकड़ी के कुन्दों के बने आदमी रस्सों से बाँध प्राय: उसी विधि और वेग से कुएँ के जल में फेंके जिसे विधि और वेग से अनुमानत: कुएँ के देव की पत्नियाँ बनने के लिए युवतियाँ फेंकी गयी होंगी। इससे, रस्सों की दूरी नापकर, फेंकी गयी दूरी का अटकल लगा लिया गया। बात साधारण थी—कुएँ के तल के उस स्थल का अन्दाज़ करना था जहाँ खोज की जाती। यह अन्दाज़ लगते ही टॉम्सन अपनी मशीनों को ले काम में जुटा।

"मुझे सन्देह है," वह लिखता है, "कि कोई मेरी तब की ख़ुशी का अन्दाज़

लगा सकेगा जब चार आदमी यन्त्र की मूँठों पर लगे, ब्रेक पर लगा एक और यन्त्र अपना फ़ौलादी मुँह बाये सहसा चबूतरे से उठा, क्षण-भर कुएँ के मुँह के ऊपर हवा में झूला, फिर बड़ी तेज़ी से नीचे गिरा और स्थिर काले जल में साफ़ जा डूबा। इसलिए कि उसकी तेज़ बड़ी दाँती जल के नीचे की जमावट में भरपूर चुभ जाए, यन्त्र को कुछ क्षण स्थिर छोड़ दिया गया। फिर तो मज़दूरों की शिराएँ हिल उठीं और जिस रफ़्तार से वे कसने और ढीली होने लगीं उसी रफ़्तार से यन्त्र अपना सदियों का भार लिये ऊपर उठने लगा। लोहे के निरन्तर कसते जाते तार इसके गवाह थे।

"अभी तक नीचे का जल दर्पण-सा स्थिर था, अब वह हिलने और तारों के चारों ओर खौलने लगा और उसकी यही स्थिति तबतक बनी रही जबतक कि बाल्टी यन्त्र की दाँती पर जबड़े भींचे, साफ़ जल की बूँदें टपकाती धीरे-धीरे कुएँ की जगत तक नहीं आ गयीं। यन्त्र की बाल्टी ने ऊपर बने तख्त के प्लेटफ़ॉर्म पर साथ लायी चीज़ें उलट दीं—खेवे का समूचा भार—भूरा बोझ गली लकड़ी, सड़ी पत्तियाँ, टूटी डालियाँ, मलबा। और तब यन्त्र फिर ऊपर उठा, दूसरी खेप लाने डूबने के लिए...अपनी दाँती में भार भींचे फिर जब मशीन ऊपर आयी तब इस बार वह पेड़ का एक तना साथ लायी, डाली इतनी मज़बूत कि लगा जैसे तूफ़ान से टूटकर अभी कल ही कुएँ में गिरी हो। यह बात शनिवार की थी। सोमवार तक पेड़ का वह तना ग़ायब हो चुका था, उसकी जगह गहरे काले धब्बे-से घिरे कुछ रेशे पड़े थे (बीच का शेष रासायनिक प्रक्रिया से उड़ चुका था) दूसरी बार मशीन लकड़बग्घे और हिरन के पंजर लिये लौटी। ज़ाहिर था कि हिरन भागता और लकड़बग्घा उसका पीछा करता, दोनों कुएँ में जा गिरे थे।"

दिन बीतते गये, मशीन दाँती में भरे भार नित्य लाती रही, पेड़ों की डालियाँ, शिलाएँ, जानवरों के पंजर। कुएँ की जगत के चारों ओर मलबे के टीले खड़े हो गये, उनसे दुर्गन्ध निकलने लगी। टॉम्सन लिखता है, "मेरी हालत बुरी थी, दिन चिन्ता से कटते, रातें उनींदी। क्या यह सम्भव है, मैं अपने से पूछता, कि मैंने अपने दोस्तों का धन व्यर्थ बहाया है और कहीं मुझे दुनिया में हँसी का पात्र न बनना पड़े। लोग पूछेंगे, आख़िर ये तो मात्र परम्परा या प्रचलित कहानियाँ थीं, ऐतिहासिकता से निःस्सार, मैंने उन पर विश्वास क्यों किया?"

और फिर एक दिन टॉम्सन को कुछ मिला—पीले-सफ़ेद रंग के गोंद के लोंदे। टॉम्सन ने उन्हें सूँघा, चखा भी। एकाएक उसे सूझा, क्यों न गोंद का लौंदा वह आग पर रखकर देखे। एक उठाकर उसने आग पर रख दिाय। धुआँ उठा और सुगन्ध चारों ओर फेल गयी। पा लिया सुराग़ टॉम्सन ने, गोंद के लोंदे सुगन्धित

द्रव्यों के थे जो देवताओं की पूजा, बलि के समय जलाये जाते थे। टॉम्सन को लगा उसकी मेहनत बेकार नहीं जाएगी, वह गुमराह नहीं था। ''हफ़्तों में पहली बार'', वह लिखता है, ''उस रात मैं सोया, गहरी लम्बी नींद।''

घटते हुए विश्वास पर टॉम्सन ने विजय पा ली। एक-एक कर ख़ज़ाने की अनमोल चीज़ें ऊपर आने लगीं। तब के औज़ार, गहने, भाँड़े, बरतन, तीर और बर्छे, छुरियाँ, वैदूर्य के बने कटोरे। फिर वह चीज़ ऊपर उठी, यन्त्र की दाँती पकड़े, मानव अस्थिपंजर, निस्सन्देह दियेगो दे लान्दा ने झूठ नहीं कहा था।

फिर उसे फ़िगुरोआ का वृत्तान्त याद आया—''हाथ-पैरों से निर्बन्ध नारियाँ धमाके के साथ तेज़ी से जल में गिरतीं। अगली दोपहर उनमें-से जो चिल्लाकर पुकार सकती थीं, पुकारतीं और डोरें ऊपर से उन तक लटका दी जातीं। जब वे अधमरी ऊपर आतीं, उनके चारों ओर अलाव जला दिये जाते, सुगन्धित द्रव्यों का धुआँ कर दिया जाता। जब धीरे-धीरे वे होश में आतीं तब कहतीं—''नीचे हमारी जाति के अनेक लोग हैं, नर-नारी, और उन्होंने हमारा स्वागत किया था। और जब वे उन्हें देखने को सिर ऊपर करतीं तब उन पर मार पड़ती, और जब चोट से तिलमिलाकर अपने सिर नीचे झुकातीं, तब उन्हें लगता कि नीचे अतल गहराइयाँ और गड्ढ़े दिखाई पड़ रहे हैं, और तब नीचेवाले लोग स्वामियों के वर्षफल के सम्बन्ध में उनके प्रश्नों के उत्तर देते हैं।''

फ़िगुरोआ ने भी झूठ नहीं कहा था, उसकी सच्चाई भी सिद्ध हो गयी। टॉम्सन उस यन्त्र पर साठ फ़ुट नीचे लटका बैठा था। उसने जो नीचे देखा तो सहसा चौंक उठा। उसे गहराइयों और गड्ढ़ों का भेद मालूम हो गया। बलिकूप का जल गहरा मैला था। रह-रहकर उसका रंग भूरे से हरा, कभी-कभी लाल भी हो जाया करता, फिर भी उसमें रंग प्रतिबिम्बित होते रहते थे। एक बार ऊपर देखकर टॉम्सन ने जो नीचे जल की सतह पर देखा तो काली गहराइयाँ और बड़े-बड़े गड्ढ़े दिखाई पड़े। वास्तव में वे कुएँ के तीर की चट्टानों के गढ़ों के प्रतिबिम्ब थे और जल बिलकुल फ़ोटोग्राफ़ी के निगेटिव का काम कर रहा था।

यह तो हुई कुएँ में उतरने की भूमिका, अब सदियों पहले बलि चढ़े चराचर से सम्पर्क की कहानी सुनिए। टॉम्सन को अब कुएँ के सदियों पुराने जल में डूबकर तह तक पता लगाना था और उस काम में अपनी मदद के लिए उसने एक ग्रीक गोताख़ोर चुन लिया था। गोताख़ोर निकोलस बहामा में स्पंज इकट्ठा किया करता था और अब वह अपने दूसरे सहकारी के साथ बलिकूप के मुँह पर टॉम्सन के बराबर आ खड़ा हुआ था। कुछ इंडियन मजूर पम्प और ट्यूब चलाने के काम में अभ्यस्त कर दिये गये और उन्हें पनडुब्बों की पोशाक के नीचे हवा पहुँचाने का काम सौंप दिया गया। यह काम कितनी ज़िम्मेदारी का था, यह कहने की

आवश्यकता नहीं, टॉम्सन और उसके सहकारी ग्रीक गोताख़ोरों का जीवन उन्हीं पर निर्भर करता था।

टॉम्सन और निकोलस कुएँ के जल में उतरनेवाली मशीन में जा चढ़े और दूसरा ग्रीक गोताख़ोर मज़दूरों के साथ उन्हें पम्प करने पर मुस्तैद रख उन्हीं के पास खड़ा हो गया। इधर टॉम्सन और निकोलस गोताख़ोरी का लिबास पहनने लगे। वाटरप्रूफ़ कैनवस का उन्होंने सूट पहना और ऊँचा ताँबे का बना टोप, जो आधे मन से कुछ ही कम वज़न का था, आँखों के ऊपर प्लेट-काँच के गागॅल-चश्मे चढ़ाये और कानों में हवा की सँभाल के लिए कनौटे, गले में आठ-आठ सेर भारी राँगे के हार और लोहे के मोटे तले वाले ऊपरे से कैनवस के बने जूते पहने। बोलने के लिये मुँह में नली लगायी, साँस लेने के लिये क्यूब फिर सहकारी की सहायता से रस्सी की नीचे लटकी हुई सीढ़ी पकड़ी और इस प्रकार टॉम्सन नीचे उतरा। लिबास इतना भारी इसलिए बना था कि पानी पहनने वाले को ऊपर न फेंक दे और धातु का भार पानी की तह में ज़मीन पर चलने में उसे सहायक हो सके। टॉम्सन लिखता है, ''जब मैं सीढ़ी के पहले पायदान पर उतरा, पम्प करनेवाले सब मज़दूर अपनी जगह छोड़ गम्भीर चेहरा बनाये मेरे पास आ पहुँचे और एक-एक मुझसे हाथ मिलाकर अपनी जगह पर लौट गया। चुपचाप उन इशारों पर काम करने के लिये जिनपर न केवल हमारी ज़िन्दगी बल्कि समूचे प्रयास की सफलता निर्भर करती थी। उन्हें डर था कि शायद मैं अब लौटूँ ही नहीं, कि मेरी उनसे यह आख़िरी मुलाक़ात थी, और कि वे मुझे अन्तिम विदा दे रहे थे। तब मैंने सीढ़ी छोड़ दी और राँगे की थैली की तरह पीछे बुलबुलों की चाँदवी ज़ंजीर छोड़ पानी में डूब गया।

''पानी में पहले दस फ़ुट उतरते समय हलकी पीली किरनें पहले हरी हुईं फिर बैंजनी-काली। उसके बाद मेरे समाने बिलकुल अँधेरा छा गया। कानों में बेहद चुभन होने लगी, कारण कि हवा का दबाव बढ़ चला था। जब मैंने टोप के वायुद्वार खोल दिये तब दोनों कानों में फट्-फट् की आवाज़ हुई और दर्द बन्द हो गया। तले पर पहुँचकर खड़े होने के पहले मुझे यह प्रक्रिया अनेक बार करनी पड़ी। नीचे उतरते मुझे एक और अनोखा अनुभव हुआ। लगा कि मैं निरन्तर तेज़ी से वज़न खोता चला जा रहा हूँ और जब मैं ऊपर से ढूँढ़कर गिरे खम्भे पर खड़ा हुआ तो जान पड़ा कि मुझमें ज़रा भी वज़न नहीं। मुझे ज़रा भी नहीं लगा कि मैं भारी वज़न से जकड़ा हुआ इनसान हूँ, मुझे मेरी हकीक़त बिलकुल बुलबुलों-सी जान पड़ी।

''पर मुझे इस बात से अनोखी ख़ुशी हुई कि मैं पहला इनसान था जो ज़िन्दा नीचे पहुँचा था और पहला इन्सान हूँगा जो ज़िन्दा ऊपर आएगा। और तभी ग्रीक

गोताखो़र निकोलस ऊपर से मेरे पास आ पहुँचा, और हम दोनों ने हाथ मिलाये।''

टॉम्सन पनडुब्बी जहाज़ का एक फ़्लैशलाइट और एक टेलीफ़ोन भी साथ ले गया था। फ़्लैशलाइट साफ़ या गँदले पानी के भीतर काम करता था, पर जिस तरह के जल में उसे काम करना था वह न तो पानी था न पंक, बल्कि दोनों का मिश्रण था जिसे उनके मशीन ने हिलोर दिया था। फ़्लैशलाइट उसमें बेकार हो गया था। पर उन्हें उससे कोई परेशानी नहीं हुई, क्योंकि, जैसा टॉम्सन लिखता है, उँगलियों के दस्तानों से न केवल छूने से वस्तुओं की पहचान हो जाती थी बल्कि रंगों तक का अन्दाज़ लग जाता था। टेलीफ़ोन से भी कुछ लाभ न हुआ और उसे भी उन्हें अलग कर देना पड़ा। वाक्–नली और जीवन–रेखा–द्वारा अपनी बात कहीं अधिक आसानी से समझायी जा सकती थी। एक और अनोखी बात का टॉम्सन को पता चला जिसकी किसी गोताखो़र ने चर्चा नहीं की थी टॉम्सन और निकोलस बढ़कर अपने टोपों की नाकें सटाकर बात कर लेते थे और बात आसानी से एक–दूसरे की समझ में आ जाती थी। उनकी आवाज़ें ज़रूर बेजान लगती थीं जैसे बहुत दूर से आ रही हों, फिर भी दोनों बातचीत भली–भाँति कर लेते थे।

भार का अभाव अक्सर उन्हें उपहासास्पद बना देता था। एक जगह से दूसरी जगह जाने के लिये उन्हें सिर्फ़ खड़े हाकर चट्टानी भूतल को पैरों से ठेल देना पड़ता था और तत्काल वे रॉकेट की तरह ऊपर उठते, पानी मिली कीचड़ में शालीनता से तिर चलते और जहाँ जाना चाहते थे उससे कई फ़ुट आगे लाँघ जाते। पानी की सतह से सत्तर–अस्सी फ़ुट नीचे की यह कैफ़ियत होगी, उन्हें गुमान भी न हो सकता था। उनकी स्थिति ग्रहमार्ग में रॉकेट में उड़नेवाले आज के वैज्ञानिक गगनचारियों की हो गयी थी, वज़न के अभाव के कारण।

कुएँ की गहराई में जहाँ जल या जलमिश्रित कीचड़ खतम हो गयी थी उसके नीचे केवल पंक था जिसमें ऊपर से गिरी चट्टानें, इमारतों से टूटे खम्भे, पेड़ों के तने गिरकर जम गये थे। अक्सर कुएँ की दीवारों के सहारे खड़ी चट्टानें नीचे लुढ़क पड़तीं, अगर वे उन दीवारों से लगे खड़े होते तो निश्चित ही दो टूक हो जाते, पर पानी के बीच और साठ–सत्तर फ़ुट नीचे होने के कारण उनपर कोई असर न होता क्योंकि बदन तक चट्टान के पहुँचने से पहले पानी का दबाव उन तक पहुँचता और चट्टान की चोट ऐसी लगती जैसे नरम भारी कुशन की चोट। और वे सिर नीचे, पैर ऊपर, उलटते–पुलटते अन्यत्र जा पड़ते और उलटकर पैरों पर हँसते खड़े हो जाते।

टॉम्सन लिखता है, ''कभी मेरा वहाँ सर्प या अजगर से मुकाबला नहीं हुआ पर एक अनुभव मुझे अवश्य ऐसा हुआ जिसका मैं उल्लेख कर देना चाहूँगा। मैं

और ग्रीक गोताख़ोर दोनों तले का एक तंग बिल उँगलियों से खोद रहे थे और उससे कुछ ऐसी चीज़ें मिलने की आशा हो रही थी कि हम लोग आवश्यक सावधानी बरतना भूल गये। सहसा मुझे लगा कि कोई बेहद भारी चीज़ मुझे दबाये जा रही है, कोई बड़ी चिकनी चीज़ चुपचाप धीरे-धीरे मुझे नीचे घसीटे लिये जा रही है। पल-भर लगा जैसे मेरा खून जम गया। तभी मैंने देखा मेरा ग्रीक बन्धु मेरे ऊपर की चीज़-को ठेले जा रहा हैं मैंने स्वयं उसे ठेलने में उसकी मदद की और हम दोनों उस ख़तरे को पार कर गये। वह पेड़ का गलता हुआ तना था और उसकी निचली राह में मैं आ पड़ा था।''

एक दिन जब टॉम्सन पानी के नीचे तले में चट्टान पर बैठा वहाँ मिली धातु की एक घंटी को प्रसन्नतापूर्वक निहार रहा था, उसने घुटने बदलने चाहे कि वह एकाएक ऊपर उठ चला, तिरता, जो बड़े खतरे की बात हुई। बात यह थी कि ऐसे में जल की इतनी गहराई में एकाएक ऊपर उठने से रक्त में ज़ोर से बुलबुले उठने लगते हैं जिससे 'बेंड' नाम की एक बीमारी हो जाती है और आदमी दर्द से तड़प-तड़पकर मर जाता है। इसकी दवा बस एक ही है, हवा का 'वाल्व' खोल लेना। टॉम्सन ने ऊपर आते समय तेज़ी से 'वाल्व' खोल ज़रूर लिया पर इतनी तेज़ी से नहीं जितनी चाहिए थी और उसके कानों के ड्रम फट गये जिससे ज़िन्दगी-भर वह सुनने से लाचार रहा।

'वाल्व' खोल लेने पर भी वह उलटता-पुलटता ऊपर आया और लटके तख्ते के निचले हिस्से से जा टकराया। और यह सोचकर, टॉम्सन लिखता है—"हँसते हुए कि तख़्ते के तले पैर टकराने की आवाज़ सुनकर ऊपर के साथी मेरी मृत्यु के भय से घबरा उठेंगे, मैं तख्ते के नीचे से अपने को खींचे ऊपर की ओर उठा, और जैसे ही मेरा टोप जल के ऊपर आया, दो बाँहें मेरी गरदन में पड़ीं और घबरायी हुई आँखें मेरे गार्गल-चश्मे के भीतर मेरी आँखों में झाँकने लगीं। जब ऊपर आकर स्वस्थ होकर गोताख़ोरी का लिबास उतार चाय लेकर बैठा तब निकोलस ने मुझे बताया कि कैसे सारे मज़दूर डर से पीले पड़ गये थे, कि आज्ञाकारी जुआन मिस ने कहा था कि अब कुछ किए न होगा, स्वामी को सर्प देवता निगल गया। पर अब जो उसने मुझे हँसते हुए देखा तो सिर के ऊपर दोनों हाथ उठाकर कृतज्ञता के स्वर में बोला—धन्यवाद भगवान को, स्वामी जीवित हैं, हँस रहे हैं।''

पवित्र बलिकूप से अनेक चीज़ें निकलीं—सोने, बिल्लौर की चीजें, ताँबे, पत्थर, लकड़ी आदि पर चढ़ी, सोने के पत्तर की शक्लें। बिल्लौर की छोटी-छोटी पुतलियाँ, अनन्त और सब टूटी हुई। प्राचीन एशियावासी, जैसे आज के

मंगोल भी, बिल्लौर को सजीव मानते थे, वैसे ही मय लोग भी बिल्लौर को जानदार मानते थे और पुतलियाँ—सोने ताँबे, बिल्लौर आदि की—तोड़कर कुएँ में डालने का अर्थ वे यही समझते थे कि वे मर गयीं और चढ़ावे अथवा बलि में मारी युवतियों या युवकों की आत्मा की सहचर हुईं। इन चीज़ों के साथ ही बहुत-से तीर और तीर फेंकने वाले यन्त्र मिले। इन मिली चीज़ों का महत्त्व इतना क़ीमती होने से नहीं जितना प्रतीकतः महत्त्वपूर्ण होने से था। सोना तो इतना वहाँ मिला भी नहीं, यद्यपि टॉम्सन का कहना है कि तूतनख़ामन की क़ब्र को छोड़ इतना सोना अन्यत्र कहीं नहीं मिला। उसके इस कूप से मिली वस्तुओं के प्रकाशित करते ही पुराविदों में खलबली मच गयी। दे लान्दा और फ़िगुरोआ की कहानी सच हो गयीं!

चिचेन इत्ज़ा के उस पवित्र बलि-कूप में सबसे अधिक महत्त्व की मिली वस्तुओं में प्रधान नर-कंकाल थे जिनमें अधिक संख्या नारी अस्थि-पंजरों की थी। और उनसे भी कहीं अधिक दिलचस्प एक खोपड़ी थी, बूढ़े मर्द की खोपड़ी। बूढ़े आदमी का भोग कूप का देवता कभी स्वीकार नहीं करता था, इससे स्पष्ट है कि बूढ़े आदमी को कूप में डाला जाना पुजारियों को सम्मत न रहा होगा। क्या यह सम्भव है कि कोई जवान मर्द या लड़की अपने भाग्य के साथ क्रूर पुरोहितों को भी एक झटके में बलि कूप के देव की भेंट के लिए घसीटती चली गयी हो?

तख़्तेवाही के महल

उत्तर में बामियान और हिन्दूकुश, पूरब में चित्राल—यही वह सप्तसिन्धु है जहाँ निषध की ऊँचाइयों से आर्यों के क़बीले उतरते चले आये थे। उन्होंने अपनी उस हिन्दूकुश की ऊँचाई से,जो अभी हिन्दुओं की हत्या की घाटी नहीं बना था, नीचे के हर लहराते खेतों को देखा था और इस सोने के देश के बदले अपने देवताओं की बन्दगी में वे ऋचाएँ गा उठे थे।

वह अब लमग़ान हैं, प्राचीन गन्धार, आज के पाकिस्तान का उत्तर पश्चिमी सीमाप्रान्त, जिसके पूरब से पथरीली राहें एक ओर नदियों के कूप पकड़े ऊपर चढ़तीं सिन्धु और गिलगित की ओर आसमान चूमती झेलम की ख़ुशनुमा घाटी कश्मीर में उतर जाती हैं, दूसरी ओर बन्नू-कोहाट की ओर मुड़ जाती हैं। दक्खिन की राहें हिन्दुस्तान का रुख़ करती हैं। उत्तर की पहाड़ी बर्फ़ीली राहें पामीरों की बग़लगीर शहरमुजान की गोमेद की खानों की ओर, बलख़-बदख़्शाँ की ओर, बाबरी फ़रग़ना के साये बहते आमू दरिया की कछार में उतर जाती हैं।

इसी लमग़ान में, क़ाबुल छिन जाने पर, साहियों ने अपनी सेनाओं के डेरे डाले थे और ताशकन्दी तुर्कों से तलवारें नापी थीं। जहाँ की फैली दाख़ की लताओं, रुनझुन बजते बादामों-अख़रोटों के मैदानों को छोड़ साहियों की लाड़ली दिद्दा कश्मीर में जा बसी थी, पहाड़ी रग़ों से गाती धाराओं का नूर बन गयी थी।

ठेठ गन्धार है यह लमग़ान, पुरखों के गन्धार का प्राय: केन्द्र युसुफ़ज़ई इलाके का हृदय जहाँ शलातूर गाँव में व्याडि और पाणिनि ने कभी अपने व्याकरणों से बाँधकर संस्कृत को देवभाषा की मर्यादा दी थी। वहीं तख़्तेवाही के खँडहर आज भी खड़े हैं, जिनकी नंगी दीवारें उस गियावाँ में बैरोनक नहीं ग़ैर इनसानी आवाज़ों से वे आज भी गुलज़ार हैं।

होती मरदान से कोई नौ मील उत्तर अकेली पहाड़ी की खड़ी चढ़ाई पर तख़्तेवाही के महलों के खँडहर हैं—पहाड़ी के मस्तक पर, मस्तक की चोटी पर, चूड़ामणि की तरह दूर-निकट की चौगिर्दी पहाड़ी-माला से घिरे। इन खँडहरों

की बोली बूझने वाले को उस महल की याद बरबस आ जाएगी जिसे सन्त ने बनाया था; तब पहलवों का राज गुदफर (गोन्दोफ़ेरीज, गोन्दाफ़र्नीज़) गन्धार में यवन-ग्रीकों से राजदंड छीन अपने प्रखर प्रताप से तप रहा था।

सन्त गुदफर की राजसभा में निःशंक जा पहुँचा। राजा से बोला—राजन्, महल नहीं बनाओगे? अभिराम प्रासाद जो शेबा और सुलेमान तक का नसीब न हुए?

''कौन हो,सन्त?'' राजा ने पूछा।

''अकिंचन मँगता सन्त, राजन्,'' सन्त बोला, ''लक्ष स्वर्णमुद्राएँ दो, फिर अन्तिओक का असूरिया दमिश्क के अलभ्य महल खड़े कर दूँ।

राजा जानता था कि असुर मय ने भारत में दमिश्क की ओर से आकर अनुपम प्रासाद खड़े किये थे। सोचा क्या अजब जो आगन्तुक सन्त उसी मेधा का धनी हो और मेरे लिए सुलेमान का भी अजाना महल बना दे। बोला, ''ले लो सन्त, लक्ष स्वर्णमुद्राएँ मेरे ख़ज़ाने से। खड़ा कर दो मेरे लिये अलभ्य महल।''

और महल बनने लगा, स्वर्ण के सिक्के ख़ज़ाने से तोड़े भर-भर जाने लगे। अधीर राजा बार-बार पूछता, ''अब कितनी देर है?'' और सन्त पहाड़ों की ओर सिक्कों का दरिया बहाता कहता, ''अब बस छत पड़ रही है, खम्भे खड़े हो चुके हैं, कलश-कँगूरे अब चमक उठने वाले हैं। और एक दिन सन्त ने राजा को सपरिवार आकर महल देख लेने को कहा। राजा अपने परिवार के साथ आया, पहाड़ों की चोटी की छाया में खड़ा हुआ, जहाँ अकिंचन सन्त की अकिंचन गुफा थी, और भँवों में बल डाले पूछ उठा, ''कहाँ है, सन्त, वह मेरा महल? लाखों द्रख़्मों, दीनारों, स्वर्णों से बना महल कहाँ है? मैं तो उसे यहाँ कहीं नहीं देखता।''

और सन्त ने उत्तर दिया—''यहाँ नहीं राजन्। धूल में उठे महल की बिसात ही क्या? वह तो देखते-ही-देखते मिट्टी में मिल जाएगा। वह देखो स्वर्ग में बना अपना अक्षय महल जिसके पाये वे ग़रीब मँगते उठाये हुए हैं जो आने वाले स्वर्ग के दावेदार हैं, जिनमें तुम्हारे लक्ष-लक्ष दख़्म-दीनर-सुवर्ण बाँट दिये गये थे।'' और सन्त ने अपना हाथ आसमान की ओर उठा दिया था।

सन्त वह थामस (तोमस) था, ईसा का शिष्य, जो ईसा के जुरूसलम में गिलगोथा की पहाड़ी पर हाथ-पैरों और दिल में कील ठोंककर सूली दे दिये जाने पर भारत की ओर मसीह का सन्देश लिये स्वर्ग के राज्य के प्रासाद खड़े करने चल पड़ा था। पता नहीं राजा गुदफर ने उसका क्या किया पर समाधि उसे मद्रास में दी गयी जो आज भी वहाँ दिखाई जाती है।

सन्त थामस का बनाया वह महल निश्चय ही तख़्तेवाही के खँडहरों में पुराविदों को नहीं मिला पर वह अभिलेख मिल गया जिसे राजा गुदफर ने लगभग

46 ई. में खुदवाया था, जो आज भी लाहौर के संग्रहालय में सुरक्षित है। और न केवल वह अभिलेख मिला बल्कि अनन्त बौद्ध भिक्षुओं-के लिए कुषाण काल में बने विहार मिले। उनके खँडहर पर्वत के शिखर-पर मील-भर के परिमाण में पूरब से पश्चिम तक चले गये हैं। आज भी उनकी दीवारों की ऊँचाई पचास फ़ुट से कम नहीं जो युगों की उठती-गिरती सतहों पर विहार-दर-विहार उठती चली गयी हैं।

तख़्तेवाही के फैले टीलों पर पहले-पहल सार्जेंट बिल्चर ने 1871 में हाथ लगाया। पर विशेष कुछ मिला नहीं यद्यपि नंगी ज़मीन ऊपर उभर आयी। फिर फ़ूशे और स्पूनर के अभियान ने तख्तेवाही के विहारों का उद्धार किया। डी. बी. स्पूनर ने 1907 से 1909 तक प्राय: तीन जाड़ों में वहाँ खुदाई की और हज़ारों मूर्तियों को सन्दूक़ों में भरकर लाहौर भेजा।

चारसद्दा (पुष्कलावती), शहरे-बहलोल, तक्षशिला और तख्तेवाही गान्धार कला के उत्तम प्राप्ति-स्थल रहे हैं। पुराविद् खनकों ने कुदाल धरती से छुलायी कि धरती ने अपनी छाती फाड़ सदियों-सहस्राब्दियों की धरोहर उन्हें सौंप दी। धरती का 'वसुधा' नाम उसकी इसी प्रक्रिया से सार्थक हुआ। प्याज़ के-से उसके अर्धवृत्त टोले परत-परत भारतीय कला की अनन्त निधियाँ उगलते चले गये।

और यह गान्धार कला, ग्रीक और भारतीय संस्कृतियों का एकत्र योग। जिन ग्रीकों ने पश्चिमी भारत पर ईसा-पूर्व से ईसा के प्रादुर्भाव तक, प्राय: दो सदियों राज किया, उन्होंने सभी प्रकार भारतीय राजनीति को तो प्रभावित किया ही इस देश के ज्योतिष, सिक्कों और कला को भी उन्होंने घनी मात्रा में सँवारा। प्राय: उन्हीं के शासन काल में, कुछ ही आगे-पीछे, बौद्ध धर्म के महायान सम्प्रदाय का जन्म हुआ जब बौद्धों ने भी वैष्णवों की भक्ति-परम्परा में बुद्ध आदि की मूर्तियाँ बनायीं।

बुद्ध की पहली मूर्ति जो उपलब्ध है, इसी गान्धार कला की है। इसे स्वीकार करने में विशेष उदारता की आवश्यकता नहीं कि पहली मूर्ति भारतीय ग्रीकों ने उकेरी। बुद्ध की कोई अपनी समकालीन मूर्ति तो थी नहीं, महापुरुष-लक्षणों से युक्त जब गान्धार कला में उनकी पहली मूर्ति बनी तब वही प्रमाण बन गयी और दीप से दीप जलते गये, लौ से लौ, और बाहर की स्थूलाकृति भीतर के भावों से मर्महर नये मानों में अनुप्राणित प्रकाशित होती गयी।

गान्धार कला, ग्रीक छेनी और भारतीय विषयों का समागम, ग्रीक शैली और तकनीक भारतीय चिन्तन और कथा, यूरोपीय आकृतियों में कोरे मानवाकार। ग्रीक छेनी से उभारे बुद्ध के जीवन के अनन्त दृश्य उत्तर पश्चिम के उस गान्धार जनपद में जनमते चले गये। गुप्त कलावन्तों ने ग्रीक कलावन्तों की बुद्ध और

बोधिसत्त्व मूर्तियों का वह मानवेतर मान तो स्वीकार कर लिया पर उसका दर्शन उन्हें सुदर्शन न लगा। उन्होंने उनके ऊपर से ग्रीक दार्शनिकों के परिधान-जैसी चुन्नटें, लहरिया रूप हटा दिया, उन्हें अपने गुप्तकला के परिष्कृत साधु वैभव के अनुकूल ही सूक्ष्म वसन की रेखा से आवृत्त किया, उनके यूरोपीय बहिरंग भारतीय आकार से साधे और गान्धार कला समुन्त सुघड़ कुलीन गुप्तकला बन गयी।

तख़्तेवाही उसी गान्धार कला का केन्द्र बना। वही एक ऐतिहासिक कला का प्राप्तिस्थान है जिसका प्राचीन नाम आज तक पहचाना नहीं जा सका। फ़ाह्यान और ह्वेनत्सांग-जैसे चीनी यात्रियों ने भी, जिन्होंने अपनी राह में पड़नेवाले सभी विहारों का वर्णन किया है, इसका उल्लेख नहीं किया। आश्चर्य कि फ़ाह्यान भी उसका उल्लेख न करे क्योंकि उसके समय तख्तेवाही का यह विहार 'अभिधम्म' का उच्च स्वर से पारायण करता था, बोधिसत्त्व को परम्पराओं का पोषक था।

लगता है, तब के राजमार्ग पर तख़्तेवाही का विहार नहीं पड़ता था। पर उसने बुद्ध की, बुद्ध से भी बढ़कर बोधिसत्त्व की, परम्परा जगा रखी। बुद्ध और बोधिसत्त्व एक ज्ञान से प्रकाशित, दूसरा शील और सख्य, दया और त्याग का प्रतीक। बौद्ध का पहला साधक 'अर्हत' था, अपने निर्वाण का साधक। उसके चतुर्दिक जो जनता जन्म-मरण और उनके बीच के हज़ार दुःखों से जर्जर थी, उसकी उन्हें लेशमात्र भी चिन्ता न थी। उनका 'यान' ही 'हीन' या, केवल एक जन का भार ही वह लादकर ढो सकता था। एक से अधिक का भार लेते ही उसका बेड़ा ग़र्क हो जाता। पर बोधिसत्त्वों की दुनिया दूसरी थी, जन-जन की दुनिया, क्योंकि बोधिसत्त्वों ने घोषणा की, 'ना, नहीं चाहिए हमें निर्वाण, जब तक एक जन भी धरा पर दुःखों का भार लिये डोलता है! जब तक एक प्राणी भी अनिर्वण्ण है, जब तक सभी निर्वाण में प्रवेश नहीं कर जाते, तब तक हम भी अनिर्वण्ण ही रहेंगे, निर्वाण में प्रवेश नहीं कर सकेंगे। लौ निर्वात हमारी तभी होगी जब सारे जीवधारियों के दीये की बाती की लौ निर्वात निर्धूम बलने लगेगी। सच, बोधिसत्त्वों की परम्परा महायान की थी। उनका 'यान' एक जन का न था, 'महायान' था। उसकी धारिता अनन्त थी, उस पर चढ़कर सारा जीव परिवार भवसागर को तिर सकता था। तख़्तेवाही के शिल्पियों ने बोधिसत्त्व की काया को निःसत्त्व न होने दिया, उसे विशेष निखारा। पत्थर और स्टक्को (चूना-मिट्‌टी) की बनी बोधिसत्त्व की ये मूर्तियाँ कुछ साधारण नहीं। तख़्तेवाही से उनकी भग्न मूर्त्तियों के अनन्त खंड मिले हैं। उनमें मस्तक विशेष उल्लेख़नीय है। उनके दर्शन मुखाकृति, यूरोपीय हैं, उन्नत नासा, ऊर्णित केशों की चोटी पर प्रज्ञा की चूड़ा, लम्बे कानों के बीच लम्बायित अंडाकार मुखमंडल, अर्धनिमीलित नेत्र, जिनकी दृष्टि नासाग्र पर टिकी, धनुषाकार होठ जहाँ पर मूँछों की छाया नहीं। अधिकतर

होठों पर धन्वाकृत मूँछों की छाया, नीचे नुकीली सुडौल ठुड्डी। कुंचित कुन्तल, लहराते केश, मुक्ताहारों से अपनी मर्यादा बाँधे पर शेष शरीर? जैसे उन पर प्राचीन ग्रीक नगरों के ओलम्पिक खेलों की छाया पड़ गयी हो, जैसे ग्रीक शिल्पियों ने बोधिसत्त्वों में अपने खिलाड़ियों को ही नये मानों में कोर दिया हो। गठी पेशियों से जैसे उनके चक्र और भल्ल फेंकनेवाले खिलाड़ी गठें होते थे, बोधिसत्त्व भी स्नायु-रज्जुओं से मंडित हुए। मैत्रेय, अवलोकितेश्वर, सभी।

निरन्तर ऊपर उठते चले गये सोपानमार्ग पर विहारों की मूर्त्ति सम्पदा तख़्तेवाही में विपुल मिली। उसमें ग्रीक जन-विश्वास के प्रतीक भी मूर्त हुए थे। इधर अतलास (एटलस) अपनी स्नायुपेशियों से प्रकट ग्रीक देवता श्मश्रुल बैठा, उठने का यत्न करता-सा विश्व को कन्धे पर उठाये रहने का उपक्रम कर रहा है। उधर वह पशु-मानव खड़ा है, मानव का शरीर अपने ऊर्ध्वार्ध में धरे नीचे वृषभ के पैरों वाला, जिसकी पुच्छ अजगर सरीखी सर्पिल लहराती चली गयी है, ग्रीक जलदेवता। और उधर वह मालावाहकों की परम्परा सम्मोहक क्यूपिडों की चली गयी है।

तख़्तेवाही की पत्थरों पर उभारी चित्र परम्परा मनहर है। जातकों की कथाओं के दृश्य बोधिसत्त्वों, बुद्ध के जीवन के चित्र कलावन्तों की जादू की छेनी से एक के बाद एक उभरते चले गये हैं। बुद्ध अभयमुद्रा में खड़े हैं, धर्मचक्र-प्रवर्तन मुद्रा में बैठे हैं, तप रहे हैं। पेट पीठ से जा लगा है, तन की हड्डियाँ उभर आयी हैं। यह सम्बोधि के पहले महाभिनिष्क्रमण का दृश्य है। गौतम कपिलवस्तु से विदा ले रहे हैं, पर यह द्वार का पहरुआ श्वान निशीर्थ में भी जाग्रत है, भौंक कर उनकी राह रोक रहा है। यहाँ यह बुद्ध-द्वारा आचरित अग्निमन्दिर का चमत्कार है, जहाँ बुद्ध बैठे सर्प से संघर्ष कर रहे हैं। समूचा ब्राह्मणग्राम अग्निसात हो चला है, परिव्राजक अग्नि की ज्वालाएँ बुझाने का प्रयत्न करते हैं। तत्काल अपनी समूची शिष्य-परम्परा के साथ काश्यप बुद्ध का मार्ग स्वीकार कर लेते हैं। इनका-सा कुछ भी अन्यत्र उपलब्ध नहीं।

आगे वह सम्मोहक दृश्य है, बुद्ध की समाधि का। बुद्ध बैठे हैं, नासाग्र पर नेत्र टिकाये। सार्थवाहों का कारवाँ चला आ रहा है त्रिपुष और भल्लिक उसके स्वामी श्रेष्ठी अपने रथों पर आरूढ़ हैं। कारवाँ की गति एकाएक रुक जाती है, पशु-मानवों के पैर आगे नहीं पड़ते, मन्त्रबद्ध हो जाते हैं। कारण कि आगे अमराइयों में तथागत ध्यानावस्थित हैं। फ्रेंच कलामर्मज्ञ फ़ूशे रीझ जाता, "नू न पोसेदो पा दर प्रेज़ांतासियों तूता फ़े सर्तेन", निश्चय हमारे पास भावों का इतना सजीव प्रदर्शन उपलब्ध नहीं। बायीं ओर कारवाँ के आगे के बैल चलते-चलते रुक गये हैं, दाहिनी ओर गाड़ी चलाने की हरसम्भव कोशिश हो रही है पर उसके चक्के तो सम्मोहन के प्रभाव से जड़ हो गये हैं, हिलें कैसे? गड़ गये हैं, तापस के उपवास से बुद्ध

के निकट इस दूसरे दृश्य में दोनों सेठ, वनदेवता-द्वारा प्रदर्शित मार्ग, मधु और गेहूँ की भेंट लिये चले जा रहे हैं। दृश्यों की यह परम्परा अटूट है। बुद्धों और बोधिसत्त्वों की जीवनकथाएँ अपनी हज़ार ज़बानों से भिक्षुओं और गृहस्थ उपासकों को सद्धर्म की ओर आकृष्ट करती थीं। भिक्षुओं के दल के दल तख़्तेवाही की परवर्ती भूमि पर विहरते थे, उसकी श्रावकशाला में संथागार में कथोपकथन करते थे, चैतगृहों में स्तूप और बुद्ध-बोधिसत्त्वों की प्रतिमाओं को पूजते थे, धरती के अन्तराल में, तहख़ानों के ध्यान कक्षों में आर्य सत्यों का मनन करते थे, आष्टांगिक मार्ग का सेवन करते थे।

संसार का सबसे तेज़ निशानेबाज़ पठान ख़ूनी ख़ूँख़ार कबीलाई यूसुफ़ज़ई ख़ान तब अपने हथियार शान्ति के चरणों में डाल चुका था। आज लन्दीकोतल की ओर पैर रखनेवाला मुसाफ़िर अपने धड़कते दिल पर हाथ धरे चलता है, पर तब यूसुफ़ज़ई का वह इलाक़ा सन्तपरवर था। क्यों न फिर सन्त वहाँ इस्रायल से चल, दज़ला-फ़रात लाँघ, ईरान-हिन्दूकुश लाँघ, तख़्तेवाही की ज़मीन पर उस बहिश्त को उतार लाये जिसकी शूली पर चढ़े उसके गुरु ने भविष्यवाणी की थी? क्यों न वह पह्लवराज गुदफर के सोने से तख़्तेवाही के आसमान पर अम्बर के नीले चन्दोवे तले कभी न टूटनेवाला महल खड़ा कर दे?

पर महल क्या सचमुच खड़ा हो सका? वह स्वर्ग का संसार, इन देवोत्तर विहारों के बावजूद, क्या तख़्तेवाही की धरा पर उतर सका? सन्त की बानी इन विहारों की उजड़ी बस्ती का जनपद अपने खँडहरों से नहीं चरितार्थ करती?—

तिनके चुन-चुन महल बनाया,
ना घर तेरा ना घर मेरा।
चिड़िया रैन बसेरा!

मृगदाव का धर्मचक्र राष्ट्र का मुद्रांक

गंगा के तीर जहाँ काशी ने अर्धचन्द्राकार करवट ली है, उससे थोड़ी ही दूर पर, कोई 4 मील उत्तर-पूरब, हिरनों का एक वन था, मृगदाव। उसी का पर्याय बिगड़कर आज का सारनाथ बना। काशी के तापसों के लिए मृगदाव का एकान्त प्रिय और अभिमत था, यद्यपि हम उसका नाम उपनिषदों अथवा तत्कालीन साहित्य में नहीं पाते।

काशी-वाराणसी का पाते हैं, जहाँ उपनिषदों के ज्ञान के धनी क्षत्रिय अजातशत्रु ने ब्राह्मण बालाकि को आत्मरहस्य का भेद बता उसके दर्प का पराभव किया था। उसी वाराणसी में बार्हद्रथों ने राज किया, जिनका उल्लेख बार-बार जातक कथाओं में हुआ है। श्रावस्ती का बहिरूपवन जेतवन जैसे बौद्ध साहित्य में प्रसिद्ध हुआ, वाराणसी का बहिर्वन यह मृगदाव भी वैसे ही बौद्ध धर्म के इतिहास में विख्यात हुआ। कारण कि वहीं से तथागत बुद्ध ने उस 'धर्मचक्र का प्रवर्तन' किया जो देश और काल की सीमाएँ पार करके भी आज तक नहीं थका और जिस धर्म के चक्के की लीक एक ओर बामियान, तकलामकान, तुर्फ़ान, तुनहुआंग तक, दूसरी ओर ईरान, सीरिया, भूमध्यसागर तक, तीसरी ओर बर्मा, मलाया, हिन्देशिया, सिंहल तक अप्रतिरथ चलती चली गयी। उस धर्म का पहला उपदेश तथागत ने वहीं मृगदाव में किया। वहीं उनकी पहली कुटी बनी, मूलगन्धकुटी, जिस मूल आधार से उठ धर्मगन्ध दिगन्त तक व्याप्त हो गयी।

जब कपिलवस्तु से महाभिनिष्क्रमण कर सिद्धार्थ गौतम दुःख-परिहार के उपाय की खोज में आलार कालाम और उद्दक रामपुत्त के आश्रमों को छोड़ राजगृह की पहाड़ियों के पीछे गया के महाकान्तार में उतर गये थे तब पाँच ब्राह्मचारियों ने भी उनका तेज देख उनका अनुगमन किया था। और जब गौतम ने तन को गला देनेवाला महातप आरम्भ किया था तब उन्हें लगा कि सिद्धार्थ को सम्बोधि

प्राप्त होगी। पर जब उन्होंने तप को तन और मानस का ह्रास करते देख उससे विरत हो सुजाता की खीर खा ली, तब पाँचों ब्रह्मचारी उनसे अलग हो मृगदाव (सारनाथ) चले गये थे। सम्बोधि प्राप्त कर बुद्ध ने जब उसका उपदेश करना निश्चित किया, तब उन्हें उन ब्राह्मण ब्रह्मचारियों की याद आयी और वे उनकी खोज में मृगदाव की ओर चले।

मृगदाव में जब ब्रह्मचारियों ने बुद्ध को प्रवेश करते देखा तब तय किया कि सिद्धार्थ गौतम आ रहा है, हम उसे जल-आसन न देंगे, उसका अभिवादन नहीं करेंगे, उससे सम्भाषण नहीं करेंगे। पर जब बुद्ध के मुखमंडल की दीप्ति निकट आने पर दमकी तब और अधिक वे अपने को रोक न सके। किसी ने बुद्ध का भिक्षापात्र लिया, किसी ने आसन दिया, किसी ने जल दिया, सबने अभिवादन-सम्भाषण किया। उनकी दीप्ति को सराहा।

बुद्ध ने उन्हें सूचित किया कि उन्होंने सम्यक् सम्बोधि प्राप्त कर ली है, और वे उन्हें उसका उपदेश करेंगे। उपदेश करते हुए वे बोले "भिक्खुओ, मार्ग दो हैं, एक है अत्यन्त विलास का दूसरा अत्यन्त तप का। एक मार्ग तीसरा है, तथागत का देखा, दोनों के बीच का, मध्यम मार्ग मज्झिम पटिपदा—न अत्यन्त विलास का न अत्यन्त तप का।"

उपदेश उस सात्त्विकी बोध की प्रतिध्वनि था, जो गया में सम्बोधि प्राप्ति की प्रतिज्ञा कर समाधि में गये गौतम ने उरुवेला की नर्तकियों के गीत में सुना था—वीणा के तारों को बहुत ढीला न करो, नहीं वे नहीं बजेंगे। वीणा के तारों को बहुत खींचो भी नहीं, नहीं वे टूट जाएँगे। बुद्ध को फिर तो सम्बोधि का मार्ग सूझ गया था।

उस स्थल की पावनता की सीमा कहाँ जहाँ स्वयं बुद्ध ने न केवल अनेक पावस-चतुर्मासों में निवास किया था बल्कि अपने धर्म की पहली व्याख्या की थी। बौद्ध धर्म के दो अत्यन्त महत्त्व के प्रतीक—मृग (मृगदाव से) और चक्र (धर्मचक्र प्रवर्तन से)—सारनाथ से ही प्राप्त हुए। इसी चक्र को वहीं मिले अशोकीय स्तम्भ के शीर्ष सिंहों के साथ भारतीय स्वतन्त्र सरकार ने अपना मुद्रांक (मुहर) बनाया और राष्ट्रीय पताका पर स्थान दिया।

पर इससे पहले सहस्राब्दियों से सारनाथ को देश-देशान्तर का आदर मिलता रहा था। यह वहाँ मिले सैकड़ों स्मारक छोटे और कई विशाल स्तूपों, विहारों के खँडहरों, अशोक के महान स्तम्भ और अनेक शालीन मूर्तियों से प्रकट है। देशी-विदेशी सभी धार्मिक श्रद्धालुओं ने वहाँ बुद्ध और बोधिसत्त्वों की मूर्तियाँ दान की और पूजा के लिये पधरायी थी। शक-कुषाण क्षत्रप (प्रान्तीय शासक) खरपल्लान और वनष्फर बौद्ध धर्म के ऐसे ही सेवक थे। सातवीं सदी का चीनी

यात्री ह्वेनत्सांग लिखता है कि "मृगदाव में सैकड़ों छोटे-छोटे विहार हैं, जहाँ हीनयान सम्प्रदाय के प्रायः 1500 भिक्षु निवास करते और अध्ययन-अध्यापन करते हैं। वहाँ का महाविहार 200 फ़ुट ऊँचा है और उसकी छत पर जो आमलक चढ़ा है, वह सोने का बना है।"

सारनाथ के प्राचीन गौरव का पता अकस्मात ही लगा। किसी को गुमान भी न था कि समूचे भारत के धर्मप्राण यात्रियों के केन्द्र काशी के इतने निकट ही वह स्थान होगा, जिसके नीचे संसार के आदर का रहस्य दबा होगा, जो मज़ूरों के फावड़ों के स्पर्श से सहसा खुल पड़ेगा, और तब सालों-साल पुराविदों की वैज्ञानिक खुदाइयों से उस धरा से अमोल सांस्कृतिक रत्न निकलते जाएँगे। आज भी रत्नों का वह आकार चुका नहीं और फावड़ा भूमि से लगाते ही वहाँ की वसुधा रत्न उगलने लगती है।

अठारहवीं सदी के अन्त में गवर्नर जनरल वॉरेन हेस्टिंग्स के सन्दर्भ में इतिहासप्रसिद्ध काशीनरेश चेतसिंह के दीवान जगतसिंह काशी में जगतगंज का मुहल्ला बसा रहे थे, और वहाँ अपना महल बनवा रहे थे। उन्हें जो ईंट-पत्थरों की आवश्यकता हुई तो सारनाथ के बेमोल ईंटों की खान पर अनायास उनकी नज़र गयी। उनको आज्ञा से उनके मजूरों ने सारनाथ की उस लोकोत्तर भूमि पर फावड़े चलाने शुरू किये। फावड़े अकस्मात् एक अत्यन्त सुन्दर कटावदार ईंटों से बने स्तूप के निधि कक्ष पर पड़े। सहसा अनेकानेक बेशक़ीमत चीज़ें उछल पड़ीं। अधिकतर चीज़ें तो जिन्होंने खोदा उन्होंने हज़म कर लीं, पर एक हरे संगमरमर की पेटिका जो नाथान डंकन के हाथ सौभाग्य से लग गयी, उसमें कुछ जली अस्थियाँ थीं, कुछ मोती और लाल थे, कुछ स्वर्णपत्र थे। डंकन ने वह पेटिका रॉयल एशियाटिक सोसायटी को भेंट करते हुए लिखा, "मैं एक में एक रखा, एक पत्थर दूसरा संगमरमर का पात्र सोसाइटी को भेंट करने की अनुमति चाहता हूँ। ये पात्र 1794 की जनवरी में बनारस शहर से चार मील उत्तर सारनाथ के एक मन्दिर के पास दूर तक फैले प्राचीन भवनों की नींव में पत्थरों के लिए खोदते हुए बाबू जगतसिंह के मज़दूरों को मिले थे। इन पात्रों में सबसे भीतर वाले में (जो 18 हाथ गहरी ज़मीन खोदने पर मिले थे) मनुष्य की कुछ हड्डियाँ मिलीं, जिन्हें गंगा में प्रवाहित कर दिया गया। हड्डियों के साथ कुछ गले मोती, सोने के पत्ते और साधारण मोल के कुछ और रत्न भी मिले, जिनको उसी पात्र में रख छोड़ना मुनासिब होगा, जिसमें इतने ज़माने तक वे पड़े रहे थे...।" पता नहीं क्या चमत्कार हुआ कि भीतर की संगमरमर वाली पेटिका तो लापता हो गयी पर बाहरी पत्थर का सन्दूक प्राप्ति-स्थान पर पड़ा रहा, जिसे 1835 में खुदाई कराते समय जनरल कनिंघम ने फिर से पाया। वह पत्थर की पेटिका अब कलकत्ते के

संग्रहालय में सुरक्षित है। आज नये प्रमाणों के अभाव में यह अनुमान कर सकना सम्भव नहीं कि स्तूप की इस पेटिका में किस महापुरुष के अवशेष समाधिस्थ थे।

सारनाथ के पुनरुद्धार का इतिहास पसीने और आँसू का है। मनुष्य ने उसके भवनों के नाश के बड़े मनोयोग और तत्परता से प्रयत्न किये हैं। जली वस्तुओं से प्रमाणित है कि सैकड़ों साल पहले मृगदाव का यह असामान्य तीर्थ मनुष्य की असन्तुलित धर्मोत्तेजना और आयोजित लूट का शिकार हुआ था। पिछले काल में भी उसे लूटने की लोगों की हविस नहीं भरी। शेरिंग लिखता है, ''बरना नदी के पुलों में-से एक डंकन-पुल बनाने के समय 48 पत्थर की समूची मूर्त्तियाँ और अन्य मूर्त्त उत्खचित प्रस्तरखंड सारनाथ से लाकर धारा की प्रखरता रोकने के लिए नदी में फेंक दिये गये। फिर दूसरे लोहे के पुल के निर्माण के समय कोई पचास-साठ गाड़ी पत्थर सारनाथ के भवनों को उजाड़कर पुल बनाने के काम में लाये गये।'' क्वीन्स कॉलेज के निर्माता स्वयं मेजर मार्खम किट्टो ने उस कॉलेज के निर्माण के लिये सारनाथ और बकरिया कुंड से लाये पत्थरों का उपयोग किया। वैसे तो जगतसिंह के समय से ही सारनाथ के पत्थरों की लूट शुरू हो गयी थी, कर्नल मेकेंज़ी और जनरल कनिंघम की खुदाइयों के बाद भी उनके खोदे पत्थर उनकी अनुपस्थिति में ग़ायब हो गये थे। वहाँ की आखिरी लाज-लूट इस सदी के प्राय: आरम्भ में तब हुई जब 'नैरो गेज़' (छोटी लाइन) रेलवे लाइन सारनाथ की ओर से निकाली गयी और जब उसके लिए सारनाथ के भवन ईंटों और पत्थरों के लिये भूमिसात कर दिये गये, उसकी भूमि खोदकर बेपरदा कर दी गयी।

पुराविदों-द्वारा अध्ययन और इतिहास-निर्माण के लिये मृगदाव की खुदाई 1815 में शुरू हुई जब कर्नल मेकेंज़ी ने उसमें हाथ लगाया था। 1835-36 में कनिंघम ने सारनाथ के अनेक स्थल खोदकर उपलब्ध सामग्री कलकत्ता के संग्रहालय में रखी, जो वहाँ आज भी सुरक्षित है। मार्खम किट्टो ने उसे 1848 और 1852 के बीच कई बार खोदा और टामस, हाल, हार्न और रिवेट कार्नाक ने बाद में बारी-बारी से उस कार्य में योग दिया। सारनाथ की अन्तिम खुदाई एफ़ ओ. ओर्तेल, मार्शल और दयाराम साहनी ने करायी। साहनी ने ही सारनाथ में स्थापित संग्रहालय में सुरक्षित सामग्री का एक विस्तृत कैटलॉग भी बनाकर प्रकाशित किया।

सारनाथ को विभिन्न खुदाइयों में मिली सामग्री की अनन्त परम्परा है। वहाँ का संग्रहालय ई. पू. तीसरी सदी से बारहवीं सदी ईसवी तक की मिली मूर्ति-सम्पदा से अटा पड़ा है। यहाँ हम केवल उनके तीन वर्गों का उल्लेख करेंगे—स्तूप, स्तम्भ और मूर्तियों का।

स्तूपों की परम्परा अति प्राचीन है, विशेषकर महत्त्व की घटनाओं के स्मारक स्तूपों से भिन्न अस्थि संचायक स्तूपों की। इस प्रकार के प्राचीनतम मानव

अस्थिसंचायक स्तूपों के प्रतिनिधि मिस्र के पिरामिड हैं, जिनका समय आज से कोई 6 हज़ार साल पहले तक पहुँच जाता है। इनसे मिलती-जुलती चट्टानों में कटी इमारत मालाबार में प्रायः हज़ार वर्ष ईसा से प्राचीनतर है। बौद्ध स्तूपों का पहला स्वरूप पिपरहवा आदि उनका है, जिनमें बुद्ध की अस्थियाँ संचित हुईं और जो ईसा पूर्व पाँचवीं सदी में बने।

अशोक के सम्बन्ध में परम्परा प्रसिद्ध है कि उसने हज़ारों स्मारक स्तूप बनवाये। उनमें से कई उपलब्ध भी हुए हैं। इन्हीं में से एक सारनाथ का धर्म राजिका स्तूप है जो छोटे गिर्द में गुप्तकालीन प्रधान देवालय के दक्खिन ईंटों का बना खड़ा है और जो मौर्यकालीन वंशविधान विधि (बाँस का घेरा) से बनी पत्थर की वेदिका अथवा रेलिंग से घिरा है। इस वेदिका के पत्थर पर अशोक के स्तम्भों की विशिष्ट पॉलिश है। यह स्तूप बुद्ध के प्रथम उपदेश, धर्मचक्र प्रवर्तन, की भूमि पर खड़ा किया गया। उनकी मूलगन्ध कुटी भी पास ही थी, जिसके स्मारक में भी स्तूप-निर्माण स्वाभाविक था।

चौखंडी का स्तूप धर्मराजिका स्तूप अथवा सारनाथ की खुदाइयों के प्रधान-स्थल से प्रायः आध मील दक्खिन वाराणसी की राह में सड़क के किनारे खड़ा है। इसके नाम से ही प्रकट है कि स्तूप चौखंड में बना था। यह कह सकना कठिन है कि चौखंडी अस्थिसंचायक स्तूप था या घटना-स्मारक। जनरल कनिंघम ने उसमें संचित सामग्री खोजने के अनेक प्रयत्न किये, पर खोद-खोदकर हार जाने पर भी उसका कोई सुराग नहीं मिला। अब पुराविदों ने यहाँ कुछ संचित पाने की आशा छोड़ दी है। चौखंडी का स्तूप पिछले अनास्था और अज्ञान के युग में जो नष्ट होने से बच रहा, उसका कारण यह था कि अकबर ने अपने पिता हुमायूँ की स्मृति में उसके मस्तक पर एक चौखंडा स्तम्भ बनवा दिया, जो आज भी खड़ा है। शेरशाह से चौसा की लड़ाई में हार मुग़ल सम्राट् हुमायूँ जब भागा तो इस स्तूप की छाया में ही उसने एक रात छिपकर गुज़ारी थी।

धम्मेख अथवा धर्माख्य (धर्म नाम का) विशाल स्तूप 110 फ़ुट से भी ऊँचा ठोस ईंटों का बना खुदाई की भूमि के प्रायः पूरब खड़ा है। यह गुप्तकालीन स्मारक स्तूप है। ईंटों का गिर्द पत्थर की शिलाओं से दूर ऊपर तक लौह कड़ों से कस दिया गया है। शिलाओं पर पाँचवीं सदी का गुप्तकालीन सुन्दर कमलवन उत्खचित है। इन्हीं शिलाओं के कारण इस स्तूप की ईंटों की रक्षा हो गयी है। कुछ अजब नहीं कि इस स्तूप का आभ्यन्तर मूल गुप्तकाल से भी प्राचीनतर हो। स्थानीय जन-विश्वास था कि लोरिक अहीर चौखंडों से धम्मेख पर कूदा था। दूर से ही यह स्तूप लक्षित होता है।

जगतसिंह-स्तूप गुप्तकालीन अथवा उसके कुछ बाद का है। लाल आकृति

खिंची ईंटों से बना यह स्तूप सम्भवतः अनेक सदियों में आधार के ऊपर आधार रखकर बना। दर्शनीय है, पर प्रधान देवालय से पूर्व इसका आधार मात्र ही आज सुरक्षित है, शेष जगतसिंह की संहारवृत्ति से नष्ट हो गया है। उसके इस आहर्ता के नाम से ही उसका नाम भी पड़ा है, जो व्यंगतः जगतसिंह की कुख्याति भी अमर कर रहा है।

110 फ़ुट से भी ऊँचा ठोस ईंटों का बना धमेख अथवा धर्माख्य स्तूप। यही वह स्थल है जहाँ बोधि-प्राप्ति के बाद गौतम बुद्ध ने पहली बार धर्मचक्र प्रवर्त्तन किया

छोटे-छोटे स्तूपों की संख्या सारनाथ की भूमि पर सैकड़ों में है। प्राचीन काल से ही बौद्ध धर्म के देशी-विदेशी यात्रियों ने अपने आगमन के स्मारक में, बुद्ध की विशिष्ट उपदेश-घटना के स्मारक में समय-समय पर इन्हें खड़ा किया है।

प्रधान देवालय (गुप्तकालीन, जिसका अस्तित्व सिवा कुछ मन्दिर के उत्खचित खम्भों और चौसर आधारभूमि के मिट चुका है) के पश्चिम सम्राट अशोक का बनवाया तीसरी सदी ईस्वी पूर्व का मौर्यकालीन दर्पणवत पॉलिश से अलंकृत प्रायः 50 फ़ुट ऊँचा गौदुमी आकृति में सम्पन्न स्तम्भ खड़ा था। आज वह लोहे के घेरे में तीन खंडों में पड़ा है, जिसका प्रधान खंड पूर्ववत् पृथ्वी में गड़ा है। उसका मस्तक—पीठ से पीठ मिलाये चार सिंहों का शीर्ष—संग्रहालय के प्रवेश-द्वार के भीतर ही खड़ा है। यह शीर्ष घंटा, अधोमुख कमल, चौकी आदि से संयुक्त गज, अश्व, मृग आदि की आकृतियाँ धारण किये हुए है, जिनके बीच गति के प्रतीक और धर्मप्रवर्तन के स्मारक चक्के बने हैं। सिंह पहले सम्भवतः सिर पर वही प्रतीक-चक्र उठाये हुए थे। सिंहों की आवयवीय स्नायुरेखाएँ उन्हें सर्वथा सजीव कर देती हैं। उनकी पॉलिश की चमक और आकृति की सच्चाई संसार के तक्षण शिल्प में उन्हें अनुपम बना देती हैं। उचित ही देश की राष्ट्रीय सरकार ने इस सिंहशीर्षक को अपना मुद्रांक बना लिया है, जो शालीन कला के अतिरिक्त संसार में युद्धविरोधी शान्ति का भी परिचायक है।

सारनाथ के इस स्तम्भ पर मौर्यकालीन लिपि में संघभेदक भिक्षुओं के दंडस्वरूप संघ से उनके निष्कासन का विधान खुदा है। यहाँ अशोक के बनाये इन स्तम्भों की सुचारूता के अतिरिक्त उनसे सम्बन्धित संवहन विधि पर भी एक नज़र डाल लेना उचित होगा। ये स्तम्भ उत्तर प्रदेश के मिर्ज़ापुर के ज़िले में बनारस के पास ही स्थित चुनार के पत्थर के बने हैं, जो चुनार की पहाड़ियों में ही (जिनका नाम मौर्यकाल में शुंशुमारगिरि था) तैयार किये गये। पर ये स्तम्भ अपने मूल निर्माण-स्थल से हज़ार-डेढ़ हज़ार मील दूर हैदराबाद-मैसूर तक मिले हैं। उस प्राचीनकाल में किस प्रकार क़रीब 40-50 टन भारी और प्राय: 50 फ़ुट ऊँचे ये स्तम्भ पर्वतों और नदियों को लाँघ इतनी दूर ले जाए गये, यह आश्चर्य का कारण बन जाता है, विशेषकर जब हम जानते हैं कि फ़िरोज़शाह तुग़लक के समय के समुन्नत इंजीनियरी के युग में इन स्तम्भों का थोड़ी दूर संवहन भी हास्यास्पद प्रकार से सम्पन्न किया जा सका है। अपनी बसायी नयी दिल्ली को सजाने के लिये सुलतान ने जब केवल बारह मील दूर टोपरा गाँव में खड़े अशोक के एक स्तम्भ को दिल्ली ले जाना चाहा, तब उसके लिये बैलों को हटाकर बयालिस बैलगाड़ियाँ एक से एक जुड़ी खड़ी की गयीं और उन पर रुई के अम्बार लगाये गये और तब एक-एक गाड़ी पर दो-दो सौ आदमी लगे। इस प्रकार 8,400 आदमियों ने गाड़ियाँ ख़ींचकर स्तम्भ की दिल्ली तक की 12 मील की दूरी तय की।

सारनाथ की खुदाइयों में प्राप्त मिट्टी, पत्थर, ताँबे की मूर्तियों में-से केवल दो का यहाँ उल्लेख करूँगा। इनमें से एक छत्र, दंड से युक्त बोधिसत्त्व की पहली सदी ईस्वी की कुषाणकालीन विशाल मूर्ति है, दूसरी पाँचवीं सदी की गुप्तकालीन धर्मचक्र-प्रवर्तन-मुद्रा में बैठी बुद्ध की अनुपम शान्ति-प्रदायिनी मूर्ति।

बोधिसत्त्व की आदमक़द मूर्ति अपने छत्र और दंड के साथ समूची साढ़े नौ फ़ुट ऊँची है, मथुरा के लाल छींटेदार पत्थर की, ठीक उन्हीं की तरह की जो सहेठ-महेठ और मथुरा में मिलीं और जो अब क्रमश: कलकत्ता और लखनऊ के संग्रहालयों में सुरक्षित हैं। उन्हीं की तरह यह मूर्ति भी भिक्षु 'बल' की दान की हुई है। इसके अभिलेख में इसके कनिष्क के तृतीय वर्ष में बनने की बात लिखी है। यह पहली सदी ईस्वी की मूर्तियों में सबसे प्राचीन है। इसका उल्लेख सारनाथ से प्राप्त अन्य अभिलेखों में भी हुआ है। मूर्ति खड़ी स्थूलाकार सर्वतोभद्रिका (चतुर्दिक दर्शनीय) आकृति में कोरी प्राय: प्राचीन मथुरा-यक्षों की-सी है, शक्ति- सीम।

इस मूर्ति के पास ही इसके छत्र और दंड भी मिले। छत्र मंडलाकार दस फ़ुट आर-पार है, विविध सुन्दर खचित आकृतियों से अलंकृत। नीचे से लगता है, जैसे उलटा लटकता खिला हुआ कमल का फूल है। उसके मध्य के चहुँ ओर वृत्ताकार 12 पदाधारी पशुओं की आकृतियाँ उत्खचित हैं, गज, सिंह, व्याघ्र,

साँड़, ऊँट, मृग, मकर आदि की। उसके बाहरी वृत्त में शंख, स्वस्तिक, पूर्णकलश, त्रिरत्न, मत्स्य आदि 12 बौद्ध प्रतीक खुदे हैं।

दूसरी मूर्ति गुप्तकालीन है। बुद्ध की, धर्म का चक्का हाथों से घुमाती हुई मुद्रा में। मुख का भाग अद्‌भुत शान्त है, अधखुली आँखें नासिकाग्र पर टिकी हैं। यह मूर्ति प्राचीन काल में ही विदेशों में भी कलावन्तों का आदर्श बन गयी थी। जापान, चीन आदि में भी इसकी नक़ल में बुद्ध की मूर्तियाँ बनीं। भारत की दो सर्वोत्तम बुद्ध मूर्तियों में इसकी गणना है। इसके बराबर सुन्दर बस मथुरा की अभयमुद्रा में खड़ी मूर्ति है। सारनाथवाली मूर्ति का प्रभामंडल गुप्तकालीन कला की परिष्कृत रुचिचारुता का परिचायक है।

सारनाथ की खुदी भूमि आज भी अपने प्राचीन खंडहरों से ढँकी आकर्षक लगती है। प्राचीन काल की ही भाँति उसके एक ओर कमलों से भरे ह्रद का निर्माण कर दिया गया है। पास ही एक छोटा-सा वन भी लगाया जा रहा है, जहाँ कई प्रकार के मृग रख दिये गये हैं। इससे सारनाथ का मृगदाव नाम सार्थक हो चला है। बौद्ध धर्म के तीर्थस्थलों में कोई इतना आकर्षक नहीं, जितना सारनाथ का यह मृगदाव है।

श्रावस्ती की प्राचीरें

उत्तर प्रदेश के गोंडा और बहराइच की सीमा पर, बलरामपुर से 12 मील पश्चिम, इकौना से 5 मील पूरब, अवधपुरी—अयोध्या से कोई 58 मील उत्तर राप्ती के तीर इतिहास के पदचिह्नों से गौरवान्वित एक रजतखंड है, पीताभ पुलिनों से लगा, जहाँ से नदी की धारा कब की हट चुकी है।

रजतखंड श्रावस्ती बौद्धों की सावत्थी, आज का सहेठ-महेठ—नदी के तीर दूर तक फैले टीले, अपनी छाती में प्राचीन नगरी के अवशेष छिपाये, जिन्हें काल अपने अन्तराल में डाल भूल चुका था, पर जागरूक श्रद्धालु नर सदियों से खोज रहा था।

काल ने जब कोसल की काया पलटी तब ऐक्ष्वाकुओं की अयोध्या ऐश्वर्य के पटल से मिट गयी। उसकी जगह फिर श्रावस्ती ने ली। ऐक्ष्वाकुओं की एक शाखा ने श्रावस्ती को राजनगरी का गौरव दिया, उसी की एक दूसरी शाखा शाक्यों ने कपिलवस्तु में अपने गणतन्त्र का सन्थागार खड़ा किया, अपने सिद्धार्थ गौतम को अमरत्व की खोज में भेजा।

उसी श्रावस्ती के टीले सहेठ-महेठ में मीलों दौड़ते चले गये हैं। उनका गिर्द क़रीब 5 मील है। अकेले महेठ का प्रायः 17, 300 फ़ुट, सवा तीन मील से ऊपर, अपने आँचल में चालीस हज़ार एकड़ भूमि घेरे, सहेठ और महेठ दोनों के बीच की दूरी कोई चौथाई मील है। महेठ नगर था प्राचीरों से घिरा, श्रावस्ती का प्राचीन नगर, सहेठ उसका बहिरोद्यान, बौद्ध इतिहास में प्रसिद्ध बुद्ध का चातुर्मास्य का प्रवास-आराम जेतवन, जिसे श्रेष्ठिपुंगव अनाथपिंडक ने सोने के मोल ख़रीद बुद्ध को दान कर दिया था।

सोने के मोल ख़रीदा था जेतवन को अनाथपिंडक ने। वन राजा जेत का, नन्दनोपम। एक दिन तथागत का मन उस उपवन पर रीझ गया। भिक्षुसंघ के साथ वे वहीं रम गये। बार-बार उसके छतनार वृक्षों को, उनकी घनी छाया को उन्होंने

सराहा। अनाथपिंडक का श्रद्धालु मन जो तथागत की प्रशंसा से डोला तो करबद्ध वह बोला—"तथागत, श्रेष्ठपुत्र अनाथपिंडक ने यह जेतवन भिक्षुसंघ को दान किया। सुगत स्वीकारें।"

"सुगत कैसे स्वीकारें, श्रेष्ठिवर, यह अनधिकारी का दान, जेत का यह अभिराम वन?" तथागत बोले।

अनाथपिंडक को ठेस लगी, गहरी। नत हुआ। निन्दित-सा, आहत-सा उठा, अपने अनधिकार पर लज्जित सोचता चला—कैसे? कैसे मैंने बिना जेत के वन का मूल्य चुकाये, उसकी बिना अनुमति पाये उसका यह वन भिक्षुसंघ को समर्पित कर दिया? चलूँ, जेत से वन मोल ले लूँ, अनधिकृत-को अधिकृत करूँ, तथागत के ऋण से उऋण होऊँ, सुगत जेतवन में विहरें!

जेत अनाथपिंडक के दान की बात सुन चुका था। उसके आते ही करणीय निश्चित कर पूछा—"कैसे पधारे, श्रेष्ठिवर? स्वागत!"

"जेतवन अनधिकारपूर्वक दान कर चुका हूँ, राजन्, उसे मुझे सौंपें। मूल्य ले लें। धन का परिमाण कहें।" अनाथपिंडक ने तत्काल उत्तर में कहा।

"जेतवन अमोल है, श्रेष्ठिन्। उसे बेच न सकूँगा।"

"नगरी में अनाथपिंडक ने कभी वचन हारा नहीं, जेतवर, द्रवें कि उसका संकल्प अमोघ हो, विफल न हो।"

पर जेत द्रवा नहीं, कठोरतर हो बोला—"जेतवन के मोल का धन देने वाला धरा पर नहीं, श्रेष्ठिवर, उसकी लालसा तज दो।"

"धन जो जेतवन का मोल हो, धराधर, तो बोलो, अनाथपिंडक के सकल जम्बूद्वीप के सार्थसंग्रह उसे चुका देंगे। अनाथपिण्डक की अक्षयनिधि निःसीम है, सो आपसे अज्ञात नहीं।" अनाथपिंडक ने उत्तर दिया।

व्यंग्य से विहँसता जेत तब धीरे से बोला—"श्रेष्ठिवर, जानता हूँ, तुम्हारा वह व्यापक सार्थसंग्रह, वह निःसीम अक्षयनिधि। चाहता भी नहीं कि तुम्हारा दान निःसत्त्व हो। फिर ले लो जेतवन सुवर्ण के मोल। जेतवन के परिमाण की भूमि सुवर्णों से ढँक दो, सुवर्ण से ढँके परिमाण का जेतवन ले लो। दे दो उसे तथागत को। तुम्हारा पावन संकल्प मिथ्या न हो, सत्यवादिन्।"

"हो गया सौदा, जेतवर, ले लिया जेतवन मैंने तुम्हारे मुँह-माँगे मोल। जाता हूँ, अपने परिचरों के साथ स्वर्ण से भरी गाड़ियाँ लेकर लौटूँगा, जेतवन की भूमि उससे पाट दूँगा।"

जेत सन्नाटे में आ गया। उसे गुमान भी न था कि अनाथपिंडक के पास इतना धन होगा, या कि वह जेतवन का दूसरों के लिये इतना मोल देना स्वीकार करेगा। वह साफ़ मुकर गया। तब अनाथपिंडक ने न्यायालय में जा पुकारा। जीत

उसी की हुई। जेत हार गया। अनाथपिंडक ने जेतवन के परिमाण की भूमि स्वर्ण सिक्कों से ढँक दी। उसका नाम अनाथों का पेट भरनेवाला तो था ही, इस दान से वह अब 'सुदत्त' भी कहलाने लगा। अब उसका दिया जेतवन तथागत ने भिक्षुसंघ के लिये स्वीकार कर लिया। भरहुत के कलावन्तों ने सुदत्त का यह दानकार्य अपनी कला से अमर कर दिया। वहाँ के स्तूप की रेलिंगों पर यह कथा पत्थर की भूमि पर चित्रांकित हुई। बैलगाड़ियाँ स्वर्ण-सिक्कों से भरे बोरे ला रही हैं। सिक्के बुद्धकालीन सुवर्ण उस शुंगकालीन वेदिका (रेलिंग) पर लिखी जेतवन की भूमि पर बिछाये जा रहे हैं। उसी वेदिका के एक स्तम्भ पर उष्णीष, आभूषणों से मंडित सुदत्त का मस्तक अभिराम उत्कीर्ण है।

धरा के इस आँचल को हटाया जनरल कनिंघम ने, डॉ. होई ने, फ़ोगलने, मार्शल ने भी। 1863 में ही कनिंघम की गम्भीरभेदी दृष्टि इन टीलों पर पड़ी थी और 1876 में तो उसने कोसम्बकुटी और गन्धकुटी को पहचान भी लिया था। गन्धकुटी अनाथपिंडक के दिये जेतवन का सबसे महत्त्व का बुद्ध का आवास था।

डॉ. होई सिविल सर्विस था अफ़सर था और उसने सहेठ-महेठ की खुदाइयाँ 1875-76 में, फिर 1884 और 1885 में, करायीं। पर पुराविद् का भरपूर वैज्ञानिक योग इन खुदाइयों को 1907-8 में डॉ. फ़ोगल-द्वारा मिला, जब अकाल के प्रबल प्रकोप के कारण अवध में जनता को काम की आवश्यकता पड़ी और दस हज़ार रुपयों के ख़र्च से सहेठ-महेठ के टीले खोद डाले गये, अकाल से जनता की रक्षा के बहाने।

सहेठ के टीले उत्तर की ओर थे—पनहियाझार, खड़हुआँझार और, इन सबसे अधिक महत्त्व का, 1800 फ़ुट के गिर्द में फैला, 50 फ़ुट ऊँचा खड़ा ओड़ाझार, जो वस्तुतः स्तूप था, मौर्यकाल का—ई. पू. तीसरी सदी का, आज से कोई तेईस सौ साल पुराना—स्तूप, जिसे अनेक ने अंगुलिमाल का स्तूप कहा। उसी के अन्तराल से निकलीं भी सुरक्षित समाधि दी हुई अस्थियाँ, स्वर्णपत्र, रजतपत्र, श्राद्ध की अनेक वस्तुएँ।

अंगुलिमाल बुद्धकालीन श्रावस्ती का रत्नाकर था, घातक दस्यु। कोसल—श्रावस्ती का राजा प्रसेनजित उसकी डाकेज़नी से बड़ा व्यग्र रहता था। उसने जनपद को उजाड़ डाला था। एक दिन जब राजा बुद्ध से मिलने गया तब उसके मुख पर चिन्ता के बादल लहराते देख बुद्ध ने पूछा—"कौन-सी चिन्ता आकुल कर रही है, राजन्? क्या मगधराज बिम्बिसार रुष्ट हो गये हैं या लिच्छवियों का कोप भड़क उठा है?" राजा बोला—"तथागत, ना तो मैं बिम्बिसार के कोप से आक्रान्त हूँ और न ही लिच्छवियों के क्रोध से सन्त्रस्त। फिर भी दो चिन्ताएँ मेरे मन को

मथ रही हैं—एक तो अंगुलिमाल की दस्युता—जिससे कोसल का समूचा जनपद उजड़ गया है, दूसरा अपने ही पुत्र विडूडभ (विरुद्धक) का पितृद्रोह—जो मन्त्री चारायण के उकसाने से नित्य नये सिरे से उभर उठता है। इन दोनों कारणों से मैं नितान्त विह्वल हूँ।"

बुद्ध विड्डभ को तो राह पर नहीं ला सके। उलटे उसने उनके जीवन काल में ही उन्हीं की जन्मभूमि कपिलवस्तु को जलाकर नष्ट कर दिया। उसकी माता शायद शाक्यों में दासी रही थी, और उन्होंने उसे कुलीन कहकर प्रसेनजित को ब्याह दिया था। इस व्यंग्य का बदला उसने कपिलवस्तु को जलाकर लिया।

पर अंगुलिमाल का आतंक कोसल से बुद्ध ने दूर कर दिया। अंगुलिमाल को हत्या नित्य सिद्ध थी। उसने प्रण कर रखा था कि वह हज़ार आदमियों की हत्या करेगा, और जब-जब वह किसी की हत्या करता, उसकी एक उँगली काटकर गले में पहन लेता। इस प्रकार उसके गले का अंगुलिमाल नित्य बढ़ता जाता। इसी से उसका यह नाम भी पड़ गया था। जिस जंगल में वह रहता उधर जाने से यात्रियों को रोकने के लिये राजा ने प्रहरी बिठा रखे थे।

एक दिन बुद्ध उसी राह निकल पड़े। प्रहरियों ने उन्हें रोककर सावधान किया, अंगुलिमाल से खतरे की बात कही। बुद्ध चुपचाप वन में अंगुलिमाल के नियत स्थान की ओर चल पड़े। अभी थोड़ी ही दूर गये थे कि पीछे से आवाज़ आयी—"ठहर जा!"

बुद्ध शान्त भाव ठहर गये। देखा, वन्यवेश किये गले में अँगुलियों की माला पहने धनुष-बाण, असि धारण किये विकराल दस्यु चला आ रहा है। बोले—"मैं तो ठहर गया। सम्बोधि के बाद पुनर्जन्म कहाँ? पर भला तू कब ठहरेगा? घातकवृत्ति से तो जन्म-मरण की शृंखला और भी तुम्हें जकड़ती ही जाएगी।"

अंगुलिमाल बुद्ध के अमानवी तेज से, उनकी अलौकिक शान्ति से, दुर्लभ निर्भीकता से अभिभूत हो उठा। फिर उनकी सारभूत रहस्यमयी वाणी का व्यंग्य और भेद समझ उनके चरणों पर गिर पड़ा। बुद्ध ने उसे भिक्षु बना लिया और कालान्तर में वह अर्हत् पद पर आसीन हुआ। यह कह सकना निश्चित रूप से सम्भव नहीं कि डॉ. होई द्वारा खुदा स्तूप अंगुलिमाल का ही था, पर विद्वानों में साधारण विश्वास ऐसा ही है। स्तूप साधारण जनों के बनते भी न थे, फिर स्वर्ण-रजत पत्तरों से संयुक्त हड्डियाँ तो ऐश्वर्यवानों की ही स्तूपतल में रखी जाती थीं। कुछ आश्चर्य नहीं जो यह स्तूप अंगुलिमाल का ही रहा हो।

होई और फ़ोगल ने जिन पनहियाझार, खड़उआँझार और ओड़ाझार नामक टीलों को खोदा और जिनसे अनेक मुद्राएँ, मिट्टी-पत्थर की मूर्तियाँ, सिक्के प्राप्त हुए, उनके नाम भी जनता की अनुश्रुतियों ने दिलचस्प रखे हैं। श्रावस्ती के निर्माण

के समय जहाँ लोग अपने जूतों की धूल झाड़ दिया करते थे, वहाँ जो मिट्टी का ढेर बना, वह पनहियाझार कहलाया, जहाँ खड़ाऊँ की धूल झाड़ी वहाँ खड़उआँझार बना, जहाँ मज़ूरों ने अपनी मिट्टी भरी टोकरियाँ झाड़ीं वहाँ ओड़ाझार नाम का अम्बार खड़ा हो गया।

जो भी हो, श्रावस्ती नगरी के परकोटे के बाहर सहेठ के इन टीलों से ढँका बौद्ध साहित्य का प्रसिद्ध जेतवन विहार इन खुदाइयों में स्पष्ट बाहर निकल आया, जेतवन की पहचान का सबसे अकाट्य प्रमाण जो सहेठ की खुदाइयों में मिला वह कनौज के गहड़वाल-नरेश गोविन्दचन्द्र का ताम्रलेख था जो विहार नं. 19 के एक ध्यानकक्ष में उत्तर-पश्चिम के कोने में मिला। ताम्रपत्र प्रायः सवा दो फ़ुट ऊँची मिट्टी के एक सन्दूक़ में रखकर कमरे की नींव में दबा दिया गया था। स्वयं ताम्रपत्र 18 इंच लम्बा, 14 इंच ऊँचा और चौथाई इंच मोटा था। उस पर 27 पंक्तियाँ खुदी थीं, जिन पर काल का प्रभाव बिलकुल नहीं पड़ा था। उसके धातु के कड़े पर गहड़वाल नरेश की मुहर अंकित थी। यह अभिलेख, अपने ही उल्लेख के अनुसार, संवत् 1186 को आषाढ़ पूर्णिमा के सोमवार अथवा 23 जून सन् 1130 को वाराणसी से प्रसारित हुआ। इस अभिलेख-द्वारा छह गाँवों की आय का दान 'पवित्र जेतवन' के महाविहार में निवास करने वाले भिक्षुसंघ को किया गया था जिसके प्रधान और अग्रणी बुद्धभट्टारक थे।' इस अभिलेख से दीर्घकाल से जेतवन खोजने का विद्वानों का प्रयत्न सफल हुआ और न केवल बुद्ध के आवास से पुनीत, सुदत्त अनाथपिंडक के रोमांचक दान से इतिहासप्रसिद्ध जेतवन विहार की वास्तविक स्थिति का पता चला बल्कि साथ ही महेठ के टीलों के नीचे दबी कोसल की राजधानी उस विख्यात श्रावस्ती का भी पुनरुद्धार हुआ, जिसके परकोटों के बाहर वह जेतवन अवस्थित था। यह ताम्रपत्र निस्सन्देह भारतीय इतिहास की अन्यतम उपलब्धियों में से है और बारहवीं सदी तक सहेठ को जेतवन माने जाने का प्रमाण प्रस्तुत करता है।

उससे भी प्राचीनतर प्रमाण गुप्त-कुषाणकालीन अभिलेखों से संयुक्त मूर्तियों की तत्स्थानीय उपलब्धि से मिला। जेतवन के जिन कोसम्ब और गन्धकुटियों में तथागत बुद्ध ने निवास किया था, उनके गुप्तकालीन अवशेष मिल गये। कम से कम उनके आज से कोई डेढ़ हज़ार साल पहले बनने के प्रमाण प्राप्त हो गये। खुदाइयों की गणना में मन्दिर नं. 2 गन्धकुटी का अवशेष माना गया, मन्दिर नं. 3 कोसम्बकुटी का। गन्धकुटी के द्वारकक्ष का फ़र्श कंक्रीट से बना था। इस कंक्रीट के फ़र्श का विस्तार मन्दिर के चतुर्दिक परकोटे तक था। परकोटे की दीवार 8 फ़ुट मोटी, 115 फ़ुट लम्बी और 89 फ़ुट चौड़ी थी, जहाँ बुद्ध निवास करते थे, उसे गन्धकुटी कहते थे। गन्धकुटी का विधान इस प्रकार मिलता है—1. यह मात्र

बुद्ध के आवास का नाम होगा, 2. वह विहार के बीच बना होगा, कुछ ऊँचा जिसमें प्रवेश के लिये बाहर सोपान मार्ग बना होगा। कुटी और सोपान मार्ग बड़ी सुरुचि से बनाये जाते थे, सुदर्शन। उसके चतुर्दिक फूलों के पौधे लगे होते थे, फूलों को रखने का प्रबन्ध होता था जिससे वहाँ का वातावरण महमह होने से कुटी की 'गन्धकुटी' संज्ञा सार्थक होती थी। सहेठ के जेतवन की यह कुटी इसी विधान से बनी है और वहाँ मिले सभी भवनों में अन्यतम और सर्वाधिक अलंकृत है, साथ ही उसके द्वार के नीचे एक सोपान-मार्ग भी बना हुआ है। यह इमारत निस्सन्देह गुप्तकाल की है, पर इससे यह प्रमाणित हो जाता है कि यह उसी स्थल पर बनी जहाँ बुद्ध का मूल निवास था और उसी वास्तु-विधान से निर्मित हुई जो मूल भवन का रहा था।

कोसम्बकुटी (मन्दिर नं. 3) से लगा ईंटों से बना मार्ग है, 53 फ़ुट लम्बा, 16 फ़ुट चौड़ा, 4 फ़ुट ऊँचा। इसका बाहरी भाग गुप्तकालीन स्तूपों की अलंकरण विधि से अलंकृत है। इस उन्नत मार्ग तक पहुँचने के लिये सीढ़ियाँ बनी हैं, जो अंशतः आज भी सुरक्षित हैं। जनरल कनिंघम ने इसी प्रकार का बुद्ध के टहलने का मार्ग—जो चक्रम कहलाता था—गया के महाबोधि मन्दिर की उत्तर ओर ढूँढ़ निकाला था। वह भी ठीक सहेठ (जेतवन) की कोसम्बकुटी में बोधिसत्त्व मथुरा (मथुरा और सारनाथ के बोधिसत्त्वों की ही जोड़ की, समान कलावन्त की बनायी, समान दानी भिक्षु 'बल' द्वारा दान में दी हुई) की एक विशाल मूर्ति मिली है जिसे भिक्षु बल ने प्रसिद्ध कुषाण-नरेश कनिष्क के तीसरे राज्यवर्ष (ईसा की पहली सदी ईसवी) में वहाँ पधराया था। उस मूर्ति पर खुदे अभिलेख से प्रकट है कि कोसम्बकुटी में ही वह मूर्ति स्थापित की गयी थी। कोसम्बकुटी बुद्ध का तब आवास बनी जब, बौद्ध साहित्य के अनुसार, वे त्रयस्त्रिंश स्वर्ग से धरा पर पधारे थे। इस प्रकार सहेठ-महेठ के इस जेतवन और कोसम्बकुटी को बुद्ध के मात्र 500 वर्ष बाद कुषाणकाल तक ऐसे माने जाने का प्रमाण प्राप्त है। और निस्सन्देह यह कुषाणकालीन विश्वास और भी प्राचीन बुद्ध के निकटतर के प्रमाण पर आधृत रहा होगा।

इसके अतिरिक्त भी सहेठ के भग्नावशेषों का कालस्तर मौर्यकाल अर्थात् बुद्ध के निर्वाण के दो सदियों बाद तक पहुँच जाता है। कारण कि अँगुलिमाल अथवा भित्तिस्तूप, जिनके खंडहर यहाँ मिले हैं, मौर्यकाल अर्थात् ईसा से प्रायः ढाई सौ साल पहले के हैं।

इस प्रकार प्राचीन श्रावस्ती और उसके उत्तरवर्ती उपवन जेतवन के अवशेषों के टीले सहेठ और महेठ के दो भागों में अवस्थित हैं। सहेठ की खुदाइयाँ तीन भागों में हुई हैं। वह समूचा ही जेतवन था। उत्तरी भाग में एक विस्तृत विहार

था, जेतवन का महाविहार, 150 फ़ुट लम्बा, 142 फ़ुट चौड़ा। उसमें आँगन के चारों ओर 36 कमरे बने थे। कमरों और आँगन के बीच बरामदे थे जिनकी छतें खम्भों पर टिकी थीं। खम्भे सम्भवतः लकड़ी के थे, उनके आधार ईंटों के बने थे। फ़र्श कंक्रीट का था। इसी विहार के भग्नावशेष पर दसवीं सदी में एक मन्दिर बनाया गया था। जेतवन का यह उत्तरी भाग था, उसकी उत्तरी सीमा इससे भी उत्तर की ओर थी। चीनी यात्री फ़ाह्यान ने जेतवन के पूरब और उत्तर दो द्वार देखे थे। इस उत्तरी भाग में खोदने पर कुछ पहली-दूसरी सदियों के कुषाणकालीन भवन भी मिले। जेतवन के मध्य भाग में ही बुद्ध के आवास से पवित्र कोसम्बकुटी बनी थी।

जेतवन के दक्षिणी भाग की खुदाई एक दृष्टि से विशेष महत्त्व की सिद्ध हुई। यहाँ सिक्के काफ़ी संख्या में मिले। एक विहार के भिक्षु कक्ष नं. 15 में एक पात्र में गड़े शक सिक्के मिले। इनमें कुछ पंजाब में नमक की पहाड़ियों के जनपद के राजा सोफ़ाइतिज़ (सौभूति) के भी थे। कुछ अयोध्या के राजा आयुमित्र, कुषाणों के राजा कनिष्क हुविष्क और वासुदेव के भी ताँबे के सिक्के थे जिनसे प्रकट है कि शक—कुषाणों का अधिकार भी कोसल (अवध) पर बना रहा था। बुद्ध, बोधिसत्त्व की समूची और खंडित पत्थर की मूर्तियों के अतिरिक्त बड़ी संख्या में वहाँ मिट्टी की मुहरें भी प्राप्त हुईं।

महेठ के टीले सहेठ के टीलों से आकार में बड़े विस्तृत थे। स्वाभाविक ही है, क्योंकि जहाँ सहेठ नगर के बहिरुपवन जेतवन की भूमि थी वहीं महेठ कोसल की राजधानी और महानगरी स्वयं श्रावस्ती का प्रतिनिधि था। नगर मिट्टी के परकोटों से तीन ओर से घिरा था, एक ओर राप्ती की धारा थी जिससे उधर श्रावस्ती प्रकृतितः ही सुरक्षित थी। पुराविदों ने नगर के उत्तर-पश्चिम में दौड़नेवाले परकोटे प्रायः 35-40 फ़ुट और दक्षिण पूर्व में प्रायः 25-30 फ़ुट लम्बे खोद निकाले हैं। परकोटे के नीचे ही राप्ती बहती थी जिससे उधर का परकोटा कुछ कट भी गया है। नदी आज अपनी प्राचीन तलहटी में नहीं बहती, प्रायः दो मील दूर हट गयी है। उसी के तीर कभी श्रावस्ती के भवनों की परम्परा खड़ी थी।

बुद्धपूर्व भारत के सोलह महाजनपदों में काशी के साथ कोसल की भी गणना की गयी थी। बुद्ध के समय उत्तर भारत में चार राजसत्ताएँ प्रबल थीं मगध का हर्यक राजकुल, वत्स के कोशाम्बी के उदयन का कुरु राजकुल, मध्यभारत से लगी चंडप्रद्योत महासेन की उज्जयिनी का अवन्तिराज कुल, और प्रसेनजित की श्रावस्ती का यह कोसल राजकुल। इनके अतिरिक्त शाक्यों, मल्लों, लिच्छवियों, वज्जियों के अनेक प्रबल गणतन्त्र थे जो मगध और कोसल के फैलते साम्राज्यों में समा

गये। श्रावस्ती के ही सेनापति बन्धुल ने अपनी गर्भवती भार्या की इच्छापूर्ति के लिये वैशाली के प्रतापी राजाओं की अभिषेक-पुष्करिणी के लिच्छवी प्रहरियों का वध कर उसका वहाँ स्नान सम्भव किया था।

स्वयं श्रावस्ती और राजगृह में विग्रह प्रारम्भ हुआ। प्रसेनजित की भगिनी मगध के बिम्बिसार को ब्याही थी और काशी जनपद वह स्नान चूड़ा (तेल आदि) खर्च के लिए दहेज़ में ले गयी थी। अजातशत्रु के अपने पिता और प्रसेनजित के भगिनीपति बिम्बिसार का वध कर देने पर कोसलराज ने काशी की करदाय रोक ली थी। अजातशत्रु ने दीर्घकालिक युद्ध कर कोसल से काशी छीन ली, साथ ही वहाँ की राजकन्या वाजिरा को ब्याहा। उधर विडूडभ ने पिता प्रसेनजित को श्रावस्ती से मार भगाया। प्रसेनजित आश्रय की खोज में सम्बन्धी मगधराज के नगर राजगृह की ओर चले और उसके प्राचीरों तक भूखे-प्यासे पहुँचते-पहुँचते उन्होंने दम तोड़ दिया। प्रात: जब नगर का द्वार खुला श्रावस्ती के राजा का शव वहाँ पड़ा मिला।

पाटलिपुत्र अभी भविष्य के गर्भ में था, सोन और गंगा के कोण में बसे क्षुद्र गाँव पाटलि में तब उसके गौरव का बीज अभी छिपा था। श्रावस्ती का प्रताप तब तप रहा था। बुद्ध का एक सीमावास तब श्रावस्ती का जेतवन था, दूसरा राजगृह का वेणुवन और बीच की कुसीनारा और वैशाली उनकी यात्रा की चरण रज लेती थी।

श्रावस्ती प्राचीन काल में ही उजड़ गयी। अनेक बार वह जलकर क्षार हुई, अनेकों के कोप की भाजन बनी। उसके भवनों का कोयला राख के नीचे आज भी दबा है, पर कालान्तर में परिवर्तित हीरे के रूप में। अनाथपिंडक के स्वर्ण सिक्कों से ढँकी जेतवन की भूमि पर अद्यावधि मस्तकहीन समाधिस्थ खड़ी तथागत के सन्निवेश से पवित्र कोसम्ब और गन्ध कुटियों की दीप्ति किस कोहिनूर से कम है?

अम्बपाली की अमराई वैशाली

गंडक पार पूरब जहाँ आज बिहार के मुजफ़्फ़रपुर ज़िले में बसाढ़ गाँव, राजा विशाल का गढ़, कुंडपुर, बनिया (वाणियागाम) और कोल्हुआ खड़े हैं, वहीं कभी वर्धमान महावीर और तथागत बुद्ध के आवास से पुनीत नगरी बसी थी, वैशाली। 7707 प्रासाद थे अलम्बुष-इक्ष्वाकु के तनय विशाल की बसायी उस नगरी में, 7707 कूटाकार (अटारिया) थे, 7707 आराम (उद्यान), 7707 पुष्करिणियाँ (तालाब) थीं। नगर के भीतर नगर प्राचीरों से घिरे, द्वारों से बिंधे, अन्तरतम के बीजनगर के भवन स्वर्ण शिखरों से मंडित, उससे बाहर के नगर के प्रासाद रजत शिखरों से धवल, बाह्यतम घेरे के भवन ताम्रकूटों से अभिराम।

उसी वैशाली से कालग्रह से आते बुद्ध के स्वागत के लिए जब पीत, हरित, नील, अश्वजुते पीत, हरित, नीलरथों पर आरूढ़ पीत, हरित, नील उष्णोष वस्त्र अलंकार पहने, पीत, हरित, नील वर्म अस्त्र-इत्र धारण किये दल के दल लिच्छवि राजा आये तब तथागत ने भिक्षुओं को सम्बोधन कर कहा था : "भिक्खुओ, तुमने कभी त्रयस्त्रिंश स्वर्ग के देवताओं को उनकी नगरी सुदर्शना से नन्दन जाते नहीं देखा। भिक्खुओ, देखो आज उन देवताओं को! देखो, इन देवसम लिच्छवियों को। वैशाली के इन लिच्छवियों की परिषद् को देखो। देखो, गजारूढ़ इन्हें, इन स्वर्णछत्रमंडित, स्वर्ण शिबिकावाहित, स्वर्णरथारूढ़ इन लिच्छवियों की देखो।"

7707 विशिष्ट कुल थे वैशाली में। प्रत्येक कुल का प्रतिनिधि 'राजा' कहलाता, पुनीत पुष्करिणी के जल से अभिषिक्त हो लिच्छवियों का अराजक गणतान्त्रिक संथागार में बैठता। लिच्छवि राजाओं से भिन्न जन कभी उस पुष्करिणी के जल से आचमन नहीं कर सकते थे। दिन-रात पहरुए उस पोखर की रक्षा करते। घने जाल से पोखर का आकाश ढका रहता जिससे पक्षी तक उसमें अपनी चोंच न डुबा पाते। बस एक बार उसका जल अनावृत्त हुआ जब श्रावस्ती के

सेनापति बन्धुल की गर्भिणी पत्नी मान कर बैठी। ''जब तक वैशाली की अभिषेक मंडल पुष्करिणी में स्नान न कर लूँगी, उसके जल से तृप्त न हो लूँगी, आहार ग्रहण न करूँगी''—शपथ ली मल्लिका ने।

गर्भिणी का मान किस मानी पति ने नहीं रखा? बन्धुल जान पर खेल जाने वाले एक सहस्र धनुर्धर लिये,पत्नी को रथ पर बिठा एक रात वैशाली जा पहुँचा। पुष्करिणी के रक्षक आकस्मिक आक्रमण के आवजूद जान पर खेल गये। लड़ते हुए वीरगति को प्राप्त हुए। कुछ अचानक के संकट से, कुछ गर्भिणी के मान की रक्षा के लिये लिच्छवियों में द्विधा-भाव जन्मा। बन्धुल की दुरभिसन्धि फली। गर्भिणी की मान रक्षा हुई। मल्लिका ने मन-भर अभिषेक मंगल पुष्करिणी में नहाया, छककर उसका जल पीया, पति के साथ श्रावस्ती लौटी।

वैशाली ने इससे अपना पराभव न माना। उसका वैभव विपुल था। उसकी शक्ति के आतंक से आये दिन राजा और सम्राट डर जाया करते। उसी श्रावस्ती और कोसल के राजा प्रसेनजित को एक दिन खिन्न मन देख बुद्ध ने पूछा था—''महाराज, ऐसे सन्न क्यों हो? मगध श्रेणिक राजा बिम्बिसार तो कहीं अप्रसन्न नहीं हो उठे? लिच्छवियों का कोप तो कहीं नहीं भड़क उठा?''

गंगा के घाटों का कर कुछ वैशाली के लिच्छवि उगाहते, कुछ लिच्छवियों के छोड़ते ही मगधराज अजातशत्रु। वहाँ बहुमूल्य सुगन्ध द्रव्य बहुत उतरता था। उधर अजातशत्रु 'आज जाऊँ—कल जाऊँ' के विकल्प में पड़ा रहता, और एकमत संकल्प किये लिच्छवि पहले जाकर कर ले लेते—पीछे जब अजातशत्रु जाता, तब विकल मन कुपित वह राजगृह को लौट पड़ता। सालों-साल मुँह की खानी पड़ती। तब अजातशत्रु ने लिच्छवियों को जीतने के उपाय सोचे, बुद्ध के पास मन्त्री वर्ष-कार को भेजा। बुद्ध ने लिच्छवियों को उनकी एकमत मन्त्रणा और अभेद्य नीति को अजेय बताया। अजातशत्रु ने तब संघभेद को अपना अस्त्र बनाया। और जब उसकी फूटनीति से लिच्छवियों का भी एक साथ रहना, मन्त्रणा करना कठिन हो गया, दो जन तक एक-दूसरे के प्रति शंका से विरत न हो सके, तब लिच्छवियों का वह गढ़ टूटा।

वरना वैशाली अजेय थी। विशाल से सुमित्र के शासन तक अजेय चली आयी थी, फिर कालान्तर में गणतन्त्र और संघशासन का निर्माण कर और शक्तिमती हो उठी थी। हिमालयपर्यन्त फैले उसके महावन की रमणीयता अनुपम थी। उसे देख बुद्ध ने कहा था : ''आनन्द, रमणीय है वैशाली, रमणीय है उसका उदयन चैत्य,उसका वह गोतमक चैत्य रमणीय है, सप्ताम्रक चैत्य रमणीय है, रमणीय है, आनन्द उसके बहुपुत्तक चैत्य, सारन्दद चैत्य। अभिराम है, रमणीय है, आनन्द, वैशाली।''

उसी अभिराम वैशाली के दक्षिण भाग में अवस्थित अभिरामतर वह अमराई थी, जिसमें मन्दिर मानवी अम्बपाली का आवास था। गणिका थी अम्बपाली, गण की अपनी, समूचे लिच्छवीगण के उच्छल राग की रागिणी अम्बपाली जन्मजात गणिका न थी, मनोनीता गणिका थी। जब उसके यौवन का मादक सौरभ वैशाली के वनान्तों को सुरभित कर नगरी के कुमारों का अन्तर मथ चला, जब उसके करग्रहण की लालसा से बाहर आये विवाहाकुलों और लिच्छवि कुमारों में घना संघर्ष छिड़ गया, तब महानाम ने अम्बपाली को गण को ला सौंपा। "सौन्दर्य अम्बपाली का नि:सीम है, निर्बन्ध है", महानाम बोला : "उसके द्वारा एक का लाभ अनेक की हानि है। गण को सौंपता हूँ अम्बपाली को। वह अनेक की हो, गण की हो, गण उसे स्वीकार करे, वह गण की हो, गण आदेश करे।"

और गण ने आदेश किया, शासन किया। अम्बपाली गण की हुई, गणिका बनी, एक के भोग से ऊपर, समूचे गण के अनुराग की केन्द्र। फिर तो जैसे-जैसे उसकी अमराइयों के आम बौराये वैसे ही वैसे वैशाली के किशोर उसके तरुण और प्रौढ़ भी कामासक्त हुए। अमराइयों में पराग झड़ पड़ा। बिम्बिसार मगध से राग लिये आया, अम्बपाली ने अभिसार का दान दिया। पुत्ररत्न भेंट किया।

और अपने प्रासादों में धन का कूट खड़ा कर अम्बाली एक दिन तथागत के वचन सुन स्वर्णराशि से विरत हो उठी। रूप की छलना उसे अब और न छल सकी। एक दिन उसने अपनी अमराइयों में बुद्ध को भिक्षु संघ से ला उतारा। उन्हें उसने अपना वह आम्रकानन सौंप दिया।

लिच्छिवि श्रीमानों ने,वैशाली के राजाओं ने बुद्ध से भोजन का प्रसाद माँगा था। अम्बपाली का विनीत निमन्त्रण तथागत स्वीकार कर चुके थे। उन्हें तथागत ने मौन-द्वारा लौटा दिया, तब वे अपने रथों पर खिन्न मन लौटे। तभी बुद्ध की निमन्त्रण-स्वीकृति से उल्लसित अम्बपाली भी नगर को लौट रही थी। उसने गर्व से लिच्छवि तरुणों के रथों की धुरियों से धुरी, चक्कों से चक्का, जुओं से जुआ सटाकर अपना रथ हाँका। उसके दर्प से कुपित, धृष्टता से चकित लिच्छवि कुमारों ने गणिका के अविनय का कारण पूछा।

गणिका बोली—"भगवान ने भिक्षुओं के साथ, आर्यपुत्रों, मेरा निमन्त्रण स्वीकार कर लिया है।

लिच्छवि कुमार बोले—"अम्बपालि, मुँहमाँगा धन ले लो, तथागत का निमन्त्रण हमें बेच दो।"

"निमन्त्रण अलभ्य है, आर्यपुत्रों, महाभोज नहीं बेच सकती," अम्बपाली हँसी।

"सौ लो, अम्बपालि, सहस्र लो, लक्ष लो, गणिके, इस भोज के बदले!" लिच्छवि बोले।

"ना, आर्यपुत्रो", अम्बपाली अड़ गयी, "यह विशाल नगरी, वैशाली का समूचा जनपद तुच्छ है उस महाभोज के सामने। उनके बदले भी इस निमन्त्रण को न बेचूँगी। राह लो अपनी।"

"अम्बिका ने छल किया। अम्बिका ने हमें जीत लिया", कहते लिच्छवि तरुण चले गये। तथागत ने भिक्षुसंघ के साथ अम्बपाली की अमराइयों में जीमा। अमराइयों ने अभिसार बिसार दिये, उनमें अब भिक्षुओं के दीक्षा-संकल्प, तीनों 'शरणों' के उद्घोष गूँजने लगे।

नारी के संघ-प्रवेश से उदासीन तथागत के बार-बार तिरस्कार से सम्बलित धातृमाता, मासी, प्रजापती गौतमी इसी वैशाली के 'वटवन' के संघद्वार पर एक दिन आ खड़ी हुई थी। राजगृह से चलकर वह आयी थी। महिलाओं से घिरी सिर मुड़ाये, भगवा पहने, चलने की थकान से जर्जर, सूजे पैरों की पीड़ा को अमान करती, मलिन-सूखा मुँह लिये, आँखों में आँसू-भरे महावन की कूटागारशाला के द्वार पर आनन्द से बोली, "स्वीकार करा दो, आनन्द, तथागत से नारियों का संघ-प्रवेश।"

आनन्द ने तथागत से आठ आदेशों के बदले संघ में नारी प्रवेश स्वीकार करा दिया था और उनका पालन अपना अनिवार्य कर्तव्य मान गौतमी ने कहा था, "आनन्द, जैसे नववयस्क तरुण-तरुणी स्नानान्तर दोनों हाथों में कमल, चमेली, अतिमुक्तक के फूलों की मालाओं के अलंकार उल्लासपूर्वक मस्तक पर धारण करते हैं, तत्परता से सजते हैं, वैसे ही उल्लास के साथ तथागत के इन अष्टादेशों के पालन की प्रतिज्ञा करती हूँ। जीवन में कभी इनकी अवहेलना न होगी, आनन्द, विश्वास करो।"

लिच्छिवियों के गणराजा जिस चेटक ने अपनी कन्या चेल्लना के करग्रहण के लिये मगधराज बिम्बिसार का निवेदन ठुकरा दिया था, वही, कन्या का अभिमत जान, उसकी रक्षा से विरत हो गया। और तब एक दिन वत्सराज कामचारी उदयन के आचरण से प्रभावित बिम्बिसार वैशाली से चेल्लना को ले भागा। वैशाली का अभाग्य कि चेल्लना की ही कोख का जना चेटक का दौहित्र अजातशत्रु लिच्छवियों के विध्वंस का कारण बना।

चेटक का आवास कुंडग्राम में था, जहाँ उसकी भगिनी त्रिशला ज्ञातृकों में ब्याही थी। इसी त्रिशला का वह पुत्र वर्धमान महावीर था जिन परम्परा का एकान्तिक सिद्ध निर्ग्रन्थ केवली, जिसकी शीतोष्ण सुख-दुःख की एकायनता, तप की सहिष्णुता ग्रीक स्तोहक दार्शनिकों का आदर्श बनी, निःसीम तपन जिसकी निरावृत्त काया का उल्लास बनी, शान्ति और अहिंसा जिसके जैन सिद्धान्त के सर्वस्व बने। वैशाली उस नाटपुत्त निगंठ महावीर की भी प्रसविनी बनी थी। और उस अचेल कोर मट्टक

नागा की भी, जिसने सप्तव्रत के संकल्प से उस नगरी की सीमा बाँधी थी। उसने व्रत किया था, वस्त्र धारण न करने का, आमृत्यु ब्रह्मचर्य का, माँस भोजन और सुरापान से भिन्न कुछ भी भोज न करने का, पूर्व की ओर उदयन चैत्य, पश्चिम की ओर सप्ताम्रक चैत्य से आगे न जाने का। ये ही चैत्य वैशाली नगरी के चतुर्द्वार थे, उसकी सीमाएँ।

कुसीनारा की ओर महापरिनिर्वाण के लिए अग्रसर बुद्ध ने नगर के सीमान्त पर अपने समूचे शरीर से वैशाली की ओर घूम गजवत उस नगरी को निहार आर्द्र कंठ से कहा था, "आनन्द, तथागत का यह वैशाली दर्शन अन्तिम है। अब फिर, आनन्द, तथागत वैशाली न लौटेंगे।" और गाथाकार ने उस करुण वचन को संस्कृत में अमर कर दिया था—

भगवन् वैशालीवनं अविशरणं दक्षिणेन
सर्वकायेन नामावलोकितेन व्यवलोकयति।
इदम् आनन्द तथागतस्य अपश्चिमं वैशालीदर्शनम्।
न भूयो आनन्द तथागतो वैशाली आगमिष्यति।।

कुछ काल फिर भी वैशाली का महत्त्व बना रहा। बौद्धों की दूसरी संगीति की बैठक वहीं हुई। लिच्छवियों ने बुद्ध और आनन्द की अस्थियों पर वहाँ स्तूप निर्मित किये, अशोक ने अपना सिंह-शीर्षक स्तम्भ वहाँ खड़ा किया, जो कोल्हुआ में आज भी खड़ा है। फ़ाह्यान ने उन्हें खड़ा देखा था, ह्वेनत्सांग ने वैशाली के बीस मील के गिर्द का बख़ान किया था। लिच्छवियों का तेज अभी सर्वथा बुझा न था,यद्यपि उनकी नगरी विनष्ट हो गयी थी।

तीसरी सदी में गुप्तों को उदीयमान शक्ति को लिच्छवियों की अस्तगामिनी शक्ति का सहारा मिला। चन्द्रगुप्त प्रथम ने लिच्छवि-कुमारी कुमारदेवी का कर ग्रहण कर अपने को धन्य माना और उस महान घटना को अपनी उस विशेष स्वर्ण मुद्रा के प्रचलन से अमर किया, जिस पर कुमारदेवी के चित्र के साथ लिच्छवियो का नामोल्लेख था, 'लिच्छवयः' और उस विवाह से प्रसूत गुप्त साम्राज्य का प्रतिष्ठाता समुद्रगुप्त तो अपने अभिलेखों में अपने को 'लिच्छवियों का धेवता' (लिच्छविदौहित्रः) बार-बार लिखकर भी न अघाता था। चन्द्रगुप्त विक्रमादित्य के राज्यकाल में वैशाली उसके शासन प्रान्त तीरभुक्ति (तिरहुत) का केन्द्र बनी रही। अन्त में इन्हीं लिच्छवियों की एक शाखा नेपाल का राजवंश बनी। सातवीं सदी के आरम्भ तक वैशाली मिट चुकी थी, यत्र-तत्र उसके भग्नावशेष खड़े थे, उसके कुंडग्राम, वाणियगाम, अभिराम चैत्य, अमराइयाँ कब की काल के अन्तराल में समा चुकी थीं।

धराशायिनी वैशाली की समाधि 1903-4 में तब टूटी जब पुरातत्त्व विभाग

के सुपरिंटेंडेंट डॉ. ब्लाख ने और 1912 में डॉ. स्पूनर ने बसाढ़-की भूमि खोद डाली। भग्नस्तूप-सा राजा बिसाल का गढ़, ईंटों का ढेर, भूतल से, जुते खेतों से, प्राय: 8 फ़ुट ऊँचा पड़ा था, उत्तर से दक्खिन लम्बाई में प्राय: 1700 फ़ुट पूरब से पच्छिम चौड़ाई में प्राय: 800 फ़ुट।

वैशाली का प्रधान राजप्रासाद अथवा दुर्ग मानकर पुराविदों ने पहले राजा बिशाल के गढ़ पर ही कुदाल चलायी। 1881 में ही जनरल कनिंघम ने गढ़ के प्राचीरों की खोज की थी, पर सिवा 200 फ़ुट चौड़ी खाई (जो अब केवल 125 फ़ुट बच रही है) के उसके प्रकारों का कोई चिह्न शेष नहीं मिला। ब्लाख का श्रम सफल हुआ और 9-10 फ़ुट भूमि खोदते ही पहले सातवीं सदी में ह्वेनत्सांग-द्वारा देखे भवनों की दीवारें पीछे प्रारम्भिक गुप्त काल अर्थात् 300 ई. के आस-पास की मिट्टी की मुहरें निकल पड़ीं। छोटे-छोटे कमरे जिनकी छतें कंक्रीट की बनी थीं और जिनमें मलबे के साथ ठप्पे लगानेवाली मिट्टी की 720 मुहरें मिल गयीं।

पर वैशाली के विगत गौरव को देखते, जो विशेषत: बौद्ध और जैन ग्रन्थों में अटूट सुरक्षित था, वह पर्याप्त नहीं समझा गया और डॉ. स्पूनर ने आठ साल बाद, 1912 के वसन्त में, कुदालों-द्वारा निचले स्तरों की खोज प्रारम्भ की। 16-18 फ़ुट नीचे पहुँचते ही धरातल का जल मिल गया, पर क्वाँरी भूमि अभी और भी नीचे थी, जिस तक आज भी पुराविदों की पहुँच न हो सकी। पानी में हाथ डालते ही उसमें-से मूर्तियों, भांडों आदि के प्राचीनतर खंड निकल पड़े, जिनमें प्रधान अशोककालीन पॉलिश किया हुआ चिकना पाषाण-खंड था, सुदर्शन मूर्ति-खंड। भग्नावशेषों का स्तर मौर्यकाल तक पहुँच गया। फिर कुछ मुहरें और पंचांकित सिक्के भी मिल गये, जो तीसरी-चौथी शताब्दी ई. पू. में प्रचुरता से चलते थे।

गुप्तकालीन,आज से कोई डेढ़ सौ साल पुरानी,प्राय: पाँच सौ चिट्ठियों को मोड़नेवाली सील-मुहरों से ज्ञात होता है कि तबकी वैशाली व्यापार का केन्द्र तो थी ही, उसके व्यापारियों और निगमों के अतिरिक्त महत्त्व के नागरिक भी पत्रों पर मुहरों का उपयोग करते थे। कुछ राजकीय मुहरों के लेख इस प्रकार थे—

1. महाराजाधिराज श्री चन्द्रगुप्त पत्नी महाराज श्रीगोविन्दगुप्त माता महादेवी श्री ध्रुवस्वामिनी।
2. श्री घटोत्कचगुप्तस्य।
3. कुमारामात्याधिकरणस्य।
4. युवराजभट्टारकपादीय बलाधिकरणस्य।
5. श्री रणभांडागाराधिकरणस्य।
6. दंडपाशाधिकरणस्य।

इन मुहरों के लेखों से राजकीय पदाधिकारियों और उनके अधिकरणों अथवा

विभागों (दफ़्तरों) को पहचान लेना कठिन न होगा। गुप्त साम्राज्य के प्रशासकीय विभागानुभागों का पुनर्निर्माण इतिहासकारों ने विशेषत: बसाढ़ से मिली इन मुहरों के आधार पर ही किया है। चन्द्रगुप्त द्वितीय विक्रमादित्य की पत्नी ध्रुवस्वामिनी का नाम अन्यत्र से तो उपलब्ध है ही, वैशाली की एक मुहर में भी लिखा है। इन्हीं ध्रुवस्वामिनी को भाई रामगुप्त से उनके साम्राज्य के साथ ही चन्द्रगुप्त ने स्वायत्त्व कर लिया था। इन्हीं के कारण शकराज का विक्रमादित्य ने विनाश भी किया था।

ध्रुवस्वामिनी पर तो इधर भारतीय भाषाओं में प्रचुर साहित्य रचा गया है। गोविन्दगुप्त इन्हीं ध्रुवस्वामिनी के पुत्र और सम्राट कुमारगुप्त के अनुज तथा उनके तीरभुक्ति (वैशाली) स्थित राज्यपाल थे।

इन 720 मुहरों के प्राय: 1100 मुद्रांकनों के 120 वर्ग हैं, जिनमें राज मुहरों का वर्ग केवल एक है। सौदागरों, सेठों, व्यापारियों तथा उनकी श्रेणियों, नि॰, आदि की मुहरों का वर्ग भिन्न था, महत्त्व में राजकीय मुहरों से कुछ ही घटकर।

कुछ मुहरों और सिक्कों के अतिरिक्त मौर्यकाल से उपलब्ध स्मारकों में प्रधान तीसरी सदी ई. पू. का अशोक का बनवाया एक सिंह-स्तम्भ है, जिसे वहाँ के रहनेवाले 'भीमसेन की लाठी' कहते हैं। यह राजा बिसाल के गढ़ से प्राय: दो मील उत्तर-पश्चिम में स्थित कोल्हुआ गाँव में बाबा नारायण दास बैरागी के आँगन में खड़ा है। इस पर कोई अभिलेख नहीं है। लगता है पाटलिपुत्र से नेपाल जाने की राह में रामपुरवा, लौरिया अरेराज़ और लौरियानन्दगढ़ की भाँति कोल्हुआ भी पड़ता था। स्वयं अशोक ने पाटलिपुत्र से नेपाल जाने के लिये यह राजमार्ग निर्मित किया था।

कोल्हुआ गाँव प्राचीन कोल्लाक अथवा कुंडग्राम है, जहाँ वर्धमान महावीर का जन्म हुआ था।

पिछली खुदाइयों से वैशाली की पुरातात्त्विक प्राचीनता मौर्यकाल तक प्रमाणित हो गयी है। उससे पूर्व की उसकी स्थिति पर रामायण, बौद्ध, जैन साहित्य प्रकाश डालते हैं। अभी बसाढ़ के पास अनन्त टीले अपने अन्तर में इतिहास छिपाये खड़े हैं। जो खुदे हैं उनकी भी निम्नतम भूमि का स्पर्श कुदाल ने अभी नहीं किया है। कुछ आश्चर्य नहीं जो खुद जाने पर यह भूमि न केवल महावीर बुद्धकालीन इतिहास को खोलकर रख दे, बल्कि उससे पूर्व का उपनिषद्युगीन जीवन भी अँगड़ा उठे।

मुरदों के अम्बार का कंकाल पहरुआ

'माइ गॉड!' सहसा ग्लैडिस के मुँह से भयमिश्रित चीत्कार निकली। वह एकाएक पीछे हटी और इतिहास के टीले खोदने वाले वेंडेल फ़िलिप्स के घुटनों में जा गिरी। वेंडेल फ़िलिप्स एक हाथ से उसे सँभालते डग-भर पीछे हटे, डॉ. जाम से टकरा गये। डॉ. जाम ने एक डग आगे भरकर देखा, नज़र आगे से पीछे फिरी, जिज्ञासा की नज़र, डॉ. अल्ब्राइट की ओर। अल्ब्राइट अब तक आगे बढ़ आये थे और जो सामने था उस पर उनकी निगाह जम गयी थी, सबकी निगाहें उन्हीं पर लगी थीं। उनके मुँह से निकला केवल 'हुँ-ऊँ—।'

कंडील के क्षीण प्रकाश में दृश्य निस्सन्देह भयावना हो रहा था—सामने नरकंकाल छठी सदी का लिबास पहने कुरसी पर, पत्थर के कुरसीनुमा आसन पर, बैठा था।

तब की बात है जब भारत में उसके इतिहास का स्वर्णयुग अभी चुका न था यद्यपि उसके निर्माता गुप्त सम्राट हाल ही राज कर चुके थे और हूणों ने रोमन साम्राज्य की रीढ़ हमलों से तोड़ दी थी। तभी सिनाई (तूर) पर्वत के चरणों में खड़े सन्त कथरीनी के मठ में 580 ई. में सन्त स्तेफ़ानस मरा था। जीवन-भर वह पर्वत की क़ब्रगाह का रखवारा रहा था, जब वह मरा तब उसने अपनी अकिंचन इच्छा प्रकट की कि वह सदा उसका पाहरू बना रहे और तबसे आज तक लगातार प्राय: डेढ़ हजार साल तक, उसी क़ब्रगाह के द्वार पर वह बैठा रहा है, तभी का पादरी परिधान पहने—सिर-पर बैंजनी टोपी, तन पर कुरतानुमा चोगा, गले में क्रूस लगी लम्बी सामने लटकती ज़ंजीर, दंड और सुमिरनी माला धारे। मानिक टूट जाने से मस्तक दाहिनी ओर झुका कन्धे पर टिका हुआ है। मस्तक क्या हड्डियों का कपाल-मात्र, जिससे त्वचा लुप्त हो गयी है, खोपड़ी के ऊँचे ऊपरी उभार के नीचे आँखों के दो बड़े गड्ढे नाक के दो छोटे सुराख़ किसी को भी सकते में डाल सकते हैं। पैर लिबास से बाहर निकले हुए हैं, त्वचाविहीन नंगे हैं,

उँगलियाँ केवल हड्डियों की मोटी रेखाएँ रह गयी हैं।

सिनाई (तूर) की इस क़ब्रगाह में केवल छह मुरदों के लिए जगह है। मठ का जब कोई पादरी मरता है तब वह सातवाँ होता है और सातवें को दफ़नाने के लिए वहाँ जगह नहीं। पर कम से कम एक बार उसकी वहाँ सो लेने की तमन्ना होती है, फिर चाहे उसका शव कहीं क्यों न रख दिया जाए। इससे मठ के पादरी उस सातवें नये मृतक को मूसा के स्पर्श से पवित्र उस भूमि में स्थान देने का उपाय करते हैं। छह में-से एक दफ़नाया शव क़ब्र से निकाल दिया जाता है, छहों में सबसे पुराना, और उसकी जगह यह नया शव दफ़ना दिया जाता है। इस प्रकार मठ का प्रत्येक मरने वाला कुछ काल इस क़ब्रगाह की पाक ज़मीन में सो लेता है पर क़यामत के पहले ही उसको उठकर अपनी हड्डियाँ जतन से रखने को दे देनी पड़ती हैं।

कंकाल के तब टुकड़े कर दिये जाते हैं। हड्डियाँ अपने टाल में चली जाती हैं, खोपड़ियों के अम्बार में। हड्डियाँ उस राशि में सँभालकर रख दी जाती हैं जो ठीक लकड़ी की टाल-सी लगती हैं, खोपड़ियों का तो एक ऊँचा टीला ही बन गया है। जब कोई आर्च बिशप या विशिष्ट अधिकारी मरता है, उसकी हड्डियाँ लकड़ी के बॉक्स में या दीवारों में बने ताकों में सँभालकर रख ली जाती है। दक्खिनी फ्रांस के प्रोवेन्स में दो भाइयों ने एक बार चिढ़कर क्रोध में अपने चाचा को मार डाला था। अपने उस पाप के प्रायश्चित्त के लिए वे तब सिनाई के इसी मठ में चले आये थे। उन्होंने मिलकर यह पाप किया था, इससे वे एक जंजीर से परस्पर अपने को बाँधे रखकर पर्वत की गुफा में निवास करते थे। साथ ही डोलते, साथ ही काम करते, खाते-पीते, साथ ही सोते। साथ ही शायद वे मर ही गये थे, साथ ही वे पाक जमींन में दफ़नाकर निकाल लिए गये थे और अब साथ ही पुरातन जंजीर से आज भी जकड़े वे डबल ताबूत में कंकालों के रूप में सोये पड़े हैं। इस नियम का अपवाद केवल सन्त स्तैफानस का कंकाल है जो सदा की भाँति आज भी कब्रगाह के द्वार पर बैठा सन्तरी भाव से उसकी रक्षा कर रहा है, प्रेतों का प्रेत, कंकालों का रखवारा कंकाल।

इस सन्त कथरीनी के मठ का नामकरण भी कुछ कंकाली परिस्थितियों से ही सम्बन्ध रखता है। सम्राट माक्सिमिनस द्वितीय के समय जब ईसाइयों पर रोयें खड़े कर देनेवाले अत्याचार हो रहे थे, कथरीनी तभी सिकन्दरिया में मरी। घूमते हुये मन्त्रणा के यन्त्र पर धार्मिक अपराधी को कसकर तोड़ देने का दंड दिया जाता था जब तक कि वह अपने धर्म को तौबा न कर दे या मर न जाए। पर कहते हैं कि जब कथरीनी को यन्त्र चक्र पर रखा गया तब वह तो न टूटी उसकी बजाय यन्त्र ही टूट गया। तब उसका सिर काट लिया गया। पर मरते समय उसने जो

प्रार्थना की थी कि उसका शरीर आततायियों को न मिले, वह सहसा ग़ायब हो गया और फ़रिश्तों ने उसे सिनाई पर्वत पर पहुँचा दिया। वहीं सिनाई पर्वत की ढलान पर गेबेल मूसा के थोड़ा दक्खिन-पश्चिम मिस्त्री ईसाइयों को एक शव मिला जिसे उन्होंने सन्त कथरीनी का शव माना और उसीके नाम पर इस मठ का नाम पड़ा। आज भी विशेष अवसरों पर दो चाँदी की पेटियों में रखे सन्त कथरीनी के अवशेष दिखाये जाते हैं—कपाल और हाथ। हाथों की उँगलियाँ रतनजड़ी अँगूठियाँ पहने हुए हैं। अरब के दक्खिन यमन में जहाँ से रब-अल-खाली-रीति दिशा—की ओर प्राचीन काल में अरबी धूप-नैवेद्य के सुगन्धित द्रव्य संसार के देवताओं की पूजा के लिए ऊँटों के लम्बे कारवाँ रवाना होते थे, सिनाई का यह मठ उनकी प्रस्थानभूमि था। यह वहीं खड़ा हुआ आज जहाँ से बाइबिल की पुरानी पोथी के अनुसार जलती झाड़ियों के बीच भगवान जेहोआ ने हज़रत मूसा को आवाज़ दी थी। उसी सिनाई पर्वत की चोटी—गेबेल मूसा—पर मूसा चढ़ गये थे और वहीं उन्होंने भगवान से पुनीत 'दशादेश' प्राप्त किये थे।

सन्त स्तेफ़ानस : मुरदों के अम्बार का कंकाल पहरुआ

उन्हीं 'दहकती झाड़ियों' की पवित्र भूमि पर रोमन सम्राट कोस्तान्तीन की माता—राजघराने की पहली ईसाइन—रानी हेलेना ने 337 ई. में इस मठ का निर्माण कराया जो सदियों के दौरान में नये कलेवर धारण करता गया। पूरब की ओर पर्वत पार अक़ाबा की खाड़ी है जहाँ सालोमन के सौदागर जहाज़ अपनी मुसाफ़िरी विरमते थे, दक्खिन की ओर रास मुहम्मद है, सिनाई अन्तरद्वीप का जलगत तिकोना, उधर उत्तर जिनका अपरिमित बलुई मैदान है, पुरानी पोथी का 'बियाबाँ' और उधर पच्छिम फ़राऊनों का वह मिस्र जहाँ से हज़रत मूसा अपनी इस्रायली जाति के क़बीलों को ले भागे थे और मिस्त्री जुल्म से उन्हें मुक्त कर भागने के दौरान सागर लाँघ इसी सिनाई की ज़मीन पर उतरे थे।

इस सन्त कथरीनी के मठ को हज़रत मुहम्मद ने भी अपने आगमन से पवित्र किया था। प्राचीन काल से ईसाई सम्राट और राजा-रानी इस मठ को समृद्ध करते रहे हैं—पोप ग्रेगरी महान (592-604) ने रोम में रहकर इसे भरा-पूरा, पिछली

सदियों के राजाओं ने इसे सँवारा और 1668 में नेपोलियन ने इसका जीर्णोद्धार कराया। चौदह सदियाँ इस मठ के इतिहास में गूँजती रही हैं, धर्मयोद्धा क्रूसेडरों ने इसकी चट्टानों पर खोदकर अपने नाम अमर कर दिये। यह भूमि यहूदियों, ईसाइयों, मुसलमानों—तीनों की तीर्थ है, हज़रत मूसा तीनों के नबी थे।

मठ का महत्त्व इसकी प्राचीन पवित्रता से भी बढ़कर इसकी हस्तलिपियों की राशि में हैं। अत्यन्त महत्त्व के ग्रन्थरत्न इसके सदियों पुराने ग्रन्थागार से उपलब्ध हुए हैं। लासा के बारह-चौदह हज़ार ऊँची तिब्बती मठों के ग्रन्थागारों की ही भाँति यह मठ भी ज्ञान का ऋद्ध आकार सिद्ध हुआ है। 1848 में जर्मन पंडित एल. एफ़. के फ़ान टिशेंडोर्फ़ को चौथी सदी की बाइबिल की ग्रीक हस्तलिपि—प्रसिद्ध 'कोदेक्स सिनाइ तिकस'—यहीं मिली थी। इतनी पुरानी हस्तलिपि किसी धर्म की कहीं, मृतसागर के स्क्रोलों के अतिरिक्त उपलब्ध नहीं हुई। टिशेनडोफ़ ने यह हस्तलिपि रूसी ज़ार को भेंट कर दी और रूसी क्रान्ति के समय ब्रिटिश म्यूज़ियम ने इसे साढ़े तेरह लाख रुपयों में ख़रीदा। ब्रिटिश म्यूज़ियम में यह प्रति आज भी सुरक्षित है। इसकी पंक्तियों के नीचे और बीच-बीच में और भी प्राचीन लिखावट है जिसमें सन्तों के चरित लिखे हैं।

वेंडेल फ़िलिप्स के नेतृत्व में इसके ग्रन्थागार का उद्‌घाटन हुआ। नित्य प्रातः आठ बजे पादरी जौआरिक्म सदियों की ग्रन्थराशि के द्वार खोल देते और अमरीकी काँग्रेस ग्रन्थागार के अध्यक्ष वालेस वेड के सहकारी हस्तलिपियों की फ़िल्म पद्धति से नक़लें तैयार करने लगते। दो पृष्ठों का एक फ़ोलियो होता है। ऐसे 5000 फ़ोलियो नित्य आठ घंटों में कैमरे-द्वारा फ़िल्मायित कर लिए जाते। इससे इस अगाध ग्रन्थराशि और उसके सदियों संचय का अटकल लगाया जा सकता है।

पर इस ज्ञानराशि के पहरुए बाहरी दुनिया से कितने विमुख हैं। जब इस मठ के ग्रन्थसंचय का पता चला और फ़िलिप्स ने अपने पुराविदों और लिपि-विशेषज्ञों के साथ वहाँ डेरा डाला तब सन् 50-51 में कोरिया का युद्ध चल रहा था। उसकी जानकारी तो सन्त कथरीनी के मठ के वृद्ध पिता प्राख़ोमियस को ख़ैर नहीं ही थी प्राखेमियस को भी बड़ा आश्चर्य हुआ जब उसे बताया गया कि 1914 से 18 तक एक विध्वंसकारी युद्ध लड़ा जा चुका है और अभी हाल दूसरा विश्वयुद्ध समाप्त हुआ है जिसमें नगर और आबादियाँ लुप्त हो गयी हैं। पवित्र पिता ने जो पचास से ज़्यादा सालों अन्तर्मुख हो सन्त कथरीनी के उस मठ में रहते आये थे, नगरों और आबादियों के लोप हो जाने की बात समझी या नहीं यह कह

सकना मुश्किल है पर निश्चय जंगबाज़ खूनी दुनिया के खूँख़ार पंजों की ओर पीठ कर जो ज्ञानराशि उन्होंने बचा रखी है उस पर आज सैकड़ों ग्रन्थ लिखे जा रहे हैं, आगे हज़ारों लिखे जाएँगे। ज्ञान का दम भरनेवाले आज के सभ्यों ने जहाँ सदियों संचित सभ्य जगत के ग्रन्थागारों, म्यूज़ियमों को बमों से नष्ट कर दिया है, सन्त स्तेफ़ानस का कंकाल आज भी त्वचा-मज्जा-रक्तविहीन अपना अस्थिपंजर धरे सन्त कथरीनी की ज्ञानराशि की उस बियाबाँ में रक्षा करता जा रहा है।

कंकालों और अस्थियों का अम्बार जिनकी रखवाली पन्द्रहवीं सदी से सन्त स्तेफ़ानस करता आ रहा है

शेबा के क़ैदी

यमन के पुराविद् खनक दल के डाइरेक्टर ने अमरीकी प्रेसिडेंट को केबुल भेजा—"प्रिय प्रेसिडेंट, मेरा 'अमेरिकन फ़ाउंडेशन फ़ॉर स्टडी ऑव मैन' अभियान दल रानी शेबा की राजधानी मारिब-यमन में नितान्त संकट में पड़ गया है। सुलतान अहमद ने दवा, आहार, पेट्रोल की रसद का हम तक पहुँचना रोक दिया है। कृपया अत्यन्त तत्परता से निजी रूप से सुलतान को मजबूर करें कि वह अपने सैनिकों को रोक ले और मेरा अपने अमरीकी वैज्ञानिकों को सल्तनत से बाहर निकाल ले जाना मंजूर करे। अगर आपने तत्काल कार्रवाई नहीं की तो अमरीकी जानें गहरे ख़तरे में पड़ जाएँगी। कृतज्ञतापूर्ण धन्यवाद। वेंडेल फ़िलिप्स।" पर प्रेसिडेंट के कुछ कर सकने के पहले ही जानें ख़तरे में पड़ गयीं और फ़िलिप्स को अपनी ही सूझ और साहस का सहारा लेना पड़ा। यह लोमहर्षक घटना यों घटी—

यमन की बादशाहत के इमाम के साथ इक़रारनामे पर हस्ताक्षर हो जाने के बाद 'अमेरिकन फाउंडेशन फ़ॉर द स्टडी ऑव मैन' के खनक दल का डाइरेक्टर वेंडेल फ़िलिप्स जब दल-बल के साथ शेबा की रानी बिल्किस के महलों की खोज में चला तो उसे रंच-भर भी अन्देशा न था कि उसका यह सपनों का अभियान सपना ही साबित होगा और उसे जान बचाकर यमन से भागना होगा, अदन में पनाह लेनी होगी।

फ़िलिप्स ने बाइबिल की पुरानी पोथी में शेबा की रानी का हाल पढ़ा था, उसके अभियान-अभिसार की बात पढ़ी थी—"ऊँटों की भीड़, वे सारे के सारे शेबा से आएँगे, वे सोने की राशि लाएँगे, पूजा के धूप-नैवेद्य और वे मालिक (जेहोवा) का नूर नाज़िल करेंगे। और रानी शेबा आयी, उसने राजा (सोलोमन) को स्वर्णराशि दी, ढेर के ढेर धूप-नैवेद्य दिये, रतन-जवाहरात दिये, मसालों की इतनी राशि कभी नहीं आयी जितनी शेबा की रानी ने राजा सोलोमन को दी।"

फ़िलिप्स ने वह कहानी भी सुनी थी कि किस प्रकार, रानी शेबा के रूप-

जाल में सोलोमन बँध न जाय इससे, उसकी रानियों ने अफ़वाह उड़ा दी कि रानी के पैर बकरी के खुरों-जैसे हैं, और फिर सोलोमन ने चतुराई से वह भ्रम दूर कर रूपवती रानी को अपने पलंग पर खींच लिया था। वह रानी बिल्किस सेबाइयों पर राज करती थी, खूँख़ार बर्बर सेबाइयों पर—जिनके रक्तपात का उल्लेख पुरानी पोथी में हुआ है कि—और फिर सेबाई उन पर टूट पड़े और उनको बाँध ले गये; हाँ सेवकों को उन्होंने तलवार के घाट उतार दिया है, और मैं अकेला तुझसे हक़ीक़त बताने भाग निकला हूँ।

उस शेबा की रानी की हज़ार कहानियाँ सच करने का 28 साल के फ़िलिप्स ने बीड़ा उठाया था। उसने मित्रों से, संस्थाओं से लाखों डालर, दसों ट्रक-मोटरें, रेडियो, फिल्म, डॉक्टर, दर्जनों पुराविद्, वैज्ञानिक, खनक लिपिपाठक, अभिलेख शोधक इकट्ठे किये थे और अरब की ओर चल पड़ा था। साथ-साथ चार-चार रुपयों के वज़न और क़ीमत के मारिया थेरसा के हज़ारों चाँदी के सिक्के थे जिन्हें विशेष प्रकार से ढाला गया था क्योंकि ये सिक्के ही यमन के मजूरों और अहलकारों-अफ़सरों को विदेशियों से लेने मंजूर थे। वैसे अठारहवीं सदी की ऑस्ट्रिया की रानी मारिया थेरेसा के सिक्के दूर अरब में दो सौ साल बाद आज भी चलते हैं, यह स्वयं कुछ कम अचरज की बात नहीं। शायद यूरोपियन तुर्कों के ज़रिये इनका अरब में चलन हुआ जो आजतक बना हुआ है।

अरब के प्रायद्वीप के दक्षिण-पश्चिम में सागर से लगी यमन की सल्तनत है जहाँ से यहूदी आबादी अभी-अभी इस्रायल की ओर सरक गयी है। कभी यहाँ हज़रत मूसा ने मिस्र से अपने यहूदी क़बीले लाल सागर पार उतारे थे। इसी यमन की उत्तरी-पूरबी सीमा पर ईसा से लगभग हज़ार साल पहले कुतबनियों और सबाहइयों की बस्तियाँ थीं। कुतबनियों की राजधानी आज के नगर तिम्ना से लगी-बसी थी और उससे कोई चालीस मील उत्तर पश्चिम रानी बिल्किस की राजधानी शेबा (शाबा) थी जिससे लगा हुआ आज का नगर मारिब बसा है। फ़िलिप्स ने दोनों के खँडहर सन् 49-51 में खोद डाले। उनके प्राचीन मन्दिर और जलाशय मरुभूमि की छाती फाड़ उघाड़ दिये, बाइबिल के पृष्ठ सच कर दिये। उसी मारिब की ऐतिहासिक खुदाई की यह ऐतिहासिक कहानी है।

फ़िलिप्स लिखता है मारिब के सामने पहुँचते ही प्राचीन इमारतों के खँडहर दिखाई पड़े, विशाल शिलाएँ इधर-उधर बिखरी पड़ी थीं जिन पर ऊँचे टीले की चोटी पर पुराने नगर के खँडहर खड़े थे, अमरीकी गगनचुम्बी महलों की तरह झिलमिलाते। बायीं ओर चन्द्रमा के मन्दिर के खम्भों की टूटी क़तार खड़ी थी, नयनाभिराम। दाहिनी ओर बिल्किस के मन्दिर (महरम बिल्किस) के वृत्ताकार भग्नावशेष मुस्कुरा रहे थे।

लिपिविशेषज्ञ डॉ. जॉन उधर अभिलेखों पर नज़र गड़ाये आपा खो रहे थे, इधर फ़िलिप्स का दल कुछ चकित था कि नगर की ओर से स्वागत के लिए लोग अब तक क्यों नहीं आये। पर सपना शीघ्र ही टूट गया। लोग आये, पर दूसरी हैसियत से, फ़िलिप्स के दल को हिरासत में लेने।

दक्षिणी अरब के फ़नजन की खुदाई में मिला ई. पू. दूसरी सदी का यफ़ास के घराने का एक अभिलेख

मारिब की बस्ती के बाहर जैसे ही फ़िलिप्स-दल रुका अरबों की भीड़ ने उन्हें घेर लिया। क़बीलाई भीड़, सख्त चुप दिखनेवाले क़बीलाई और सैनिक, दोनों हथियारबन्द। रायफ़लों से लैस। बदसूरत, खूँख़ार, नीले कपड़े पहने, चेहरे नील से रँगे। खनक चकरा गये। कोई उपाय नहीं सूझता था। घेरने वालों की संख्या बड़ी थी, मन्शा उनकी डरावनी लग रही थी। उनकी निगाह में कुछ जिज्ञासा भी थी क्योंकि उनमें-से किसी ने न तो यूरोपीय देखे थे न मोटरगाड़ी देखी थी।

बड़े धीरज से दल के सोमाली-अरब दुभाषिये जामा ने एक सैनिक से पूछा, "क्या आप हमारे आने की राह नहीं देख रहे थे? क्या सुलतान ने सूचना नहीं भेजी कि हम आ रहे हैं?"

चेहरे पर बग़ैर कोई रंग लाये सैनिक ने कहा, "नहीं। हमने मोटर की आवाज़ सुनी तब हम उसे हवाई जहाज़ की आवाज समझ आसमान में देखने लगे। हमें मशीनगनों के फ़ायर से उन्हें गिरा देने का हुक्म मिला था। तुम लोग हमारे क़ैदी हो।"

दूसरों को वहीं गारद की हिरासत में छोड़ सैनिक जामा और फ़िलिप्स को नगर से अलग एक गढ़ी में ले गये। वहाँ काली दाढ़ीवाला एक जन ग़लीचों के अम्बार पर बैठा था। उसने अचरज से फिलिप्स को देखा, फ़िलिप्स ने उसे। दोनों ने एक-दूसरे को पहचाना। पिछले साल तिम्ना की खुदाई में वह दवा के लिए फ़िलिप्स के पास गया था। उसका नाम क़ाज़ी अहमद बक्ऱ था और वह वहाँ का हाकिम था। पर उसकी नज़र से साफ़ ज़ाहिर हो गया कि पिछली मुलाक़ात रहमत के लिए उसे मजबूर न कर पाएगी।

"यहाँ क्या कर रहे हो?" उसने तीखी सख़्त आवाज़ में पूछा।

"सुलातन ने मारिब में हमें खोदने की इजाज़त दी है," फ़िलिप्स बोला। फिर उसने सुलतान के साथ अपने इक़रारनामे की नक़ल उसके सामने रख दी। पर उसका उस पर कोई असर नहीं हुआ।

"मुझे इसका यक़ीन नहीं होता," क़ाज़ी बोला, "तुम हमारे क़ैदी हो।"

फिर वे डेढ़ फ़ुट मोटी पत्थर की दीवार से घिरे एक छोटे कमरे में बन्द कर दिये गये, एक दर्जन सिपाही ऊपर से तैनात कर दिये गये। सोलोमन और बिल्किस की मुन्सिफ़ रूहों को काठ मार गया।

कुछ घंटों बाद जामा ने फ़िलिप्स के कान में धीरे से कहा—"यह जानकर कि हमारे पास कई ट्रकें हैं, ओबिदी क़बीले हमें बचाने के लिए आ पहुँचे हैं।" पर दल बनाकर लड़ना बूते के बाहर था, फ़िलिप्स चुपचाप सुनता रहा।

नींद हराम हो गयी। नींद लगी भी तो सहसा टूट गयी, सैनिक का हाथ फ़िलिप्स की मसहरी में कुछ टटोल रहा था। पर एक दूसरा लम्बा हाथ भी उसमें घुसा और पहले हाथ को उसने घसीट दिया। यह दूसरा हाथ सोमाली जामा का था।

दूसरे दिन का वातावरण बदला हुआ लगा। सुबह ही क़ाजी अहमद कुछ घबराया हुआ आया, बड़ी दिलचस्पी दिखाते ख़ैरियत पूछी और पिछली रात की नींद का ज़िक्र किया। पर बात कुछ और ही थी। हरकारे ने बताया कि सुलतान का विशेष प्रतिनिधि घोड़ा भगाता आया और बोला था कि इतिहास की खुदाई करनेवालों का अमरीकी दल मारिब पहुँचना ही चाहता है।

विशेष प्रतिनिधि स्वयं सुलतान का साला था जो श्वेत अश्व पर तब भी विराजमान था जब फ़िलिप्स और क़ाजी उससे मिलने पहुँचे। उसने रात-भर घोड़ा सरपट भागा था। अब ऐलान कर दिया गया कि अमरीकी दल को मारिब में यथोचित खुदाई करने का अधिकार होगा। तभी हारिब और मारिब का हाकिम सैनिकों को और सशस्त्र ऊँट-सवारों के साथ अमरीकी दल को गिरफ़्तार करने आ पहुँचा। सैयद अलकोहलानी की मंशा दल को ज़ंजीरों में जकड़कर हारिब ले जाने की थी। अब बदली स्थिति को देख उसका पसीना छूट चला। सभी हँसने लगे, कोहलानी अपनी हँसी उड़ती देख जल-भुन उठा। तभी फ़िलिप्स के हाथ में धीरे से किसी ने चिट थमा दी, चिट पर ख़बर लिखी थी—बेहरान से शरीफ़ हुसैन के यहाँ से आयी थी—"कोहलानी हारिब से चल पड़ा है, सलूक ख़तरनाक करेगा। ख़बरदार रहना।"

पर मारिब में खुदाइयाँ शुरू हो गयीं। मारिब के सामने ही शेबा की प्राचीन राजधानी सदियों से सोयी पड़ी थी, फावड़ों की चोट से वह उठी। और अलाबस्तर

की मूरतें पृथ्वी के उदर से नये जनमते बच्चों की तरह निकलती गयीं, अभिलेखों-भरी शिला से अनन्त लेखों-द्वारा बीती दुनिया की कहानी कहती चली गयीं। डॉ. अलब्राह उन्हें पढ़ने लगे, उनका ऐतिहासिक काल—ईसा से हज़ार साल पहले से ईसा के जन्म और बाद तक कूतने लगे, डॉ. जॉन लिखावटों की नक़लें गीली मिट्टी में उतारने लगे। बिल्किस का मन्दिर, चन्द्रदेव इलुम्कुह का मन्दिर, प्राचीन जगत का जलाशय, जिसके लिए शेबा का नगर विख्यात था, सब एक-एक कर ज़मीन फाड़ नज़रों के सामने उठते चले आये, क़ुरान का कलाम सच उतरा—"शेबा के निवासियों के पास फलों से लदे ख़ूबसूरत बगीचे थे। पर जब लोग ख़ुदा की हक़ीक़त भूल गये तब उसने उनको सज़ा देने के लिए उनके जलाशय का बाँध (डैम) तोड़ दिया। मीठे फलों की जगह अब उन बगीचों के पेड़ों में कड़वे फल लगेंगे।" प्राचीन इतिहास में किसी घटना का इस बहुलता से उल्लेख नहीं हुआ जिस बहुलता से मारिब के इस जलाशय के बाँध के टूटने का हुआ। प्राचीन काल में मरुभूमि में कुएँ खुदवाने का, नहर निकलवाने, तालाब बनवाने का बड़ा महत्त्व था, क्योंकि जल ही वहाँ का सच्चा जीवन था। उस जलाशय के तीस-तीस फ़ुट ऊँचे परकोटे के स्तम्भों की क़तारें पृथ्वी के गर्भ से सहसा बाहर निकल आयीं। खनकों के गोदाम खुदीं-निकलीं ऐतिहासिक वस्तुओं से, अभिलेखों से भर गये।

पर उनकी बहुलता ही खनक दल का अभाग्य बन गयी। जितना ही अपनी सफलता पर खनक खुशियाँ मनाते उतनी ही गहरी चोट यमन के, विशेषकर वहाँ के हाकिमों के, दिल को लगतीं। विशेष क्रोध उनको डॉ. जॉन पर था क्योंकि वही मूरतों-अभिलेखों की नक़लें तैयार करता, उन्हें एक से अनेक कर उनका महत्त्व कम करता।

शत्रुता के दाँव-पेंच चलने लगे। दल के सदस्य उनसे बचने लगे, दिन-दिन उनसे अपमान सहने लगे। परसों उन्होंने कुत्ते को गोली मार दी, कल दुभाषिये को छुरी दिखा दी, आज जान लेने पर तुल गये। अब काम करना कठिन हो गया। पहले तो उन्होंने नक़लों की प्रतियाँ माँगी फिर नक़ल करने का हुक्म सुलतान से मँगवा दिया। अन्त में मारीया थेरेसा के सिक्कों के झगड़े खड़े कर दिये। कहा, काम बन्द कर दो। काम बन्द कर दिया गया। कहा, खम्भों की ज़मीन रेत हटाकर ख़ाली कर दो, यह बताने पर भी कि रेत हटते ही खम्भे गिरकर नष्ट हो जाएँगे, हुक्म जारी रहा। रेत हटा ली गयी। खम्भे गिरने लगे, मजूरों की जान पर आ बनी। तब फिर हुक्म आया कि रेत खम्भों की जड़ों में डाल दो। इस तरह दिन-दिन मुसीबत का पहाड़ खड़ा होने लगा था, वहीं घुटते रहने के सिवा कोई चारा नहीं था। अमरीकी प्रेसिडेंट को केबुल भेजा गया, राष्ट्रसंघ के सेक्रेटरी जनरल

को तार भेजा गया, पर कुछ बन न पाया। बाहर ख़बर भेजना भी साधन से परे तो था ही, जानपर खेलना भी था।

अब एक और ख़तरा सामने आया। पता चला कि हुक्काम इस साज़िश में है कि फ़िलिप्स, डॉ. जान और बाब कार्मीन की हत्या कर दी जाए और दल तथा खुदाई की बीस वर्षीया सेक्रेटरी आइलीन को ग़ायब कर किसी हरम में डाल दिया जाए जहाँ से वह कभी निकल न सके। अब खुदाई में निकली बहुमूल्य वस्तुओं की रक्षा और बचा लाने से भी बढ़कर चिन्ता दल के सदस्यों की जान और आइलीन की लाज की रक्षा हो गयी। फिलिप्स ने उसका उपाय सोच लिया।

यमन से जान बचाकर भाग आया जाए। पर सैनिकों की आँखों में धूल झोंक इतने आदमियों के साथ निकल भागना सम्भव कैसे होता? पर जान के जब लाले पड़ जाते हैं तब उसकी रक्षा की सूरतें भी एक से एक सूझने लगती हैं। फ़िलिप्स ने दल के सदस्यों से चुपके से सलाह की। तय पाया—दो ट्रकों के लिये पेट्रोल और ट्रकों से काछ लिया जाए, रातोंरात राह के लिए कुछ खाना, उससे भी आवश्यक पानी रख लिया जाए, हमले का जवाब आखिरी वक्त हमले से देने के लिए रायफ़लें रख लीं जाएँ।

रख ली गयीं रायफलें; पानी, खाना, पेट्रोल बाँधकर भर लिये गये ट्रक। हिलना-डुलना कठिन था, खतरे से भरा, क्योंकि तैनात सिपाही रायफ़लें भरे, उन पर संगीन चढ़ाये चौकस खड़े थे, ज़रा-सी चूक का परिणाम प्राणनाश था। पर हो सब गया। कह दिया गया था कि अगले दिन मन्दिर के पास मूवी फ़िल्म तैयार करनी होगी। ऐसे में हलचल सदा होती थी, सिपाहियों ने उस हलचलों को मंज़ूर कर लिया, न जाना कि पक्षी सींकचों का द्वार खोल चुके हैं।

सारा सामान पीछे छोड़ सभी दो ट्रकों में जा बैठे। दुभाषिया जामा एक ट्रक की पीठ से जा चिपका। हुक्काम दुश्मन क़ाज़ी ज़ैद इनान और नागिब बुहसिन भी सिपाहियों के साथ मन्दिर जाने के लिए ट्रकों पर सवार हो गये। सुबह छह बजकर चालीस मिनट पर ट्रक चल पड़े। एक का चक्का फ़िलिप्स के हाथ में था दूसरे का चेस्टर के हाथ में।

ट्रक मन्दिर पहुँचे। जब-जब मूवी बनाई जाती सिपाही साथ खड़े होते थे, दल कुछ दूर जाकर फ़ोकस वग़ैरह दुरुस्त करता। इस बार भी वैसा ही हुआ। शुबहा की कोई वजह नहीं जान पड़ी। ट्रक कुछ दूर हो लिये ज़ैद इनान अब भी साथ था। उससे बात करता एक मनोवैज्ञानिक क्षण में फ़िलिप्स जो ट्रक से उतर गया था ड्राइवर की सीट पर यह कहता हुआ जा बैठा—फ़िलिप्स की जगह सँभालें।

और एक, दो, तीन—दोनों ट्रक सर्र से निकल गये। न हुक्काम कुछ समझ

सके न धूल फाँकते सिपाही। दूर खड़े सिपाही हुक्काम की ओर देखते रहे, हुक्काम ट्रक की ओर, और ट्रक उन्हें धूल फाँकते देखते-ही-देखते रायफ़लों की मार के बाहर दूर निकल गये। तब कहीं दुश्मनों को होश आया पर अब हो ही क्या सकता था? ट्रकों और साढ़िनियों का क्या मुक़ाबला?

पर साढ़िनियों का उपयोग हुआ। अगले पड़ाव पर ट्रकों की राह रोकने के लिये तार दे दिया गया था जिसकी ख़बर फ़िलिप्स को न हो सकी। कुछ ख़ुशी से कुछ डरते हुए मिनट-मिनट मृत्यु से दूर भागते फ़िलिप्स और चेस्टर रेत की आँधी में बढ़ चले। पचासों मील आगे रेत का पहाड़ मिला, फ़िलिप्स तो निकल गया। पर चेस्टर का ट्रक फँस गया। बड़ी मेहनत से उछलते दिल पर हाथ रखे ट्रक निकाला गया। दौड़ जारी रही। सहसा पीछे के ट्रक से आइलीन की चीख सुनाई पड़ी—हाय, ऊँटों की सेना दाहिनी ओर से पीछा करती आ रही है, वह देखो!

सबकी नज़रें दाहिनी ओर मुड़ीं, ऊँटों की सेना ट्रकों की राह रोकने और तेज़ भागी आ रही थी। फिलिप्स ने एक हाथ में पिस्तौल सँभाली, दूसरे में ट्रक का चक्का और चेस्टर को भी वैसे ही तत्पर देख वह ट्रक की चाल तेज़ कर भागा। जितनी रायफ़लें साथ थीं, कन्धों से टिका ली गयीं।

बेइहान की सरहद पास थी। उस ख़ूनी ज़मीन पर सरहद कैसी और किसकी? फिर अगर ऊँटसवार ट्रकों को सरहद पार भी पकड़ लेते तो बेइहान वाले क्या कर लेते, बद्दू क़बीलों के हमलों से कौन-सी सरहद सीमातीत थी? ट्रक भाग चले।

सरहद पार, फिर ट्रक भागे। भागते रहे, घंटों की राह मिनटों में तय होती रही। ऊँट बिचक गये, बैठ गये, सवार उलट गये। ट्रक निकल गये, बेइहान में गहरे ख़तरों पार। रेडियो की लहरें हज़ार आवाज़ों से दिशाओं में प्राणरक्षा की यह कहानी गुँजा चली। संसार के समाचारपत्रों ने सहज क्रोध के साथ अपने शीर्षकों के अक्षर ढाले।

पुरातत्त्व की पुजारिन

ग्लैडिस टेरी, पहली अमेरिकी नारी पुराविद् जिसने खुदाइयों में भाग लिया

इतिहास की रोमांचक खुदाइयों की कहानियाँ पढ़नेवाली लड़कियों की कमी नहीं पर जिन्होंने इतिहास के भग्नस्तूपों और तिमिरबद्ध समाधियों को खोद निकालने में अपनी जान संकट में डाली है उनकी संख्या नहीं के बराबर है। उन्हीं में-से ग्लैडिस और आइलीन हैं जिन्होंने शेबा और सेमिरामिस और आज की सदियों के बीच सेतु बाँधा है। ये अगर न होतीं तो मरु में इतिहास के हीरे खोजने वाले खनकों का लू और प्रचंड धूप में डहता जीवन जलकर कोयला हो जाता। इनको पुरातत्त्व की पुजारिनें बनाने का श्रेय 'अमेरिकन फ़ाउंडेशन फ़ॉर स्टडी ऑव मैन' अरबी अभियान के डाइरेक्टर अट्ठाइस वर्षीय वेंडेल फ़िलिप्स को है जिसने नारी को पहली बार इस कठिन और अधिकार के कार्य में नियुक्त किया। ग्लैडिस सिनाई पर्वत सम्बन्धी खुदाइयों में अभियान और दल की सेक्रेटरी रही थीं, आइलीन अभियान के अन्त तक उसकी मुसीबतों की साथिन भयानक ख़तरों से उसकी रक्षा करने में तत्पर।

ग्लैडिस अभियान के फ़ील्ड डाइरेक्टर टेरी की बीवी थी, रूप और स्फूर्ति की नारी मर्यादा। अमेरिकी लड़कियाँ तो सामान्य भी सुन्दर होती हैं पर जिसने मूवी-संचालक को साथी वरा और न्यूयॉर्क हालीवुड के स्काइस्क्रेपरों को वीरान कर मिस्र और अरब के मरु का बियाबाँ आबाद किया, निश्चय वह ललित सुन्दर

थी, पति के बनाये चलचित्रों-सी ही मनहर चपल नीलाक्षी, पिंगलकेशिनी। मिस्र में अमेरिकी राजदूत जेफ़र्सन काफ़्रेन ने मुनासिब ही कहा था—यह अभिराम नवोढ़ा निःस्सन्देह अविस्मरणीय है। काफ़्रे को दो-दो बार ग्लैडिस-द्वारा चलायी गाड़ी में उसके पास बैठने, उसे निकट से देखने का अवसर मिला था, उसे बखानने का वह अधिकारी था।

ग्लैडिस दल की सेक्रेटरी तो थी ही, उसके 'पावर वैगन' की अभ्यस्त संचालिका भी थी। मोटरों, ट्रकों के बेड़े की गति की रफ़्तार वही अपनी गाड़ी की गति से नियत करती थी। संचालन की निर्भीकता, बीहड़ ऊँची-नीची भूमि में उसकी शान्ति और सन्तुलित गति कोई उसकी देखता। इसी कारण मुबारक उसका अकेला प्रशंसक था। अरबों में मोटर के कुशल संचालक और हवाई जहाज़ के पाइलट के लिये बड़ी श्रद्धा होती है। और ग्लैडिस के हाथ ट्रक और पावर वैगन के चक्के पर जितने सधे थे, हवाई जहाज़ के चक्के पर भी उतने ही सधे थे। उड़ान के तीर तेवर कोई ग्लैडिस से सीखे।

ग्लैडिस ने तीन-तीन खुदाइयों के बड़े अभियानों की रोकड़ सँभाली थी, दो दर्जन मिस्री और एशियाई खुदाइयों में सौ-सौ अमेरिकी और यूरोपीय पुराविदों, वैज्ञानिकों, मिस्त्रियों, तीन-तीम सौ देशी सहायकों का प्रबन्ध किया था, उन वीरानों में उन्हें घर की याद नहीं आने दी थी। उसने ढाई टन का ट्रक, ट्रेलर के साथ, क़ाहिरा से केपटाउन तक हाँका था और क़ाहिरा से सिनाई पर्वत तक दस दिनों में छह चक्कर कर, पावर वैगन के ड्राइवर की सीट पर बराबर बैठे रहकर मध्य-पूर्व में गाड़ी चलाने का रिकॉर्ड क़ायम कर दिया था। अभियान के हद्रमाडंत की यात्रा में ट्रकों के बेड़े की गति तो उसने इस योग्यता से साधी कि किसी गाड़ी का न तो एक टायर फटा, न किसी का स्प्रिंग टूटा।

ग्लैडिस और आइलीन की उपस्थिति अरबों से आनेवाले ख़तरों को नरम भी जब-तब कर दिया करती थी। उनसे अरबी हरमों का आभास भी मिल जाता था जिनकी नारियों को पुरुष तो क्या सूरज-चाँद तक नहीं देख पाते थे। ग्लैडिस ने अपनी डायरी में एक हरम के भीतर प्रवेश पाने का बयान लिखा है जो दिलचस्प है।

बेइहान के शासक शरीफ़ हुसैन का लड़का अमीर हुसैन उसे अपने पिता के हरम में ले गया। हरम में बारह बेगमें थीं, पर ग्लैडिस लिखती हैं, यह बता पाना कठिन है कि वे सारी पत्नियाँ थीं या बच्चियाँ कारण कि बेइहानी लड़कियाँ बारह की उम्र में ब्याह दी जाती हैं। ग्लैडिस के सामने की ही घटना थी कि शरीफ़ हुसैन की सालगिरह पर चौदह साल की एक लड़की भेंट की गयी। उसने झट उसे बीवी बना डाला, बीसवीं बीवी।

बेगमें ख़ूबसूरत थीं, जैतूनी रंग की, लम्बी आँखें, प्यारे ज़िस्म, शर्मीले चेहरे। अमीर ने उसे अपनी माँ, हरम की सबसे बड़ी चालीस साल की बेगम से मिलाया और उसे ग़लीचों के अम्बार पर बिठा दिया। सारी औरतें अपने ग़लीचों से उठ उसके चारों ओर जमा हो गयीं। बेइहानी औरतों की तरह उनके लिबास नीले नहीं थे, मनभावने रंगों की रेशमों के थे, कमर पर भारी कमरबन्द कसे थे।

लम्बी चुप्पी के बाद एक बेगम ने अपनी ठोस चाँदी की कमरबन्द ग्लैडिस को दे दी, ग्लैडिस ने भी अपनी ब्रिसलेट उसे प्रतिभेंट कर दी—दोनों मित्र हो गयीं।

यमन की खुदाइयाँ शुरू होने के पहले ही ग्लैडिस टेरी अमेरिका चली गयी। उसके पति का एक सपना था, डॉक्टरी पढ़ने का, वह जॉन हॉप्किन्स यूनिवर्सिटी में दाख़िल हो गया। ग्लैडिस का भी अपना एक सपना था, उसे पूरा करने वह भी चली गयी—उसके सपने ने शिशु का आकार धारण किया।

ग्लैडिस की जगह अब आइलीन ने ली। ग्लैडिस ब्याही थी, आइलीन अनब्याही। आइलीन सलामा क़ाहिरा में फ्रेंच माता-पिता से जन्मी थी। बीस वर्षीया, जिसके बाल कागा की तरह काले थे। इतनी कम उम्र पर जो फ्रेंच, अँग्रेज़ी और इतालवी के अलावा अरबी ज़बान की हर शाख समझती थी, हर बद्दू क़बीले की ज़बान बोल सकती थी। अब वही दल की सेक्रेटरी बनकर आयी। उसने सिनाई की खुदाई में काम किया था और उसकी ज़बान और सूझ ने अनेक बार दल की जान बचायी। आइलीन ने अरब हरम सरा का ज़िक्र किया है।

बेइहान के शासक शरीफ़ हुसैन के बेटे अमीर सालेह ने जब पहली बार आइलीन पर नज़र डाली तब उसके भीतर एक बार आँधियाँ चल गयीं, पर वह जानता था, आज़ादी में पली यूरोपीय लड़कियाँ अरबी हरमसरा की बेगमों से भिन्न होती हैं। उसने केवल उसे हरम देखने को निमन्त्रित किया। आइलीन गयी, देखा सो लिखा।

अमरीकी बेगम कमसिन थी, आइलीन को देख ठगी-सी रह गयी—इतनी आज़ाद यह आइलीन मरदों के बीच रहनेवाली, अरबी बेधड़क बोलने वाली, इतनी हसीन!

आइलीन लिखती हैं—अरबी बेगम ने कहा कि उस मर्द को एक से ज़्यादा बीवियाँ ब्याहने को कोई हक़ नहीं जो सबके साथ बराबर इन्साफ़ न कर सके। अगर वह एक से ज़्यादा बीवियों से निकाह करे तो सबके लिये उसके दिल में बराबर प्यार होना चाहिए, सबके साथ बराबर उसे सोना चाहिए, बराबर हँसना

चाहिए। उसे एक रात बस एक ही बीवी के पास जाना चाहिए, एक ही रात दो के साथ कभी नहीं बितानी चाहिए।

आइलीन समुद्ध घराने में जनमी थी। अनेक नौकर-नौकरानियों से सेवा की अभ्यस्त थी, आलीशन मकान में रहती आयी थी। पर जीवन का यह रोग, पुराविद्-खनक का जीवन चुनकर, अपने-आप पाला था। धूप-लू से जलते दक्षिणी अरबी रेगिस्तान में मिट्टी के मकान में रहना उसने स्वीकार किया था। ज़िन्दगी में उसने कभी कपड़े नहीं धोये थे, अब वह नित्य खुशी से धोती थी।

आइलीन सलम्बा,
अरबी हरम में महिलाओं से
मिलने जाने की तैयारी में

आइलीन को गुसलख़ाना बहुत प्यारा था, जैसा कहीं देखने में नहीं आया था। उसमें खुले आसमान के नीचे चारों ओर से घिरे प्रकृति की छटा निहारते स्नान किया जा सकता था। गुसल का यह कमरा छत से ऊपर बना था। इसकी दीवारें बस कन्धों-भर ऊँची थीं, जिससे वह वहाँ धूप से भी नहा सकती थी, जलसे भी और गोपनीयता बनी रहती थी। गोपनीयता भंग होने का ख़तरा बस एक ही था, उस लड़के से जो फुहार के लिये छत पर जल भरने जाता था। नित्य एक बार वह मशक में पानी भरकर ऊपर चढ़ जाता। इस सम्बन्ध में भी लड़के की अक्ल ने एक सही रवैया अख्तियार कर लिया था जिससे सभी, विशेषकर आइलीन, सन्तुष्ट हो गये थे। वह मशक लिये पहले आइलीन के कमरे के द्वार पर जाता, वह कमरे में है या नहीं। अगर वह कमरे में होती तो वह ऊपर खटाखट सीढ़ियाँ चढ़ जाता, स्नानागार का जलाशय भर देता जब वह उसका कमरा खुला और स्नानागार का द्वार बन्द पाता तो वापस लौट जाता। आइलीन को लगता कि दक्षिण अरबों के बराबर संसार की कोई दूसरी जाति शीलवान और विनम्र नहीं। काश कि उसकी उनके प्रति यह निष्ठा आख़िर तक बनी रह पाती!

एक दिन जब अरबी हाकिमों की ज़्यादती से उसे सारी सुबह अरबी से अँग्रेज़ी में और अँग्रेज़ी से अरबी में निरन्तर अनुवाद करना पड़ा—झगड़े और बहस का अनुवाद—जिसमें इन्साफ़ से कोई वास्ता न था, तब भय की छाया तक न जाननेवाली आइलीन—जिसने तीन-तीन अभियानों का संचालन करते समय एक आँसू तक न डाला था—सहसा टूट गयी, रोती हुई कमरे से बाहर निकल गयी।

सूबे के हाकिम का मन पसीज गया। ऐसे ही मनोवैज्ञानिक क्षणों में नारी

की आर्द्र-सत्ता की आवश्यकता होती थी, और बिगड़ा काम बन जाता था। इसी से अमेरिकी अभियानों ने कुशल नारी-सदस्यों को अपने दल में शामिल किया था। ग्लैडिस और आइलीन उसी परिस्थिति की उपचार थीं। हाकिम ने उसे अपना हरम देखने को आमन्त्रित किया जिससे दोनों के मन की बदली छँट जाए। आइलीन आवेश में थी, उसे वहाँ जाना मंज़ूर न था, पर अभियान की सफलता का ध्यान कर उसने निमन्त्रण स्वीकार कर लिया।

हरम से लौटकर उसने अपनी डायरी में दर्ज़ किया, मित्रों से बताया—"एक छोटी-सी ग़ुलाम मुझे धुँधले बड़े कमरे में ले गयी, जहाँ फुसफुसाहट के वातावरण में बस एक वाक्य सुनाई पड़ता था—यह वही लड़की है, देखो, कैसी लगती है। फिर किसी ने सहसा एक परदा उठा दिया और मैंने अचरज से देखा कि चित्र-विचित्र परिधानों से सजी कम से कम बीस नारियों से घिरी हूँ जैसे मैं कोई नया खिलौना होऊँ, वे मुझे अचम्भे और प्यार से घूरने लगीं।

"फिर हाकिम की बेगम ने मेरा स्वागत किया और तब तो दूसरी भी मेरी ओर बढ़ीं। मेरी अरबी ज़बान ने उन्हें विशेष खींचा। उनका सलूक बड़ा दोस्ताना, बड़ा प्यारा था। उन्होंने कभी यूरोपीय नारी देखी न थी। उन्हें लगा जैसे मैं किसी और द्रव्य से बनी हूँ वे मुझे छूने-परसने मेरी बाँहें सहलाने लगीं और सिर से पैर तक मुझे जतन से जाँचकर जाना कि मैं भी मनुष्य हूँ उन्हीं के समान तत्त्वों से सिरजी।

"एक लड़की ने जीवन में पहली बार मेरी कलाई पर बँधी घड़ी देखी, उसके छोटे अंकों पर ग़ौर किया, उसकी ख़ूबसूरती सराही। दूसरी ने मेरे घाघरे को छूकर उसका कपड़ा देखा, तीसरी ने मेरे काले बालों में उँगलियाँ फिरायीं, चौथी ने मेरे होठों पर उँगली रख जानना चाहा कि उनकी सुरखी स्वाभाविक है या रंग से बनी है। मैंने समझाया कि वह लिपस्टिक है, पर्स से लिपस्टिक निकालकर अपने होठों पर घुमाकर उसका प्रयोग बताया। उन्हें जानकर खुशी हुई, उन्होंने लिपस्टिक ले लीं अपने चेहरों पर जगह-जगह उन्हें रगड़ा, बस होंठ बचा गयीं।

"हाकिम की बीवी स्वयं काफ़ी सुन्दर थी। साफ़-सुथरी उसकी त्वचा थी, बाल उसके भौंरे-जैसे काले थे। सुन्दर सभी थीं पर उनमें सुन्दरतम एक केवल चौदह साल की थी, अत्यन्त सुन्दर, बहू लिबास में सिमटी, हरी आँखें, चमकते केश, जैतूनी रंग। मैंने पूछा—क्या शादी हो चुकी है? शरमाते हुए उसने कहा, प्रस्ताव अनेक आये हैं पर मंज़ूर कोई नहीं किया, क्या शादी के लिए उम्र उसकी बहुत छोटी नहीं? मेरे पास ही एक और अत्यन्त आकर्षक लड़की बैठी थी—आँखों में श्याम सरोवर लहरा रहा था, काले 'कोल' का अंजन उनमें रचा था।

कई बच्चों की माँ थी, पर थी वह बीस साल से एक दिन ऊपर नहीं। तीसरी बहू लड़की थी, सुन्दर वैसी ही जैसी का बयान 'अरेबियन नाइट्स' में पढ़ने को मिलता है। साँवली, रहस्यमयी सुन्दरता, अंडाकार आकर्षक मुख, भरपूर काले केश, गहरी काली आँखें, छोटी-सी सीधी नाक, भरे होठ, चेहरे पर कोई सिंगार-बनाव न था, उसकी कोई ज़रूरत भी न थी। लम्बा क़द, तराशा जिस्म बाँहों में शिशु। सिवा हाँ-ना के कुछ बोलती न थी, मुस्कुराती आँखों से केवल देखती थी।''

पर मन की बदली छँटी नहीं। बदली वह मन की थी ही नहीं। खुदाई में निकली चीज़ों पर क़ब्ज़ा पा लेने की बात थी। ऐतिहासिक वस्तुओं का मोल या तो मिट्टी का होता है या सोने का, यद्यपि सोने की वस्तुओं की क़ीमत सोने से कहीं महँगी हो जाती है। सो उन्होंने जो देखा कि संसार के पत्रों में खुदाई में निकली चीज़ों की चर्चा ही चली है और उनका महत्त्व आँका जाने लगा है, तब तो सब-कुछ समेट लेने के लालच ने उन्हें धर दबाया और उन्होंने वह किया जो पुरातत्त्व के इतिहास में कभी किसी ने कहीं नहीं किया था।

कशमकश चलने लगी। तनातनी यहाँ तक बढ़ी कि अरब हाकिमों ने अभियानी दल को मार उसे रेगिस्तान की रेत में दफ़ना देने की साज़िश की। उस साज़िश से पनाह पाने की बस एक ही सूरत थी, सब-कुछ जहाँ का तहाँ छोड़कर जान बचाकर भाग जाना।

दल के अन्य सदस्यों की बस जान पर ही बनी आ रही थी, आइलीन की स्थिति तो उससे भी कहीं बदतर थी। उसके लिये तैयारी यह थी कि अभियानी दल को समाप्त कर चुकने पर उसे हरम में डाल दिया जाए। फिर बाहर की दुनिया उसके लिये सपना हो जाए। वह बच्चे जनती जाए, इनसान की शक्ल न देखे।

आइलीन ने तय किया कि अगर इसकी नौबत आयी और दल की हत्या हुई तो वह भी आत्महत्या कर लेगी जिससे तिल-तिलकर मरती लम्बी भयानक ज़िन्दगी से वह एक साथ निजात पा ले।

पर ज़िन्दगी मौत से बड़ी होती है, उसने बचने के उपाय सोचे, किये, और एक दिन क्षितिज पर सूरज के उठते गोले के साथ ही अभियानियों का दल संगीनों और रायफ़लों के बावजूद, हक्का-बक्का खड़े हाकिमों के बावजूद, ट्रकों में यमन की सीमा पर बेइहान-अदन इलाक़े में जा पहुँचा।

आइलीन की ज़बान की चुस्ती ने, उसकी चौकस आँखों ने, निर्भीक तत्परता ने जिस ख़तरे से सबकी रक्षा की वह पुरातत्त्व की रोमांचक कहानी है।

मृत सागर के परचों का क्रय-विक्रय

रिचमंड ब्राउन और जोज़ेफ़ साद जब कन्दू से मिलने नियत होटल की ओर चले तब साद की जेबें नोटों से भरी थीं। उनके उभार से जेबों की थैलियाँ फूल गयी थीं। एक-एक नोट के हज़ार जार्डनी दीनार, हज़ार पाउंड के बराबर क़रीब साढ़े तेरह हज़ार रुपयों के नोट जेबों में।

खतरा था, और वह ख़तरा ब्राउन और साद की नज़रों की राह चेहरों पर झलकने लगा, जब होटल की राह जाते इधर-उधर निगाह भटकी। दोनों ने देखा, राह की दोनों तरफ़ खूँख़ार क़ातिल नज़रें उन पर टिकी हैं। कई शक्लें जिनकी ज़ालिम आँखों से ज़ाहिर था कि उन्हें कुछ भी कर गुज़रने से परहेज़ न होगा और कि जिन कटारों की मूठों पर उनके पंजे चिपके थे उन्हें काम में लाते उन्हें देर न लगेगी।

साद के हाथ अनायास अपनी भरी-फूली जेबों पर चले गये। उसे लगा कि नोट बजाय जेबों के अगर उसके हाथों में होते तो कुछ विशेष स्थिति प्रकट न करते क्योंकि जेबों के भीतर भी बाहर से उनकी पहचान कुछ मुश्किल न थी। दोनों के रोंगटे गरदन तक खड़े हो गये, अनायास दम फूलने लगा, जब उन्होंने देखा कि कन्दो ने कच्ची गोलियाँ नहीं खेलीं और अपने को धोखे से बचा रखने के लिये उसने होटल के दरवाज़े तक भेड़िये खड़े कर रखे हैं।

ब्राउन और साद को लगा कि उनकी हर चेष्टा पर नज़रें टिकी हैं। दोनों चुपचाप होटल के द्वार की ओर बढ़े, होटल में प्रवेश कर गन्दे कपड़े पहने होटल का मालिक दिखनेवाले एक आदमी से पूछा—कन्दो क्या इधर कहीं है? होटल के मालिक ने एक बार तीखी निगाह से उन्हें देखा और सामने से दूर एक कमरे की ओर चुपचाप इशारा कर दिया।

ब्राउन और साद ऐसे चले जैसे उन्हें कोई परवाह न हो, पर दोनों के दिल

बेहाल धड़क रहे थे। साद ने दोनों जेबों में हाथ डाल नोटों की गड्डियाँ दबा लीं। कमरे में दाखि़ल होते ही उन्होंने देखा कि कन्दो बड़ी बेचैनी से उनका इन्तज़ार कर रहा है। उसके पीछे की खिड़की खुली थी। कन्दो संयोग पर कुछ छोड़ रखने वाला आदमी न था, पीछे से भागने की राह उसके हाथ में थी।

दूसरे महायुद्ध के बमों की लगायी आग अभी नगरों में बुझी भी न थी कि दुनिया के अख़बारों में छपी एक ख़बर ने लड़ाई के मैदानों से लोगों की निगाहें सहसा इस्रायल और जार्डन की ओर फेर दीं। जो घटना वहाँ घटी थी उसमें तिलिस्म का जादू था और विद्वानों का संसार लड़खड़ाता मृत सागर की ओर चल पड़ा, भावुक दाताओं के तोड़ों के मुँह खुल गये और धन मुँहमाँगी मात्रा में जुरूसलम, बेथलहम और अम्मान की गलियों में बरस पड़ा।

सन् 47 की झुलसती गरमियों में मृतसागर (डेड-सी) के उस पश्चिमी तट पर जहाँ पाप से भठे नगर गोमोरा के निवासी नमक के खम्भे बने आज भी खड़े हैं, खिरबत कुमरान के कुछ ही उत्तर जेरिको से कुछ ही दक्खिन पराड़ियों की नीची ऊँचाइयों में सैकड़ों छोटी-छोटी गुफ़ाएँ हैं वहीं एक दिन बद्दुओं के तामीर क़बीले का एक लड़का मुहम्मद अदीब बकरियाँ चरा रहा था। दिन-भर के थके-माँदे मुहम्मद से गफ़लत हुई, तीसरे पहर उसकी आँख लग गयी। उसकी बकरियों में-से एक इसी बीच भटक गयी।

मुहम्मद उसकी खोज में बकरियों की आवाज की नक़ल करता ऊपर की ओर चला। धूप की गरमी ने फिर उसे बेदम कर दिया और पहाड़ी दीवार की ढलान पर कुछ समतल भूमि पा वह लेट रहा। थकान भारी थी पर आँखें लगी नहीं गुफाओं से आसमान की ओर, आसमान से गुफाओं की ओर फिरती टकराती रहीं और तभी उसकी नज़र पास की ही गुफा के सुराख पर जा टिकी। उसे बचपन में सूझा कि और गुफाओं के मुँह तो नीचे हैं, इस गुफ़ा का मुँह इतना ऊँचा क्यों और ज़रा उचककर उसने उस गुफा के मुँह में पत्थर फेंका।

पत्थर की आवाज़ गुफा के भीतर से कुछ ऐसी गूँजी कि मुहम्मद का कुतूहल बेहद बढ़ा। कारण कि वह आवाज़ पत्थर के चट्टान से टकराने की न थी, मिट्टी के बरतनों से टकराने और बरतन के टूट जाने-जैसी थी। मुहम्मद निचली चट्टान से पैर टिका जो उछला तो ऊपर की गुफा का मुँह उसकी आँखों के सामने था। एक बार, दो बार, तीन बार, बारम्बार मुहम्मद ने लटक-लटक सुराख़ में झाँका और वे जब अँधियारे की अभ्यस्त हो गयीं तब उसने देखा—ऊँचे-लम्बे मिट्टी के कलश क़तारों में रखे हैं।

अभी वह स्थिति की समझ पर क़ाबू भी न पा सका था कि उसके छोटे-से आदिम दिमाग़ में डर पैदा हो गया और वह भागा, सरपट। अब उसे न तो

भटकी बकरी की परवाह रही न बची बकरियों के झुंड की। अब तो उसे स्वयं अपनी ही जान उस जिन्न से बचानी थी जो उस गुफा में घर बना, बरतन-भांड़े डाल रम रहा था, वरना भला गुफा के इतने छोटे मुँह में आदमी की पैठ कहाँ हो सकती थी, उन बर्तनों का प्रवेश कहाँ सम्भव था जिनसे वह गुफा भरी मालूम हो रही थी?

रात में मुहम्मद ने अपने एक मित्र से इस अचरज का ज़िक्र किया। मित्र इस तरह के विश्वास पर हँसा करता था। उसने गुफ़ा देखने की इच्छा प्रकट की। दूसरे दिन दोनों गुफ़ा के द्वार पर जा पहुँचे। धीरे-धीरे लेटकर वे उसके मुँह से सरके और गुफ़ा के भीतर जा खड़े हुए। आँखों को पहले तो विश्वास न हुआ पर उन्होंने देखा दीवार के दोनों ओर ऊँचे-ऊँचे ढक्कनों से ढके कलशे क़तार से रखे हैं, ज़मीन कलशों के टुकड़ों से, ऊपर छत से गिरे, मलबे से ढँकी हैं। उन्होंने एक कलश में हाथ डाला, कुछ नहीं मिला, दूसरे में डाला, कुछ नहीं मिला, तीसरे में चिथड़ों के कुछ बंडल मिले। मुहम्मद और उसके मित्र को बड़ी निराशा हुई कि कलशे सोने से भरे नहीं निकले। पर तब उन्हें पता नहीं था कि जो बंडल उनके हाथ में था उसका मोल सोने से कहीं अधिक था और जब चिथड़ों में गोल लिपटे रेशम के रोल को उन्होंने खोला तो उसकी लम्बाई गुफा के बराबर निकली। इसी रोल की लिखावट जब पढ़ी गयी तब बाइबिल के विद्वानों में तूफ़ान आ गया क्योंकि वह नबी ईसाइया की किताब थी जो जानी हुई बाइबिल की प्राचीनतम लिखी प्रति से कम से कम हज़ार साल प्राचीनतर थी।

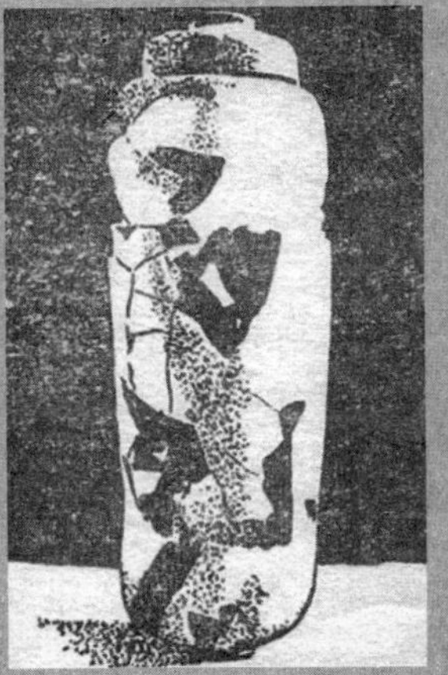

मृतसागर के तीर की गुफ़ाओं में मिले अभिलेखों को सदियों सुरक्षित रखनेवाले मिट्टी के उत्तुंग कलश

रोल लिये हुए दोनों असूरियाई ईसाई खलील इस्कन्दर शाहीन के पास पहुँचे जिसकी बेथलहम में मोची की दूकान थी और जो उनसे पनीर और ज़कात से बचाकर लायी चीज़ें खरीदा करता था। उसका दूसरा नाम कन्दो था। कन्दो ने जो रोलों पर लिखावट देखी तो उसका माथा ठनका। अपने मित्र जार्ज के साथ वह लड़कों को लिये गुफा में पहुँचा। उसे दूसरे रोलों के पुलिन्दे भी हाथ लगे। उन्हें

उसने जुरुसलम के पुरानी आबादी के सन्त मार्क सीरियाई मठ के पादरी को दिखाया। पादरी प्राचीन इब्रानी लिखावट पढ़ तो न सका पर उसने जाना कि रोल अमूल्य हैं और उसने उन्हें 24 पाउंड पर गिरवी रख लिया। अब स्वयं पादरी ने उनकी मदद से आसपास की अनेक गुफाएँ खोज डालीं और रोलों का ढेर लग गया। पादरों ने उन्हें हिब्रू विश्वविद्यालय के प्रोफ़ेसर सुकेनिक को दिखाया और सुकेनिक ने कई बार कन्दों से मिलने के लिए बेथलहम की ख़तरनाक यात्रा की। ख़तरनाक इस कारण कि अब तक यहूदी-अरब झगड़े बहुत विस्तार पा गये थे और एक के दायरे में दूसरे का मिलना जान पर खेलना था, फिर इन रोलों की खोज गुपचुप रीति से ही हो रही थी। क्योंकि देश की सरकार ने प्राचीन वस्तुओं की निजी खोज को ग़ैर क़ानूनी ऐलान कर दिया था। इससे यह समूची भाग-दौड़ ही ग़ैरक़ानूनी थी।

अन्त में 19 फ़रवरी 1948 को पादरी ने अमेरिकन स्कूल ऑव ओरिएंटल रिसर्च के जॉन ट्रेवर से सम्पर्क स्थापित किया जो डाइरेक्टर की अनुपस्थिति में डाइरेक्टर का काम कर रहे थे। पादरी ने गुफाओं की बात छिपाकर बताया कि पुस्तकालय साफ़ करते समय 'स्क्रोल' मठ में ही मिले हैं। ट्रेवर ने जो उनकी फ़ोटो लेकर प्राचीन लिखावटों से मिलाया तो स्क्रोल उनसे भी पुराने साबित हुए। ट्रेवर को आश्चर्य का पारावार न रहा और वह अपना आश्चर्य पादरी से छिपा भी न सका। पादरी को अब उन स्क्रोलों की प्राचीनता में सन्देह न रहा। अगले नवम्बर में अमेरिकन स्कूल ऑव ओरिएंटल रिसर्च के बुलेटिन में छपा कि अठारह महीने पहले मृत सागर के पास ऐसे स्क्रोल मिले हैं जो ईसा से भी पुराने हैं। इनके फ़ोटो छप रहे थे और अखब्राइट-जैसे विद्वानों ने लिखावट ईसा से पुरानी मानी जिससे ईसाई और यहूदी संसार में हलचल मच गयी; जार्डन—इस्रायल का पंडित लैकेस्टर हार्डिंग उनकी खोज में लगा।

पादरी इस बीच चुपके से स्क्रोलों को देश से बाहर निकाल अमेरिका जा पहुँचा और उनका लाखों में भाव-तौल शुरू कर दिया था। इधर जार्डन की सरकार ने उन्हें वापस माँगा। उनका भाव अमेरिका में बेहद बढ़ गया था। पादरी ने तय किया कि चाहे उसे स्वदेश छोड़ ही क्यों न देना पड़े वह अपनी क़ीमत पर उन्हें बेचेगा और अमेरिका में ही धनी जीवन बिताएगा।

उधर पैलेस्टाइन आर्कियोलॉजिकल म्यूज़ियम के स्थानापन्न क्यूरेटर हार्डिंग ने उस संस्था के सेक्रेटरी जोजेफ़ साद को गुफाओं का पता लगाने को कहा। साद अमेरिकन स्कूल के नये डाइरेक्टर डॉ. सेलर्स से मिले। दोनों सन्त मार्क के मठ पुराने नगर (जुरूसलम) पहुँचे, जहाँ निरन्तर यहूदी गोले बरस रहे थे और मकान से बाहर जान पर खेलना था। दोनों गलियों में छिपते मकानों के छज्जों के नीचे

पनाह लेते दीवार के पास पहुँचे जो जुरूसलम को यहूदी और अरबी दो भागों में बाँटती हैं। वहाँ वे जॉर्ज ईसाइया नाम के व्यक्ति से मिले। पर उसने गुफाओं का भेद बताने से इनकार कर दिया।

साद की धमकियों से भी काम न चला पर तभी संयोगवश मठ के एक पादरी फ़ादर यूसुफ़ उधर से निकले और साद ने एकाएक गुफाओं की बात पूछ दी। जॉर्ज जब तक उन्हें बोलने से रोके वृद्ध पादरी के मुँह से निकल गया—मृत सागर के तीर जेरिना को जानेवाली सड़क के मोड़ की गुफा। इतनी काफ़ी तो न था, क्योंकि गुफाएँ वहाँ शहद के छत्ते की तरह सैकड़ों फैली हुई थीं, पर निश्चय उसके पड़ोस का पता चल गया जो उस स्थिति में कुछ कम न था।

साद ने तय किया कि रिश्वत से काम लिया जाए। जुरूसलम के मेयर को साथ लेकर वह सन्त मार्क के मठ में पहुँचा। लम्बी-चौड़ी बातें हुईं। बात-बात पर 'इन्शाअल्लाह' का उच्चारण हुआ पर बात बनी नहीं, जॉर्ज ईसाइया को कुछ भी बताना मंजूर न था। साद सेलर्स को लिये मेजर जनरल लैश के पास पहुँचा। लैश ने पहले ही पता पाकर गुफा खोजने के लिये सैनिक देना मंज़ूर कर लिया था। ब्रिगेडियर ऐश्टन और कैप्टन अक्काश की देख-रेख में सैनिकों ने गुफा को ढूँढ़ निकाला और 15 फ़रवरी सन् '49 को खुदाई शुरू हुई। बीसों अभिलेखों के अंश चमड़े पर लिखे हुए प्राप्त हुए। अनेकानेक पीतल पर खुदे लेख भी मिले, क्योंकि अब अनेक ऐसी गुफाएँ मिलीं जिनसे ग्रन्थागार का काम लिया गया था, सैकड़ों कलशों की सामग्री एकत्र कर ली गयी।

एक बार और सन्त मार्क के मठ का द्वार ठकठकाया गया। द्वार तो नहीं खुला पर फ़ादर यूसुफ़ राह में मिल गये। चर्चा हुई पर साद का गुफाओं के सम्बन्ध का ज्ञान यूसुफ़ से कहीं अधिक बढ़ गया था। अब गुफाओं की जानकारी की इतनी आवश्यकता न थी जितनी उन अभिलेखों की जो मुहम्मद और उसके साथी गुफा से लाये थे और जिनमें से ईसाइया के पुरानी पोथी के अंश थे। राह में यूसुफ से जब बात हुई थी तब एक स्त्री अपने द्वार पर खड़ी बड़ी तत्परता से उसे सुना रही थी। जैसे ही साद और सेलर्स चलने को हुए उस स्त्री ने बढ़कर पूछा—आप क्या उस खुदाई की बात कर रहे थे जिसका प्रबन्ध जॉर्ज ईसाइया ने साल-भर पहले किया था? उनके 'हाँ' कहने पर उसने बताया कि उसके शौहर ने भी उसमें हिस्सा लिया था। और मजूरी के बदले उसे चमड़े का एक टुकड़ा मिला था। उसने शौकर जाब्रा को बुलाया और जाब्रा को वे अपने साथ म्यूज़ियम ले गये। खुदाई में निकली चीज़ें क़रीने से मेज़ों पर सजायी रखी थीं, साद ने जाब्रा को उनको दिखाकर पूछा—इनमें कोई चीज़ पहचानते हो? उसने चारों ओर देखा। उनके बीच अपने सिगरेट रोल को पहचाना जिसे खुदाई के समय वह गुफा में

ही भूल आया था। उसने मुस्कुराकर उसकी ओर इशारा किया और ग़ैर क़ानूनी खुदाई की चीज़ों तक पहुँचने के लिए एक कड़ी और मिल गयी। जाब्रा ने अब स्थिति समझकर जो ज़बान बन्द की तो रिश्वत की उदार रक़म से ही फिर खोली। पता चल गया कि गुफा तो वही थी पर बहुत-से अभिलेख मठ के पादरी के पास थे जो उन्हें लिये अमेरिका चला गया था। अब बेथेलहम के सौदागर का नाम पूछा गया पर जाब्रा की आँखों में मौत का डर-सा समाया दिखने लगा। ज़ाहिर था कि जिससे सौदा करना है, बेथेलहम का वह सौदागर बेहद ख़ौफ़नाक है, उससे जाब्रा की रक्षा भी करनी होगी, उसका पता भी लगाना होगा।

पर बेथेलहम की यात्रा कुछ आसान न थी। साधारण समय वहाँ जाने में केवल बीस मिनट लगते थे, इस काल राह गोलियों के भय से मारा सरबा के मठ से होती अँधेरे में, जूरियाई पहाड़ियों की ओर से चक्कर काट जाती थी। साद म्यूज़ियम की गारद लिये दोपहर के बाद बेथलहम पहुँचा।

साद ने जाब्रा से सौदागर का पता पा लिया था—बेथेलहम का सौदागर कन्दो सैनिक पीछे छोड़ साद कन्दों की दूकान की ओर बढ़ा। बिना हथियारबन्द रक्षक के एक पग बढ़ना भी कठिन था, पर पुराविद को जान से बढ़कर वह वस्तु प्यारी थी जिसकी खोज में वह था। दुकान में वह घुसा। अँधेरे से अभ्यस्त हो जाने पर कुछ मिनटों बाद उसने देखा—दुकान के भीतरी भाग से कुछ आदमी खड़े उसे घूर रहे हैं। उन्हीं में कन्दो भी था।

उनकी ओर देखता साद बोला—कन्दो ने एक गुफा खोदकर कुछ अभिलेख पाये हैं, कन्दो आप में-से कौन है। इस पर एक आदमी साद को देशद्रोही सरकार का जासूस आदि कह गालियाँ देता उस पर टूटा और उसे धकेलकर दीवार में रगड़ दिया। इस बीच बाक़ी आदमी भाग गये। साद ने तय किया कि चाहे जैसे हो कन्दो का विश्वास जीतना होगा। और वह आग में कूद पड़ा। उसने साथियों को गारद के साथ लौटा दिया, स्वयं कमरा लेकर बेथेलहम में ही रहने लगा।

धीरे-धीरे उसने कन्दो से मेल-जोल बढ़ाया। उसकी दुकान पर रोज़ जाने लगा पर कभी उससे अभिलेखों की बात न की। जब कन्दो और जॉर्ज का उस पर विश्वास जम गया तब उसने कहा—तुम इन्हें अपनी क़ीमत पर इस देश में तो बेच नहीं सकते, यहाँ बेचते ही ग़ैर क़ानूनी काम के लिए क़ैद कर लिये जाओगे, बाहर जाओगे तो देश छूटेगा, फिर क्यों न ऐसा करो कि मैं सौदा पटा देता हूँ, यहीं मुँह-माँगे दामों अभिलेख बेच दो? म्यूज़ियम में आ जाओ, कन्दो ने आना स्वीकार कर लिया।

म्यूज़ियम वह आया पर अभिलेखों की बात न की। साद भी चुप रहा, तब एक दिन कन्दो साद को म्यूज़ियम के बगीचे में एक ओर ले गया, फिर अपनी

जेब से एक गन्दी पोटली निकाली। उससे तीन-चार अंगुल बड़ा एक टुकड़ा निकालकर साद को दिया। साद ने उसे देखा-भाला, जाना कि दूसरे अभिलेखों और इसमें कोई फ़र्क़ नहीं है, निश्चय वह मूल और पुराना है, धोखा नहीं। भले प्रकार पोटली में लपेटकर साद ने कन्दो को पोटली लौटा दी क्योंकि ज़रा-सी ग़फलत भी अभिलेख को सदा के लिए आँखों से ओझल कर देती। साद ने बता दिया कि वह उस अंश के साथ ही और अभिलेख भी लेने को तैयार है। हार्डिंग से भी उसने बात पक्की कर ली।

कन्दो फिर लौटा बात पक्की करने। उसने पूछा—किसकी ओर से बात कर रहे हो साद? बोला—एक अँग्रेज़ प्रोफ़ेसर की ओर से जो इस मुल्क में इन अभिलेखों को ख़रीदने ही आया है। कन्दो ने बताया कि उसके पास और भी टुकड़े हैं जिन्हें वह बेचना चाहेगा। मिलने की जगह जेरिन को तय हुई। दिन तय कर साद ख़रीदनेवाले की तलाश में चला। जैसा उसने कन्दों से कह रखा था, उसे अँग्रेज़ होना चाहिए था। अँगरेज़ मिल गया। हार्डिंग का एक असिस्टेंट था, अँग्रेज़, रिचमंड ब्राउन, जो अँग्रेज़ प्रोफ़ेसर की भूमिका करने को तैयार हो गया। हार्डिंग ने एक-एक करके हज़ार जार्डन दीनार (क़रीब साढ़े तेरह हज़ार रुपये) दे दिये। तय हुआ कि एक वर्ग सेंटीमीटर का एक-एक दीनार (एकपाउंड-तेरह रुपये सैंतीस पैसे) मूल्य होगा। निश्चय यह मूल्य कुछ विशेष ज़्यादा न था। जो पादरी अन्य अभिलेखों को लेकर अमेरिका भाग गया था वह तो उनके मिलियन डालर (क़रीब पचास लाख रुपये) माँग रहा था।

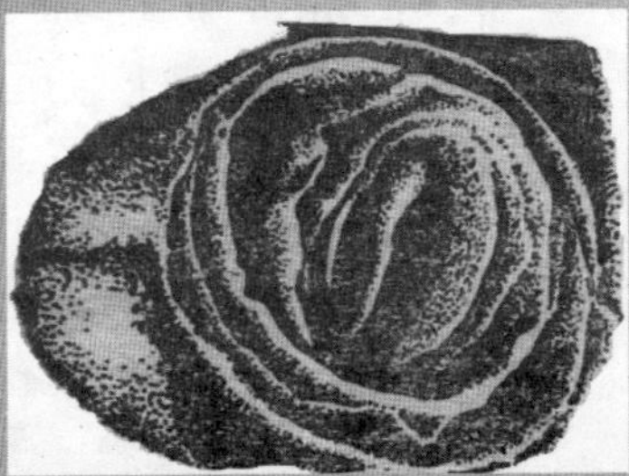

मृतसागर की धातु की पत्तरें जिनके अभिलेख ने बाइबिल की प्राचीनतम हस्तलिपि से अपना काल हज़ार साल पहले प्रमाणित किया है।

रिचमंड ब्राउन को साथ लिये जोजेफ़ साद जब जेरिको के उस गन्दे होटल में पहुँचा, जिसका ज़िक्र ऊपर हो चुका है, तब दोनों ओर छुरेबाज़ों के बीच से उन्हें अंगारों पर चलना पड़ा था। कन्दो कमरे में जॉर्ज के साथ खड़ा था, पीछे की खिड़की खुली हुई थी, पता नहीं क्या गुज़रे।

दोनों दलों ने एक–दूसरे को सन्देह–भरी नज़र से देखा, घूरा। शुबहे से दोनों ओर नसें तन गयी थीं। 'सलामालेकुम' और 'वालेकुम अस्सलाम' की आवाज़ से भी तनाव कुछ कम न हुआ। फिर प्रकट रूप से साद ने पूछा—टुकड़े लाये हो? उसने सिर हिलाकर हाँ कर दिया, साथ ही जिज्ञासा की नज़र खुद उस पर डाली—क्या दीनार लाये हो? साद ने उत्तर में जेब से नोटों की गड्डियाँ निकाल लीं, मेज़ पर हाथों से उनके एक सिरा दबा पंखे की तरह उन्हें फैला दिया। कन्दो आश्वस्त हो गया। उसने भी जेब से कटे–पिटे टुकड़े निकालकर मेज़ पर अँग्रेज प्रोफ़ेसर के सामने रख दिये, रेशम के उन टुकड़ों पर धूल के नीच से पुरानी लिखावट झाँक रही थी। अँग्रेज़ प्रोफ़ेसर सेंटीमीटर से टुकड़ों को नाप रहा था, साद कन्दो से बातें कर रहा था। कन्दो की जान वहाँ जा फँसी थी, अँग्रेज़ प्रोफ़ेसर के हाथों में। सौदा हो गया। दोनों नोटों के बदले रेशमी टुकड़ों पर लि अभिलेख लिये लौटे। राह अब भी ख़तरनाक थी, क्योंकि अभिलेखों की क़ीमत दीनारों से अब भी कम न थी पर कोई बोला नहीं, साद और ब्राउन अंगारों पर पाँव धरते म्यूज़ियम लौट आये।

बाहर की दुनिया दम साधे सौदे की राह देख रही थी जिसे ज़ाहिर करना उसे खो देना तो था ही, जार्डन की सरकार से दुश्मनी मोल लेना भी था।

❑❑❑